南方传媒绿皮书

2014
年度新媒体

李 洁 主编

暨南大学出版社
JINAN UNIVERSITY PRESS

中国·广州

图书在版编目（CIP）数据

2014 年度新媒体 / 李洁主编 . —广州：暨南大学出版社，2017. 1
（南方传媒绿皮书）
ISBN 978 – 7 – 5668 – 1941 – 3

Ⅰ. ①2… Ⅱ. ①李… Ⅲ. ①传播媒介—研究 Ⅳ. ①G206. 2

中国版本图书馆 CIP 数据核字（2016）第 221626 号

2014 年度新媒体
2014 NIANDU XINMEITI

主 编：李 洁

···

出 版 人：徐义雄
策划编辑：史学英
责任编辑：张 静
责任校对：刘雨婷
责任印制：汤慧君 周一丹

出版发行：暨南大学出版社（510630）
电 话：总编室（8620）85221601
营销部（8620）85225284 85228291 85228292（邮购）
传 真：（8620）85221583（办公室） 85223774（营销部）
网 址：http：//www. jnupress. com http：//press. jnu. edu. cn
排 版：广州良弓广告有限公司
印 刷：佛山市浩文彩色印刷有限公司
开 本：787mm×960mm 1/16
印 张：19. 75
字 数：352 千
版 次：2017 年 1 月第 1 版
印 次：2017 年 1 月第 1 次
定 价：45. 00 元

总　序

　　新媒体技术引发了传播生态的深刻变迁，促使媒体格局发生了剧烈变化。当前，传统媒体面临巨大冲击，正在摸索转型之路；新兴媒体发展迅猛，仍在探索盈利模式。而推进传统媒体和新兴媒体的融合发展，也成了国家战略。

　　在这个大背景下，暨南大学新闻与传播学院、暨南大学南方传媒研究院的老师和研究生们，基于冷静的观察和潜心的研究，精心推出了新的"南方传媒绿皮书"，内容涉及年度报道与年度记者、年度音视频、年度广告、年度文化产业等。这是他们在推出2012年"南方传媒绿皮书"初试啼声之后又一次阵容整齐的成果展现。"南方传媒绿皮书"的出版，为媒体融合发展的盛宴奉上了一道道精美的大餐！

　　任何事物的发展都有它的规律，媒体的发展演变也是如此。推进传统媒体和新兴媒体融合发展，其主线应该是"技术驱动、用户需求"。就是说，媒体除了要以先进技术为支撑来一场技术革命的转型，形成全媒体生产能力之外，还必须始终重视内容建设。在新的传播时代，无论传播介质如何迭代，无论媒体格局如何演变，内容建设都是媒体不可或缺的。因为内容是媒体的根本，是媒体的品质属性，优质的内容生产则是优秀媒体的灵魂和基石。媒体只有着力于挖掘新闻信息的深度和高度、提供精品化的内容，才能拥有权威性和公信力，才能提高社会影响力和综合竞争力。南方传媒绿皮书向读者提供内容建设方面的经典案例，正是缘于这方面的考虑。

　　当然，我们说在网络时代内容仍然为王，并不是说可以固守传统的报道方式。传播技术的发展，既扩大了新闻内容的生产和传播渠道，也要求媒体的内容生产方式必须来一场彻底的革命。无论是依旧以纸为介质的纸媒，还是以网为介质的网媒，或是通过移动终端发布信息的自媒体，都必须以互联网思维为引领，努力创新传播方式，并形成整合传播的合力，最大限度地满足用户的需求。"南方传媒绿皮书"选取的年度报道与年度记者、年度音视频、年度广告的经典案例，基本上都是新的传播方式的产物，可供媒体从业者参考。

推进传统媒体与新兴媒体的融合发展，一个必须解决的难题是如何提升全媒体的经营能力，增强媒体的公共服务功能。作为面向公众传播的公共文化产品，媒体只有强化用户意识，为用户提供更便捷、更精细的服务，才能达到既争取受众，又发展壮大自己的目的。在新的传播时代，决定媒体市场价值的，不仅是内容质量，而且是服务质量。这就要求媒体更新经营理念，探索全媒体经营模式，不断提供用户所需要的产品。在这方面，南方传媒绿皮书筛选出来的广告和文化产业的经典案例，或许能为业界提供有益的借鉴。

完成传统媒体和新兴媒体的融合发展，需要做的工作很多，比如创新体制机制，加强品牌建设，推进资本运营等，但关键还是在于那些既坚持新闻理想、恪守职业道德，又具有互联网思维、勇于改革创新的媒体从业者。南方传媒绿皮书向大家推介的年度记者，感人至深，让人肃然起敬。他们努力当好社会航船的瞭望者、社会肌体的啄木鸟、社会和谐的促进者、社会正义的守望者、中华文明的传播者，向社会大众提供了具有速度、信度、高度、深度、温度和互动度的新闻作品。他们在新闻的路上播种希望，也激励着更多的后来人，更让人们对媒体融合发展的未来充满憧憬！

杨兴锋

（作者系暨南大学南方传媒研究院院长，广东省新闻工作者协会主席，南方报业传媒集团原社长）

目　录

第三部分　2014 年度新媒体大事记

第一部分　2014 年度新媒体发展概览

2014 年是中国接入国际互联网的 20 周年。这一年我国新媒体的发展可以用"方兴未艾"一词来形容。在各个场合，低头看手机已经成了随处可见的画面，以智能手机和移动终端为依托的移动互联网的发展势如破竹：我国移动互联网用户总数已超过 8 亿，并进一步向三、四线城市和农村地区的用户渗透。

2014 年 2 月 27 日，中央网络安全和信息化领导小组成立，习近平总书记亲自担任组长，旨在提高网络安全和信息化战略。习近平总书记在主持召开中央网络安全和信息化领导小组第一次会议时强调，要总体布局统筹各方创新发展，努力把我国建设成为网络强国。

"网络强国"的内涵包括五个方向——即技术：要有自己的技术，有过硬的技术；信息与网络文化：要有丰富而全面的信息服务，繁荣发展的网络文化；信息经济：要有良好的信息基础设施，形成实力雄厚的信息经济；人才队伍：要有高素质的网络安全和信息化的人才队伍；互联网国际交流合作：要积极开展双边、多边的互联网国际交流合作。

中央的顶层设计，宣告我国开始了从网络大国到网络强国的跨越。政策的支持，技术的支撑，网民需求的推动，商业竞争的要求……各方面的升级全面驱动了新媒体对整个产业生态圈的重构与发展。

2014 年是中国互联网经济的一个全新的转折点，这场转折诞生了很多新的机会，挑战着每一个企业，更影响着我们每一个个体。

一、新媒体顶层设计与规划更规范

2014 年，新媒体的机制建设更为规范和理性。中央定调"新媒体"，2014 年成为传媒业全面深化改革元年。

同年 2 月 27 日，习近平在中央网络安全和信息化领导小组第一次会议上指出，信息化和经济全球化相互促进，互联网已经融入社会生活的方方面面，深刻改变了人们的生产和生活方式。

新媒体在促进整个社会文化发展和创新的同时，加速了世界范围内各种思想文化交流、交融甚至是交锋。一些西方发达国家加紧向全世界推销其意识形态、社会制度和发展模式，策动形形色色的"颜色革命"。

网络正在成为汇聚各种社会思潮、各种利益诉求的平台。"网络安全和信息化是事关国家安全和国家发展、事关广大人民群众工作生活的重大战略问题。"①

8月7日，网信办发布《即时通信工具公众信息服务发展管理暂行规定》，其中对即时通信工具进行了"十条规定"，进一步规范了我国当前最热的社交媒体发展框架。

8月18日，中央全面深化改革领导小组第四次会议审议通过了《关于推动传统媒体和新兴媒体融合发展的指导意见》，强调要着力打造一批形态多样、手段先进、具有竞争力的新型主流媒体，建成几家拥有强大实力和传播力、公信力、影响力的新型媒体集团。

10月和11月，网信办先后宣布将出台APP应用程序发展管理办法和在年内出台修订后的《互联网新闻信息服务管理规定》。

10月29日，网信办与和国家新闻出版广电总局联合下发《关于在新闻网站核发新闻记者证的通知》，在全国新闻网站正式推行新闻记者证制度，将新闻网站采编人员正式纳入统一管理。

2014年中国新媒体蓝皮书认为："这不仅明确提出了我国要从新兴媒体大国走向新兴媒体强国的战略目标，还表明在中国走向新兴媒体强国的进程中，网络安全是最基础和最重要的问题，没有安全就难以健康发展，也就无法成为新兴媒体强国。"

"当前，我国正处于新兴媒体发展的关键期。第一，新媒体对于国家发展的制高点地位日益显现，应尽快抓住移动互联网发展机遇以缩小与发达国家之间的差距。第二，新媒体的产业属性和跨产业发展的特点日益明显，应尽力利用好新媒体促进产业结构升级转型。第三，网络空间安全牵涉到国家安全和社会稳定，是我们面临的新的综合性挑战。"②

二、传统媒体与新媒体加速融合，主流媒体加快"微传播"脚步

2014年，传统媒体进一步衰退，新媒体强势倒逼传统媒体变革，新旧媒体在融合中重构。主流媒体如何继续引跑信息发布与舆论风向？"微传播"成为连接人们的新方式。各家移动新闻客户端开启了全面整合，打通微博、微信、视频平台等，各个平台承载不同功能，相互补充，同时挖掘

---

① 习近平：把我国从网络大国建设成为网络强国 . 2014 - 02 - 27. 新华网 . http://news. xinhuaet. com/politics/2014 -02/27/c_ 119538788. html.

② 唐绪军. 新媒体蓝皮书：中国新媒体发展报告 NO. 5（2014）. 北京. 社会科学文献出版社，2014.

用户的个性化需求，打造差异化以突出自身特色，全面构建全媒体发展战略。2014 年，传统媒体开启 APP 移动客户端，打造微信公众平台。

2014 年 7 月 22 日，"澎湃新闻"正式上线。"澎湃新闻"是上海报业集团改革后公布的第一个成果，是专注于时政与思想的媒体开放平台，主打时政新闻与思想分析，生产并聚合中文互联网世界中优质的时政思想类内容。结合互联网技术创新与新闻价值传承，致力于新闻追问功能与新闻跟踪功能的实践，搭建了网页、APP 客户端等一系列新媒体平台。

《人民日报》也不甘落后，抓住新媒体发展先机，做加快新媒体融合的开路先锋。2014 年人民日报客户端问世，形成微博、微信、客户端三位一体的新媒体传播格局。

三、政务媒体"微传播"

新媒体成为推动社会治理取得进步的重要力量，社交媒体在正确引导舆论、提高政务信息发布的准确性与及时性上发挥着愈发重要的作用。各级政府的新媒体意识不断增强，从百姓角度出发，多样性发展，得到了网民的广泛认可。政务媒体有利于及时倾听民声、反映民意，发布权威信息，更有利于线上线下互动，树立政府部门的良好形象。

2014 年，政务微博的及时性、互动性和服务性都有了显著提高。新华网舆情监测分析中发布的《全国政务新媒体综合影响力报告（2014）》显示："截至 2014 年 11 月底，我国政务微博认证账号（含新浪微博、腾讯微博两大平台）达 27.7 万个，累计覆盖人数达 43.9 亿人，中央国家机关政务微博认证账号达到 219 个，累计覆盖人数达 2.7 亿人，省级及以下各级单位政务微博认证账号超过 19.4 万个，累计覆盖人数达 20.8 亿人。截至 2014 年 12 月，中国政务微博年发布量达到 1 782.3 万条，同比增长达 20.1%，转发评论量达 2.3 亿条，同比增长达 17.5%。"①

同时，政务机构开始"试水"微信平台。"共产党员""国资小新"（国资委官方微博）、"微言教育"等成为政务微信几大账号。各级政府机构例如"上海发布""广东发布""浙江发布"都各具特色。

政务新媒体在快速发展中也暴露出一些问题：一是各地区新媒体发展不均衡，其数量和质量都存在较大差异；二是忽视信息的联动整合；三是信息发布在网络舆论场下显得不够专业，互动性不足。

---

① 2014 年全国政务新媒体运营分析及发展趋势. 2015 - 06 - 03. 新华网. http://www.qh.xinhuanet.com/2015 - 06 - 03/c_ 1115498980. html.

四、"微营销"进入爆发期

2014 年，微博营销和微信营销持续火热。微博和微信用户与移动互联网的用户基本相似，以消费能力还不够高但消费潜力巨大的 90 后为主力军，其用户属性具有年轻化的特征。

早在 2013 年，微博逐渐降温，众多在微博进行营销的品牌甚至开始有从微博上撤退的势头。即使微博"唱衰"，微博营销在每个关键节点还是能发挥出其无可替代的作用。

"截至 2014 年 9 月，微博日活跃用户达到 7 660 万人，较 2013 年同比增长 30%，月活跃用户达到 1.67 亿人，较 2013 年同比增长 36%。"① 其中关注电商行业以及相关推广信息的微博用户群体颇为庞大。

截至 2014 年 12 月，微信注册用户已超过 11.2 亿，其中月活跃用户高达 4.4 亿，成为中国第一大即时通讯应用工具，同时企业公众号注册数量也已超过 800 万。

2014 年，"微信营销"迎来了第三个年头，微信动作频频，新增了很多重要的接口和功能，比如服务号每月 4 次群发、微信支付接口、微信小店、智能硬件接口、账号体系、打通 APP 等，逐渐完善服务号的生态体系，让其成为微信"连接一切"的载体。

微信的营销环境也变得更为清晰，使用微信公众号创业在 2014 年达到了前所未有的热度。在此过程中，各营销品牌微信公众号运营质量出现分化，粗放式公众号运营不再可行，"量体裁衣"的精准化运作才能保持微信公众号的活力。"商家通过微信公众平台二次开发，如对接微信会员云营销系统展示商家微官网、微会员、微推送、微支付、微活动、微统计、微库存、微提成、微提醒等，已经形成了一种主流的线上线下微信互动营销方式。"②

在 2014 年，最引人注目的有招商银行的全客群综合服务平台、实时推送的头条新闻、广告形成系列推广的杜蕾斯、平台抢购的小米手机等，着重互动性、趣味性、服务性。除微信公众号之外，微信朋友圈也成为用户接受和分享信息的重要渠道，其中以 HTML5 和微信公众号最为火爆。

---

① 白剑锐.2014 微博用户发展报告.2015 – 01 – 27. http：//data. weibo. com/report/reportDetail？id=215.

② 2014 年微信营销正逐渐成为网络营销主流力量.2014 – 11 – 19. 前瞻网. http：// bg. qianzhan. com/report/detail/361/141119 – f7bccd9d. html.

APP 的开发投入成本大、推广难度大，然而大多数 APP 的用户黏度小。微信公众号则不然，用户市场规模巨大、容易推广和传播、投入的成本非常低，背靠腾讯平台，只需要关注内容生产。通过朋友圈的转发和传播，可以带来发散式的营销效果。而 HTML5 无须下载，方便快捷，成为新兴营销宣传手段，在一定程度上也冲击了 APP 的下载量。

五、互联网资本市场掀起上市热潮

2014 年也是互联网公司上市的窗口年，"从 31 家新上市公司来看，其中国内上市的有 10 家，香港上市的有 9 家，境外上市的有 12 家。具体板块方面，国内创业板 6 家，借壳上市 3 家，中小板 1 家；香港上市方面，有 8 家在主板上市，1 家在创业板上市；境外上市方面，主要集中在美国资本市场，其中纳斯达克上市的有 6 家，纽交所上市的有 6 家"①。其中包括阿里巴巴、新浪微博、京东、迅雷、智联招聘、聚美优品、盛大文学、安居客、途牛网等，热点领域主要在电商、游戏、服务、视频等垂直行业。

资本市场让企业通过上市在短时间内获得充裕的现金流，并迅速发展壮大。但上市并不是终点，上市后能否展示业绩、体现诚信更为重要。

六、互联网金融快速发展

"互联网金融"在 2013 年爆发性增长后再度迅猛增长，成为 2014 年年度关键词。2014 年 3 月 5 日，互联网金融首次被写入政府工作报告，"促进互联网金融健康发展，完善金融监管协调机制"。

互联网金融从网络理财、P2P 借贷向众筹、移动支付等更多领域扩展，全面渗透到金融业各个领域，并且带有互联网特色的自主扩散和创新，也改变着传统金融业。互联网金融基因的引入将倒逼金融体制改革，个人金融消费习惯也将随之变化。

阿里涉足互联网金融各个领域，10 月 16 日，阿里小微金融服务集团宣布正式定名为"蚂蚁金融服务集团"。目前其旗下拥有支付宝、支付宝钱包、余额宝、招财宝、蚂蚁小贷及筹备中的浙江网商银行等品牌。

第三方支付开始崛起。2014 年春节，支付宝红包数量达到 164 万余

---

① 2014 年 31 家国内互联网公司上市情况回顾 . 2015 - 02 - 26. 虎嗅网 . http：//www. huxiu. com/article/109088/1. html.

笔；参与抢微信红包的用户超过 500 万，总计抢红包达 7 500 万余次。微信红包的推出使腾讯市值一天之内飙涨了约 640 亿港元，宣告了微信支付的崛起。

传统金融企业开始发力，"广发银行、上海农商行将电子银行部升级更名为'互联网金融部'，农业银行单设了'互联网金融部'与电子银行部并行，兴业银行与百度正式签订战略合作协议，苏州银行则携手点融网成立 P2P 互联网金融事业部，招商银行在小企业 e 家风生水起的同时还在 7 月份推出了全新概念的首家'微信银行'，平安银行打造平安网上商城和网络平台，推动应用客服机器人，推广微信服务，而招行、广发、中信的官方信用卡微信绑定率高达 69%、68%、67%"①。

但是，互联网金融的健康有序发展还需制度规范。2014 年年初，央行发布了《关于清理规范非融资性担保公司的通知》《中国人民银行关于手机支付业务发展的指导意见》《支付机构网络支付业务管理办法》《中国人民银行支付结算司关于暂停支付宝公司线下条码（二维码）支付等业务意见的函》等指令，后来提出"互联网金融的 5 大监管原则""对互联网金融差别化监管"等。

同年 3 月，央行发文对存在涉及违规发展商户、套现等行为的 10 家第三方支付公司进行了处罚。4 月，银监会下发《中国银监会中国人民银行关于加强商业银行与第三方支付机构合作业务管理的通知》。正处于爆发式成长阶段的互联网金融，将在更完善的监管机制的引领下，涵盖更多领域。

七、移动入口开启争夺战

移动入口体现了用户的行为习惯以及需求特征，所以占据移动入口，无疑是拥有大量潜在用户群的重要途径。各大互联网巨头上演移动互联网入口争夺战：大众点评入驻微信股权换入口；百度收购 91 无线，加强布局应用商店；腾讯战略入股搜狗，加码移动搜索；阿里投资新浪微博、高德地图，地图服务无疑是 O2O 重要入口……

2014 年，对移动入口的争夺主要集中在线下空间。最为引人注目的无疑是自 2014 年元旦开始的打车 APP 市场，从市场竞争演变成令人瞠目结舌的烧钱游戏。腾讯撑腰的滴滴打车通过在全国 32 个城市"乘客立减 10

---

① 2014 年中国互联网金融大事盘点 . 2014 – 12 – 31. 香港万得通讯社 . http：// www. cs. com. cn/ xwzx/ hg/201412/ t20141231_ 4606409. html.

元、司机立奖 10 元"来推广微信支付，仅仅 10 天后，快的打车和支付宝就宣布在全国 40 个城市推出"乘客返现 10 元，司机奖励 15 元"的优惠……

"从明面上看，这是腾讯和阿里争夺移动支付工具入口的一场鏖战，从更加深远的角度看，也是对移动用户地理空间场景的布局，是对线下流量的孕育。通过打车 APP 对用户信息（包括他在地理空间迁徙轨迹）的数据采集，无疑可以提炼出各种和智能交通、车联网相关的数据模型和商业营销方案。"①

线下空间给互联网公司迎来了新的流量入口，同时各类互联网产品也逐渐在开发针对线下空间特征的场景化服务。

八、自媒体带来营销新生态

2014 年自媒体迅速发展，开始呈现垂直细分、本地化的趋势，移动互联网的发散性传播力量，孕育出"自由人"。垂直方面，在母婴、教育、汽车、旅游、文化、娱乐等领域，都出现了越来越多的自媒体从业者，并有自成一体的自媒体联盟和盈利模式与之呼应。

微博、微信、网络视频等新媒体技术与平台的发展，加速了自媒体时代全面到来的步伐。当蚂蚁也有了扩音器，人人都想借助社交网络自己生产内容，同时，互联网巨头的全面介入更是增强了自媒体的商业潜力。例如搜狐新闻客户端的自媒体平台，网易云阅读开放的自媒体入口等。

搜狐已经建立覆盖中国 60 多个城市超过 500 位当地美食家的"搜狐美食自媒体联盟"，试图构建中国的美食文化地图。搜狐提供一系列的商业模式、原生广告、互动营销广告等。武汉当地知名品牌红鼎豆捞在武汉美食联盟的包年推广费用达到 30 万；成都美食联盟成立"通吃帮"，与当地数十家餐厅合作，发放优惠卡……

美食自媒体借助搜狐等平台，在本地区为消费者提供服务，同时形成联盟，共享用户资源，抱团提高影响力，这是自媒体发展众多领域中的一个表现。

自媒体大致有面向全国的自媒体和立足于服务某个城市或地区的本地化自媒体两种。前者一般是依托线上进行信息层面的交流互动，而面向本地的自媒体则可以结合当地商家开展线下活动，形成自媒体 O2O（Online

---

① CSDN. NET. 盘点移动互联网入口争战 . 2014 – 10 – 05. http：//www.csdn.net/article/2014 – 10 –05/2821954.

2 Offline）闭环。"综合和垂直，全国和本地，线上和线下，向来都是共同存在，彼此合作，而不是此消彼长。大家一起将自媒体产业的蛋糕做大后，巨头、创业者，不同领域的科技自媒体都会找到自己的位置。"①

九、"大数据"从概念到落地

在2014年，"大数据"无疑是一个经常被提及的热门词汇，大数据的快速发展，使它成为IT领域的又一大新兴产业。各个机构对用户数据充满热情，企业将充分利用客户与其在线产品或服务交互产生的数据，从中获取价值。用于市场营销的大数据技术在这一年扮演重要角色——影响着广告、产品推销和消费者的行为。

上海市在政府部门数据对外开放、由企业系统分析大数据进行投资经营方面先行一步。2014年5月15日，上海市自当年起推动各级政府部门将数据对外开放，并鼓励社会对其进行加工和运用。

根据上海市经信委印发的《2014年度上海市政府数据资源向社会开放工作计划》，确定190项数据内容作为2014年重点开放领域，涵盖28个市级部门，涉及公共安全、公共服务、交通服务、教育科技、产业发展、金融服务、能源环境、健康卫生、文化娱乐等11个领域。

大数据在临床诊断、远程监控、金融、药品研发等领域都发挥着重要作用，大数据分析成为市场营销的重要手段，与提高生产力有着密切的关系。

例如IBM BigInsights大数据解决方案和企业级NoSQL数据库SequoiaDB合作，为民生银行搭建可靠数据平台；京东为超过15座城市的上万家便利店提供数据支持，布局京东小店O2O；百度公司结合大数据技术推出了在线的"疾病预测"功能，通过对用户的搜索和位置数据进行分析，从而得出人们关于搜索相关疾病关键词信息的时间和地点分布；银泰在百货门店和购物中心铺设免费WiFi，抓取用户数据，服务于银泰网，打通线下、线上等。

2014年，"大数据"实现了从概念到落地的过程。国内几家数据平台相继进行大数据投资，希望覆盖用户在全部生活场景下的数据地图。

阿里巴巴投资了高德地图、美团网、快的打车等。京东、阿里巴巴在追踪平台上消费者的浏览和购买行为，并将消费者归类，分析每个消费者

---

① 罗超.2014年自媒体将走向垂直细分和本地化.2014-01-28. http：//luochao. baijia. baidu. com/article/3536.

的需求类型、购买周期等数据。百度则通过全面追踪受众的兴趣点、搜索关键词、浏览主题词、到访页面等，进而将受众特征全方位立体呈现，找到特定消费者的需求特点，为商家提供广告精确投放服务。

十、"法制化"成为网络治理新常态

在 2014 年，已持续开展多年的"剑网行动"和"净网行动"的打击力度更大。2014 年 4 月 13 日，全国"扫黄打非"办公室和网信办、工信部、公安部决定，自 2014 年 4 月中旬至 11 月，在全国范围内统一开展打击网上淫秽色情信息的"扫黄打非，净网 2014"专项行动。"红袖添香""水木网"等一批网站被查处，新浪网因传播淫秽色情信息被吊销《互联网出版许可证》和《信息网络传播视听节目许可证》。

同年 1 月至 4 月，依法查处淫秽色情网站 110 家，关闭相关频道、栏目 250 个，关闭微博客、博客、微信、论坛等各类账号 3 300 多个，关停广告链接 7 000 多个，删除涉黄信息 20 余万条；2 月至 6 月，公安部、工信部、网信办等九大部门在全国范围内部署开展打击、整治"伪基站"专项行动，摧毁非法生产、销售、使用"伪基站"设备违法犯罪团伙 314 个，破获诈骗、非法经营等各类刑事案件 3 540 起；6 月，国家版权局、中央网信办、工信部、公安部四大部门正式启动第十次打击网络侵权盗版专项治理"剑网"行动，截至 2014 年 12 月 16 日，"剑网 2014"专项行动通报了三批共 30 起网络侵权盗版案件查办情况；9 月，网信办、工信部、国家工商总局联合开展"整治网络弹窗"专项行动，迅雷弹窗因传播色情低俗及虚假谣言信息在 12 月被叫停关闭；11 月，以电影中文字幕为主的主题资讯交换平台的射手网因涉及影视作品版权问题，被宣布关闭网站。

2014 年 11 月，国务院总理李克强在世界互联网大会期间召开座谈会并接见了互联网界知名企业家。他谈道："中国接入互联网 20 年来，已发展成为世界互联网大国，不仅培育起一个巨大市场，也催生了许多新技术、新产品、新业态、新模式，创造了上千万就业和创业岗位。"因此，他提出要通过电子商务（包括跨境的电子商务）实现经济结构的转型，并指出加快产业结构升级势在必行，让更多的中国标准成为国际标准，发挥互联网对传统产业转型升级的促进作用。

在用户被赋予了更多选择权利的今天，各类新媒体的发展也如逆水行舟，不进则退。不断对受众深耕细分是其发展趋势，垂直软件仍有很多机会。火爆的是表象，让用户发声才是根本。微传播成为 2014 年新媒体传播的主要方式，低成本、高效率、强互动的新媒体已经成为各个机构与群众沟通的重要渠道。新媒体将成为推动中国社会治理理念、创新经济发展模式的重要场地。

2014 年是中国改革元年，不管是中央顶层还是网络草根，都以革新者的勇毅和行动，解构传统的组织结构，开启了中国媒体新纪元。

"政策、技术、需求、竞争、思维等全方位的升级驱动着新媒体生态圈的进一步裂变和重构，服务化、垂直化、专业化、智能化、个性化将成为新媒体生态圈的主流旋律。展望未来，人即媒体，媒体即人，数据、内容和互动必将三位一体。

寄语 2015 年，新媒体生态发展朝向主流价值导向，在国家和政府的服务和管理下，多元主体发展苗壮，实现良性循环的商业模式，这将是下一阶段的共同命题。"①

---

① 2014 年的新媒体生态 . 2014 - 12 - 26. 新华网 . http：// news. ifeng. com/ a/20141226/ 42804073_ 0. shtml.

第二部分　2014 年度新媒体扫描

内容生产与传播

21 世纪网涉 "新闻敲诈"

2014 年 9 月 3 日,国内著名财经媒体 "21 世纪网" 因涉嫌 "新闻敲诈" 一跃成为舆论热点。在公安部的指挥下,警方在北京、上海、广州、长沙统一行动,对 21 世纪网总裁、总编辑和相关管理、经营、采编人员,以及上海润言、深圳鑫麒麟两家公关公司的负责人采取了强制措施。

至此,财经媒体行业内变相收取保护费的潜规则逐渐浮出水面,这不仅反映了媒体行业的乱象,也凸显了我国股市上市发行环节的漏洞,令媒体腐败整治和企业规范的问责曝于公众视野。

一、总体概况与发展趋势

2014 年 9 月 3 日晚,上海市公安局通报一条消息:上海市公安局于日前侦破一起特大新闻敲诈案件,涉案的 21 世纪网的主编和相关管理、采编、经营人员及上海润言、深圳鑫麒麟两家公关公司负责人等 8 名犯罪嫌疑人被依法采取刑事强制措施。案件涉及上海、北京、广东等省市区的数十家企业。消息一出,业内一片哗然。

让业内震惊的是 21 世纪网和两家公关公司的知名度和影响力。21 世纪网作为国内公认的 "三大财经媒体" 之一的 21 世纪报系旗下专业的新闻网站,2010 年 7 月 16 日改版上线。网站总裁刘冬兼任《21 世纪经济报道》副主编,原《21 世纪经济报道・财经版》总监周斌任网站总编辑,有自己的采编团队,实力雄厚。

21 世纪网本是《21 世纪经济报道》的网络电子版。2010 年,报社管理层出于发展考虑,决定让 21 世纪网独立运营、独立核算,由《21 世纪经济报道》副主编刘冬担任负责人。刘冬四处招兵买马,做出明确分工:犯罪嫌疑人、21 世纪网主编周斌负责新闻采编工作;犯罪嫌疑人、21 世纪网广告部副总经理莫宝泉等人负责广告业务,与企业洽谈 "合作" 事宜。

周斌每周组织召开选题会议，选择未与 21 世纪网建立"合作"关系的公司作为报道对象，在 21 世纪网上撰写并刊登负面报道；涉及重大、敏感题材的，则报给刘冬审定。

负面报道出来后，被报道的公司就会主动找上门来，或者通过公关公司与网站谈合作，一般都是以"广告合同"的形式。广告合同一旦签好，编辑部门就将网上的相关负面报道删除。

2014 年 9 月 10 日，上海警方披露了部分案件细节。专案组查明，21世纪网通过公关公司招揽介绍和业内新闻记者物色筛选等方式，寻找具有"上市""拟上市""重组""转型"等题材的上市公司或知名企业作为"目标"对象。对于愿意"合作"的企业，在收取高额费用后，通过夸大正面事实或掩盖负面问题进行"正面报道"；对不与之合作的企业，在 21世纪网等平台发布负面报道，以此要挟企业投放广告或签订合作协议，单位和个人从中获取高额广告费或好处费。类似的新闻敲诈在 21 世纪网上并不少见，用犯罪嫌疑人 21 世纪网站记者王卓铭的话来说，"这是公司集体行为，公司上下都这么干"。

9 月 10 日，新华社发表了题为"'保护费'伤害了谁？——21 世纪网涉嫌严重经济犯罪案件透视"的稿件，让这起案件再次引发舆论关注。

新华社 9 月 10 日发布的最新消息称，自 2010 年 4 月起，21 世纪网平均每年与 100 多家拟上市公司、上市公司签订"广告合同"，收取每家企业 20 万至 30 万费用，累计收取费用数亿元。目前该案件正在进一步侦办中，涉案企业已达 100 多家。

同年 10 月 10 日，上海市检察院第一分院以涉嫌敲诈勒索、强迫交易、非国家工作人员受贿和对非国家工作人员行贿罪，分别依法对"21 世纪网"总裁刘冬、副总编周斌，《理财周报》发行人夏日、主编罗光辉，21世纪经济报道湖南分社负责人夏晓柏等 25 人实施逮捕。21 世纪网特大新闻敲诈案的诉讼进程向前迈出一步，涉案人员是否有罪的程序也前进了一步。

二、社会影响

1. 敲诈毒瘤耗损媒介公信力

就 21 世纪网自身来说，其媒体工作人员私下开办公关公司进行新闻敲诈，涉嫌内幕交易，故意隐藏敏感信息误导读者，或者故意以负面报道导致相关企业股价下跌，进而大量做空来获取巨额利益。这种扭曲的"保护费"式交易不断生长,成为财经公关公司与一些财经媒体"互利共赢"、非法牟利的温床,这不仅伤害了股民的利益、企业的发展乃至整个市场的未来,还有新闻媒体的形象。

捏造并散布虚假事实的新闻敲诈,严重妨害他人正常的生产经营活动,给他人造成直接经济损失,形成恶劣的社会影响,也是我国刑法明确制裁的犯罪行为。虚假报道、新闻敲诈等行为还严重违反了《中国新闻工作者职业道德准则》,严重违背了新闻的真实性原则。

2014 年 9 月 11 日出版的《人民日报》第 9 版刊发了《揭开新闻敲诈背后的利益链》,披露 21 世纪网新闻敲诈案详情,并配发题为《清除行业歪风邪气》的评论文章,称"从 21 世纪网新闻敲诈案中,我们可以发现,这种新闻敲诈已经从记者个人行为演变为单位集体行为,甚至成为一种经营模式"。

随后,数家国内外媒体不约而同地"揭开黑幕",刮起中国政府紧锣密鼓整治新闻敲诈和假新闻行动之风,也揭露了中国媒体尤其是财经类媒体的普遍"新闻寻租"现象,重创了中国媒体的公信力。

《新京报》报道说,这种行为如今已成行业"潜规则",媒体针对上市公司、拟上市公司为目标的客户群,以不做负面报道为诱饵,招揽企业前来投广告,变相收取"保护费",令企业、公关公司、媒体三方获利,而广大股民和社会公众因此丧失了知情权。

2. 资本市场异化消解社会公平

21 世纪传媒特大新闻敲诈案是打击新闻敲诈和假新闻专项行动中查处的涉案金额最大、波及面最广的一起案件。此案令整个传媒界震惊,也给资本市场带来了一记沉痛教训。

利用报纸的受众覆盖率和公信力榨取上市企业的资金,在收取高额费用后,夸大正面事实或掩盖负面问题进行"正面报道",这极大地侵犯了民众的知情权,对企业的长期发展和品牌形象乃至整个资本市场和经济体制都带来损伤。

就上市公司本身而言,众多个人投资者参与其中,希望能享受公司长远的红利,而企业和媒体暗箱操作的利益链条在误导读者、扰乱整个市场秩序的同时也削减了投资人的信心。

搅动以诚信守法、规范经营为基础的资本市场祸患无穷。在金融领域,媒体以及第三方门户常扮演着重要的"代替监督"的角色。作为国内最为权威的财经门户之一,21 世纪网违纪事件也给 P2P 行业带来了间接性的重创。

3．法制化道路荆棘丛生

首先，对于媒体而言，客观报道、公正中立是根本；对于企业而言，诚信守法、规范经营是底线。各类市场参与者都应当在法律的轨道上运行，共同推进市场的规范化、法治化。

其次，媒体人以及媒体机构出卖了其赖以生存的"公信力"与"话语权"，颠覆了大众对媒体"社会监督"者的美好期待，为小利可能丧失掉一个行业的生存根基。从长远来看，他们明显比那些 IPO 公司损失更大。

最后，真正的最大受害者是公众，本应遵法守法、透明阳光的上市公司自身却携带着各种不为人知的负面因素；本应舆论监督、主张社会公正的媒体为了小利出卖了媒体的社会良知，践踏了媒介形象。二者在黑公关的"撮合"与"合谋"下制造了一个个"级差"上市公司，公众对此却毫不知情。在这一灰色生态链中，绝大多数的公众成了被欺瞒的对象。

21 世纪网敲诈事件被评为"2014 年中国十大新闻法治事件"之一，这充分暴露出互联网时代下新媒体的监管漏洞，从而引发了关于新闻法治的大讨论。在全面推进依法治国的进程中，新闻媒体要用法治方式建构新闻与司法的良性关系，增强法治观念及社会责任，实现新闻舆论监督与法治建设的良性互动。

三、学界与业界的评价

华中师范大学新闻传播学院院长江作苏认为："从新媒体环境下的传播角度分析，传播秩序在新媒体环境下看起来混沌，其实有清晰的主线，那就是必须要有公信力。作为网站的把关人，若在这个问题上犯糊涂，那带来的危害比传统媒体更大。21 世纪网涉嫌严重经济犯罪案提醒新闻工作者，在重视传播技术、传播实力扩张的同时，更应该重视软实力建设，这个软实力就是传媒人的伦理道德。"

中国传媒大学副教授曹晚红谈及："21 世纪网的'有偿不闻'行为让媒体的舆论监督变了味道。之所以发生这样的事情，其主要原因在于采编经营工作穿插以及单位内部暴露出的监管不力。采编经营两分离已提出了很多年，但更多强调和监管的对象是传统媒体。而在新媒体方面，新闻职业教育的宣传也好、考核也罢，似乎并没有被重视。

此次事件也给其他媒体一个警示：注重一时经济利益的行为无异于饮鸩止渴。今后在加强对传统媒体采编人员培训的同时，也应同样重视对网络媒体采编力量的教育。在媒体融合的大背景下，传统媒体和新媒体的采编力量也在交叉融合，唯有整体提升从业人员的素质，才能为媒体融合保驾护航，让媒体有更好的发展基础。"

《新闻与传播研究》杂志副主编朱鸿军提到："从制度层面来看，相较于传统媒体，对新媒体的管理存在一定的死角。新闻战线已经建立了一系列长效机制，也开展了相关的专项行动，但类似情况为什么依然接二连三地出现？更多地与制度执行没落地有关。当下一些新闻从业者的生存压力比较大，晋升空间也比较狭窄，从长远角度来讲，在薪酬待遇和个人长远发展问题上，还要给新闻从业者一个相对好的发展空间。"①

四、新媒体之"新"

不可否认，在新媒体夹击的形势下，纸媒通过发行和广告盈利的传统模式受到了严峻挑战。许多纸媒在大力发展新媒体的同时，还积极拓展其他业务。

纸媒利用以往积累下的资金投资其他行业，或利用本身的文化资源拓展产业，都是很好的、能够行得通的盈利模式。动用手中的新闻采编权和舆论监督权去牟利，则是一种饮鸩止渴的做法，无异于自杀。

然而，近几年随着新媒体对传统媒体的冲击，信息垄断被摧枯拉朽般打破，令人猝不及防。就算很快意识到，也往往心有余而力不足，传统媒体所赖以生存的广告迅速转移到新媒体上。即便是握有强势资源与话语权的央视也难逃新媒体的冲击，其他传统媒体更是被逼到了墙角。

一个新变化正悄然来临。就在 2014 年 3 月，海尔发邮件通知传统媒体，今后不再向杂志投放硬广告，将继续投放杂志内文植入广告和新媒体广告。而在此之前，海尔推出了自己的微信公众号，不但自我宣传，还鼓励作者为他们有酬写稿。

也就是说，在经历了商家给传统媒体投放广告，到给新媒体投放广告之后，媒体规则又发生了新变化，商家自建平台，自己给自己做广告，甚至让作者、读者、消费者来给他们做广告，成本低廉而效果可能奇好。这叫"脱媒"，一般是指进行交易时跳过所有中间人而直接在供需双方间进行，多数是指在金融领域的"非中介化"。

商家不再在传统媒体上刊登广告，而是借助自己的平台直接向客户宣传、推销自己的产品，也是"非中介化"的脱媒。过去需要传统银行或传

---

① "21 世纪网案"暴露出新媒体监管漏洞 . 2014 - 09 - 12. 中国新闻出版网 . http：// news. xinhuanet. com/zgjx/2014 - 09/12/c_ 133637806. html.

统媒体作为介质，来提供供需桥梁或供需信息，增加了交易成本，在互联网时代，供需的对接变得更加容易，交易成本大大降低。

总体而言，技术革命和技术创新打破了产业边界、行业门槛，形成新的商业模式，给人类带来了莫大的福利，而作为换取这些福利的代价，就是传统"中介"的衰落。

在这样的大历史背景下，当传统媒体从业者的职业道德与社会良知不能当饭吃时，新闻理想让位于"生存第一"时，媒体从业者就有可能不择手段。

在"脱媒时代"前，想在传统媒体刊登广告需要排队、走后门，媒体人就像社会的灯塔，为芸芸众生代言，高喊"让无力者有力，让悲观者前行"，仿佛救世主；而一旦生存难以为继时，只能"我心澎湃如昨"，媒体话语姿态的变化，也折射出生存处境的恶化。①

五、国内外对比

新闻敲诈这类媒介伦理问题，在英美等媒体发展成熟的国家出现概率很低，这与当地新闻从业者的职业素养有很大的关系。

英美媒体比较强调中立、客观、冷静，强调尽量全面呈现事件原貌，强调严格区分新闻报道板块与评论板块。

美国广受尊敬的报纸，在收获声誉的年代，多为家族报纸。《纽约时报》由奥茨·苏兹贝格家族拥有，《华盛顿邮报》是格拉厄姆家族的，《华尔街日报》被默多克收购之前是班克罗夫特家族的家产。

报纸控制在一个家族手中，由家族成员担任发行人负责经营，另聘职业报人担任总编辑，发行人绝不介入总编辑的工作，经营与采编严格分离。这些家族的共性是，投资报纸，当然有获利的目的，但获利并非唯一目的。②

正是由于编辑与广告业务的分离，尽管媒体机构需要广告主的广告费支撑媒体机器的日常运转，但是在很大程度上规避了广告主干扰新闻报道的现象。英美媒体市场化程度高，市场竞争十分激烈，为了在竞争上取得有力的地位，媒体必须努力维护自身的社会形象，因此在日常报道中能够较为严格地恪守新闻的专业主义，一旦出现了新闻伦理失范事件，对于媒

---

① 21 世纪网事件后，媒体大洗牌开始 . 2014 - 12 - 05. 砍柴网 . http：//www. ikanchai. com/2014/1205/6218. shtml.

② 什么才是媒体精神 . 知乎 . http：//www. zhihu. com/question/19713203.

体而言，倘若公关失败，就要面临丧失用户，最终危及媒体自身的生存。

正如默多克的《世界新闻报》，在窃听丑闻爆发以后，该报 168 年的经营成果毁于一旦，最终不得不选择停刊，对整个新闻集团的声誉都造成了严重的影响。

在市场环境下，触犯新闻伦理的后果十分严重，因此英美媒体的经营者不会轻易冒险，他们与广告主保持一种和谐的关系，而不会利用新闻敲诈行为导致与广告主的关系恶化。

正如"美丽阅读"的创始人吴蔚所说："2000 年以后，中国的传统媒体全体被逼走上市场化的道路。糟糕的是，从普遍情况来看，大家学的是报团时代的美国媒体。资本主义的发展是有过程的，有逐利的一面，也有家族报纸的一面，而中国这种跨越式发展，形容易借，神却难以学会。"

在新闻敲诈被广泛谴责的当下，中国的部分媒体虽然有了市场意识，但是市场化实践了多年，却逐渐失去了自身立足的准则，最终免不了成为负面典型。

六、总结与反思

21 世纪网涉案被查，警示着传媒行业在市场化和商业化突飞猛进的路上，应当对自身的经济利益和社会公共利益的关系问题进行反思和自省，应当对包括新媒体在内的新闻从业者进行整顿规范。

媒体、记者在这个社会起着传播和监督的作用，需要时刻保持清醒的认识，清楚自身责任，明白媒体监督不仅是自己的本职，同时也是提高媒体影响力的重要一环。想要监督别人，首先要自律，更要遵纪守法，绝不能利用手中权力谋私，把监督变成要挟的武器、自肥的筹码，甚至以此为由实施敲诈。一旦公器私用，就会成为社会的一颗毒瘤，对社会产生的危害无法估量。

21 世纪网涉案被查，应当引发各方对于资本市场舆论监督问题的深入思考。新闻媒体的舆论监督权不可变成一种牟利工具，媒体从业者也不能成为手握"第四种权力"的寻租者和牟利者。资本市场不是不需要舆论监督，恰恰相反，市场的任何变化都关系到人民群众的经济安全，关系到企业的正常发展乃至国计民生，公众的知情权必须得到保护，媒体的监督权需要正确行使。

对于媒体而言，以客观公正的态度进行中立报道是其基本职业操守，对于企业而言，诚实守信、合法经营是其生存发展的底线。各类市场参与者都应当在法律的轨道上运行，共同推进市场的规范化和法治化。

21 世纪网的违法犯罪行为被揭露也深刻地警示了整个新闻行业：大众新闻只能是尊重于事实的新闻，绝不能把新闻变成随心所欲进行商业买卖的敛财工具。同时，也对新闻媒体同行形成警示：不能将新闻敲诈变成广告合作，擅自移花接木，新闻媒体人应当严格遵守基本的新闻职业道德，遵纪守法，以客观事实为先，在报道中始终坚持实事求是，始终秉持客观公正的基本原则。

21 世纪网的前车之鉴，对政府、媒体行业、公关公司以及热衷于行贿的上市公司而言，都是一次巨大的警醒——完善的新闻监督体系和运行机制的缺乏急需改善，扭曲的利益链条必须斩断，各行各业的职业伦理重建迫在眉睫。

传统媒体的新媒体之路

随着互联网的发展和普及，加上移动终端技术快速更新换代，极大地改变了人们的信息获取方式和渠道。

微博、微信、网站、移动新闻客户端等凭借其丰富的资讯资源、实时的信息推送和方便的社交互动在媒体市场上占据越来越重要的位置。在互联网技术变革日益加快的进程中，传统媒体纷纷向新媒体市场迁徙，网站、新闻客户端成为众多媒体的主攻方向，在深耕传统业务的同时，致力于与新兴媒体融合，加快网络媒体和移动媒体的发展速度，在新的传媒生态格局下呈现出更加丰富的品牌群体架构。

其中，以解放日报报业集团和文汇新民联合报业集团整合重组的上海报业集团为代表，在互联网技术方兴未艾之时登场并做出了华丽的转身，"上海观察""澎湃""界面"三大新媒体项目崭露头角。

2014 年 7 月 22 日，澎湃新闻客户端正式上线，上海报业集团开启了在新媒体领域的新征程，一时风光无限，随后上海报业联手小米科技、360、海通证券、国泰君安、联想弘毅、卓尔传媒推出的新一代财经商业新闻网站"界面"，在时政和经济新闻领域独树一帜。

然而传统媒体的新媒体之路远非嫁接在新技术平台上这样简单，以"澎湃"和"界面"为代表的新生媒体要实现真正新媒体化的生存还有很长的路要走。

一、总体概况与发展态势

2013 年 10 月，上海报业集团成立之后，新媒体业务成为集团发展的重要突破方向，而"澎湃新闻"（The Paper）就是其中一个重要的新媒体产品代表。2014 年 7 月 22 日，随着苹果版移动客户端上线，"澎湃新闻"宣告全面上线。作为一个专注于时政与思想的媒体开放平台，其官方微博称"立志成为中国第一时政品牌"，打造成国内聚合新闻与思想内容的最大平台。

目前"澎湃新闻"已全面覆盖网页版、客户端；同时，"澎湃新闻"的微博与微信账号也已经开通，形成了对网民网络信息传播关系网络的全面覆盖。上线以来，以"澎湃"之势，短短半个月内下载量达到百万，成为最受关注的新锐应用，并在社交网络上形成暴风转发。

"澎湃"强势起浪后，新一代财经商业新闻网站"界面"正式推出。2014 年 3 月 14 日，"界面"启动了其同名微信公众号，并首发文章《何力面向大学生发起新媒体记者培养计划——这可视为"界面"向大学校园吸纳未来的传媒力量》。

在上报集团的官方定义中，"界面"是一个互联网金融信息服务平台。它为个人及机构投资者提供具备影响资本市场能力的内容。产品包括新闻网站、移动客户端、微博和微信产品、定制信息产品以及信息推送产品。

在此基础上，"界面"试图让大公司将真实的招聘需求发布到"界面"的网站上，允许他们在招聘信息下详细介绍这项新业务的计划，打造基于用户的线上、线下交易平台和财富管理终端。

由此，上海报业集团新媒体的"三驾马车"已准备就绪，"上海观察"作为上海报业集团成立后的第一个新媒体项目，已经引得不少人研究琢磨。如今，"澎湃"和"界面"相继问世，借"内容为王"的烈性弹药，率先探索新旧媒体融合的路径，给传媒业界吹来了一阵新媒体改革之风。

但到目前为止，众多的新媒体资讯产品生存能力都还有待进一步考验，作为传统媒体和新型媒体融合的澎湃新闻未来将如何盈利，是否能重建以广告为主导的传统盈利模式，至今仍然未知。

二、社会影响

澎湃新闻以其"专注于时政与思想的互联网平台"的定位、"致力于新闻追问功能与新闻跟踪功能"的实践，构建网页、WAP，搭建移动客户端等一系列新媒体平台，引起了媒体圈的强烈关注，掀起了一股传统媒体与新型媒体融合发展的"澎湃"之风。

"界面"是上海报业集团媒体融合和新媒体转型实践的又一个新实验。不同于以往的新闻网站，"界面"是一家全民参与的精品商业新闻网站，由原创新闻、摩尔金融、全球乐趣、公司急聘、界面之选五大板块组成，其中专注于为投资者服务的摩尔金融于 2014 年 11 月开通独立网站。

"界面"作为上海报业集团媒体融合发展的标志性项目之一，与已经上线的"上海观察""澎湃"一起构成集团的三个改革试点。在互联网特别是移动互联网的背景下，其对融合发展模式的开拓性尝试不仅打破了传统的新闻生产流程，还独具一格地创造了新媒体融合的"上海模式"，加速了全国传媒集团的媒体融合进程，为互联网时代下的新旧媒体融合提供了一个可资借鉴的模式和案例。

三、学界与业界的评价

新华社副社长慎海雄："中国新兴媒体正在加速向移动化、融合化、社会化发展，国家战略强力推进中国迈向新兴媒体强国，为新兴媒体提供了巨大发展空间。"[①]

复旦大学副教授沈逸："至关重要的一点是，人们都意识到'澎湃'等的诞生本身并不新鲜，但焦点在于它将如何生存下去，是烧钱，还是走'内容为王'的理性发展路线，人们希望能看到的是后者。无论'澎湃'未来的命运如何，传统媒体的转型将沿着更加符合市场规律和大众需求的道路去走。"[②]

财新传媒总编辑胡舒立："迹象积极，考验在前，继续观察。从澎湃到东方卫视，上海新闻界的舆论监督作用在提升……"[③]

中山大学传播与设计学院院长张志安："'澎湃新闻'有三重意义：打造移动互联网情境下的原创产品和新型平台，有利于主流媒体重建网络话语权和影响力；实践有深度、有思想的内容生产，有利于探索包括'策展'模式在内的新型生产机制；投入资本和人力去做严肃新闻，在唱衰报业的氛围中提振了职业媒体人士气，有利于强化新闻业内的认同。"[④]

搜狐公司原副总裁刘春："几篇时政大稿并不意味着以原创内容为特色的'澎湃'网站的成功，因为再多的原创也支撑不起一个新闻门户，而基于 PC 端的门户本身就在衰落中。'澎湃新闻'最近的火爆仍然来自微信公众账号和移动端的转发传播，'澎湃'的未来在 APP、在移动端。"[⑤]

---

① 慎海雄. 借媒体融合发展之势推进新兴媒体勃兴. 2014 – 07 – 23. 天山网. http：//news. hexun. com/2014 – 07 –23/166903499. html.

② "澎湃新闻"正式上线 发声明请网站及客户端尊重其版权. 2014 – 07 – 23. 人民网. http：//media. people. com. cn/n/2014/023/c120837 – 25324812. html.

③ 传统媒体"孵"出"澎湃"中国探索新兴媒体融合发展之路. 2014 – 07 – 22. 新华网. http：//news. xinhuanet. com/fortune/2014 – 07/22/c_ 1111748118. html.

④ 邱曙东. 从澎湃新闻看上海报业的新媒体攻略. 2014 – 07 – 30. 法制节目网. http：//www – law – tv. cn/htm/yantaoyupeixun/20140730/1966. html.

⑤ 澎湃新闻上海报业集团新媒体战略. 2014 – 07 – 29. 中国新闻出版网. http：//news. xinhuanet. com/zgjx/2014 – 07/29/c_ 133517153. html.

四、新媒体之"新"

在新闻生产上，"界面"的创新在于让读者参与到新闻制作的过程中，可在线参与选题会讨论和投稿，乃至成为高级行业观察员。这种做法将有可能改变传统新闻行业的生产方式，最大限度利用群体智慧、众包模式来提高新闻生产的质量及效率，在调动全民参与的商业新闻网站的路径上做出了有益探索。

新闻之外，"界面"还将为用户提供求职、购物、社交、投资理财等服务，未来还会围绕目标用户有针对性地拓展服务种类。扩大业务线与合作伙伴，经过合作伙伴导入流量，通过提供内容和互动服务，运作这些流量并夯实为活跃用户，然后通过其他业务将其转化为商业价值。

"界面"着力于服务公司人群，追求信息的真实性和与用户的匹配度。目前"界面"已经与上百家大公司沟通，为用户提供有针对性的招聘岗位；聘请时尚编辑在全球范围内挑选价格适中、有品位的商品，免除挑选礼品时的选择之苦；"界面"旗下的摩尔金融已经签约 300 位专业金融机构分析师，为用户提供个性化的投资建议。

上海报业集团也在尝试借"澎湃"等项目，实现多个维度的突破。

首先是模式上，"澎湃"想要成为"中国第一个新闻问答产品"，通过与读者的互动，分辨真相和谣言，并将核实结果实时更新。此次发布的澎湃 APP，就设计了"提问"和"跟踪"两大功能，前者帮助读者发问，后者则便于读者对感兴趣的主题进行相关阅读并长期跟踪阅读。

不过这些模式和功能上的创新是否成功，最终衡量的标准还在于能否适应读者的阅读习惯，是否会带来良好的阅读体验。而读者的"提问"能否顺利内化成新闻生产的一部分，不仅依赖于用户的活跃度，更在于采编人员是否拥有主动性，以及管理团队是否针对这个环节设置了恰当的考核机制。

在资本结构上，"澎湃"项目的初期投资达 3 亿至 4 亿元。其中一部分来自政府，一部分来自财团，联想旗下的弘毅资本此前就传出参股的消息。此外，"澎湃"的核心成员还实现了对项目的持股，这在其他媒体项目中并不多见。

不得不说，多元的股权方式是上海报业集团新媒体项目的最大突破。这种股权模式上的突破并非一时兴起，在裘新年初的发言中就曾提到，报业集团在未来资本构成上，会考虑吸纳文化资本、金融资本、产业资本、社会资本等共同进入；在制度安排上，也会考虑采取核心团队出资持股，设计股债结合的结构安排等。

在盈利模式的探索上也有新突破，对于媒体业务的经营，裘新曾有过明确规划，即报纸经营将面临"第三次销售"，前两次销售分别是"卖报纸"和"卖广告"，第三次销售则是"卖服务"。

针对这种转变，上海报业集团旗下媒体转型的任务就是，如何发挥传统媒体社会资源丰富、信息流汇聚、公信力强等核心优势，在纸下线下布局垂直产业，把服务卖给读者，把读者变成客户，最终形成一座挖之不竭的金矿。

这样来看，在上海报业集团的布局中，"澎湃"这类新媒体平台未来起到的作用就是汇聚用户资源，承担集团盈利的"中端"而非"末端"环节。①

五、国内外对比

从国外的成功案例来看，与媒介融合相伴的往往是盈利渠道的多样化。以美国论坛公司的《芝加哥论坛报》为例，其在 1996 年创办的"MetroMix"娱乐性网站依靠其独特的定位及内容吸引了大批用户。经调查发现该网站的用户中竟然有 60 万人从来不读《芝加哥论坛报》。于是，报社专门创办了新生代小报"红眼"（Red Eye），使得网站的品牌效应和盈利在传统媒体上延续，成功实现了新媒体反哺"母体"，新媒体与传统媒体良性互动、融合发展的模式。

《芝加哥论坛报》网站的内容与纸质版有很大的不同，信息在网站上会重新经过处理和编辑，有时会做成音频、视频、表格、漫画等更有利于传播的形式。在最新的改版中，网站采用无底部设计，力求使用户停留在网站上的时间更长一些。

网站设置了专门的收费墙，对内容进行区别性分类收费，突发性新闻全部是免费的，其他类新闻如调查性报道、数据分析报道在提供 5 条试阅读后会弹出收费墙进行收费，对于母报的订户，网站进行最优捆绑特惠销售。

网站的视频点击带来的收益比重在逐年增加，图书增刊、年度文学盛会、戏剧圈、技术创新网上中心及活动策划也为母报和网站带来新的收

① 澎湃新闻正式上线 上报集团新媒体实验成果出炉. 中国传媒科技，2014（13）.

益，论坛公司内容数据库的建设和内容互换也使得新闻信息的利用效率最大化，同时，生产成本大大降低，在其收益占比中，广告收益的占比在逐步下降。

成功的新媒体，要学会从商业模式反推内容定位。契合新兴的商业，新媒体的价值才会显现。以美国 VICE 为例，这家做亚文化方面的新媒体机构，从年轻人的非主流出发，选择了与其匹配的商业契合点，进而反推内容的方式，成功取得商业模式的完整运转。

VICE 是以内容为核心的垂直类纸媒的典型转型案例，早期的 VICE 是由加拿大政府创办的一本解决就业和社区服务的杂志。不久，该杂志的几位编辑便筹资买下并更名为 VICE，并重新将其定位为——全球首个年轻人和亚文化的代言人。

与之匹配的商业模式是，VICE 会根据内容的特点让品牌商来选择赞助模式。户外品牌"The North Face"曾经赞助 VICE 拍摄探访地球上最荒凉的人物主题视频。由于代表亚文化的特征，VICE 的内容在 20～30 岁的年轻人中广泛传播，而他们正是社交分享能力最强的群体，同时又是亚文化的引领者，这又反过来大力助推了 VICE 媒体品牌传播。

在泛媒化时代，许多非媒体本业的公司，也许也可以借助于垂直领域品牌的影响力，开启一段新媒体历程。同时，媒体内容要更适应社交媒体的传播特性，国外的 Upworthy 在这一方面有着纯熟的技巧。

Upworthy 是一家致力于收集和传播有趣、有价值的图片、视频、信息的网站，他们从社交媒体和其他网络内容源获取信息，进行解构、深度挖掘并进行二次编辑，然后赋予一个令人震撼而且适合社交媒体传播的标题和图片，并主动通过社交媒体传播或激励网友通过社交媒体传播，形成从社交网站中来，到社交网站中去的流量循环，如今是全球增速最快的媒体。[①]

以"澎湃"和"界面"为代表的新媒体，虽然在技术创新上运用可用户社交黏性和 UGC（用户自产内容）聚合两个功能，但是仍然面临着内容生产方式、用户结构和盈利能力等方面的挑战。尤其是在盈利模式上，"澎湃"仍旧沿袭的是"优质内容→积累用户→二次贩卖→广告收入"的传统媒体外生收入模式，其产品定位也决定了自身需要在长期"烧钱"的情况下逐步摸索，寻求多元资本的介入。

---

① 给界面、澎湃们泼点凉水：没有产品思维，把创新炼成炮灰. 2014 - 09 - 26. 奇思汇. http：//www.aiweibang.com/yuedu/1900305.html.

六、总结与反思

标榜"专注时政与思想"的澎湃新闻目前已形成网页、APP 客户端等一系列集中的新媒体平台,"界面"也凭借财经新闻的聚焦吸引了众多关注,形成一定的社会影响力。

在社交媒体跻身为重要传播渠道的今天,"上海观察""澎湃""界面"等上报集团试水的新媒体项目,每一个产品的问世都成为国内传媒圈热议的焦点,成为上报集团占领新媒体阵地中冲锋上阵的排头兵。

然而我们可以看到,"上海观察"作为解放日报社出品的资讯类产品,尽管是以数字介质为主,但本身尚未摆脱"体制内"色彩。"界面"问世后也遭受各方的质疑和挑战,内容聚焦"泛财经",仍有强烈的门户网站的特点,有待创新和突破。

此外,"界面"标榜的与用户互动的新闻生产模式也并不明晰。由于新闻生产过程属于半公开状态,如何应对同行竞争、公关部门干扰等问题,还需要实践验证,推行起来难度依然不小。澎湃新闻借助反腐议题操作的报道虽然广受业内关注并获得了一定的社会反响,但其如何形成自身报道特色定位和独家内容是未来能否可持续发展首要解决的问题。

从某种程度上来说,以"澎湃""界面"为典型代表的上海报业的新媒体之路是否正确还有待商榷。利用互联网技术带来的机遇实现媒体功能的革命性变化,不仅需要进驻移动互联网的技术平台,更需要从逻辑思维和产品质量入手,通过对新技术的应用,不断改造传统媒体的产品形态,形成釜底抽薪的变革。

仅从自给自足的前提来说,如果通过广告为营收途径,那么"澎湃"的"大门户"计划或许还需继续扩充。其他国内传媒集团对于移动互联网产品的渴望,并不亚于上海报业集团对"澎湃""界面"的热捧。

尽管来自业界与学界的舆论对此褒贬不一,但作为传统媒体和新型媒体融合的产物,澎湃新闻和界面新闻从传播到经营战略都有亮点,包括传播社交化、问答互动化、内容优质化,以及以市场化方式整合资本,借海量用户吸引广告,汇集黏性受众为综合营销做准备等。

这些亮点为中国化的传统媒体融合发展提供了新思路,尽管当前其盈利模式尚未明确,但上海报业集团能在传播模式和经营模式上勇于如此大刀阔斧地进行改革,其未来发展仍十分值得关注和研究。众多传媒领域内对新媒体的产品逻辑和互联网的商业模式进行探索的尝试也值得期待。

网络文学全版权时代开启

2014 年，恰值 16 岁的网络文学迎来了生存发展的一个黄金阶段，继热门网络小说《步步惊心》《甄嬛传》被改编为电视、电影、游戏后，红极一时的"睡前故事"《摆渡人》由王家卫搬上大银幕，《盗墓笔记》也被改编为网络剧与粉丝见面……网络文学日益成为下游产业的源头活水。

网络文学全版权运营逐渐成为业界和学界的共识，人们越来越认识到优秀的网络文学作品不仅可以在线阅读和无线阅读，还可以出版实体书，改编成电影、电视剧或网络游戏、动漫作品等，使传统文学作品的版权价值加倍增值。

网络文学"全版权营销"时代悄然来临，让版权所有者、作者和观众共同受益的网络文学全版权运营机制逐步走入大众视野。

一、总体概况与发展态势

"全版权"是指一个产品的所有版权，包括网上的电子版权、线下的出版权、手机上的电子版权、影视和游戏改编权以及一系列衍生产品的版权等。近来先有盛大文学携手网络作家唐家三少成立了国内首个"网络作家全版权运营工作室"，后又有人民文学出版社、天天出版社主办"曹文轩儿童文学艺术中心"，作家出版社也相继成立了尹建莉、王海鸰工作室，逐步探索开启全版权运营的大门。

影视改编的成功也促进了网络小说的发展，几十万甚至上百万元的版权税，不仅让更多的作者趋之若鹜，更让网站热血沸腾，全版权发展成为网文界一个重要的指标。

2014 年年底，在腾讯收购盛大文学并成立了阅文集团之后，网络文学的全版权发展将不再只是梦想。通过腾讯自身拥有的资源，网络文学将进一步纳入娱乐产业的版图，有望真正发挥自身所有的产权价值。

以成立工作室为中心的形式展开全版权运营，与以往以一部作品为核心开发其衍生版权略有不同。天天出版社总编辑叶显林说："这种运营模式的优势在于集约化经营，出版企业集合了人力、物力、财力，通过营销、管理，将作家的各方面资源予以整合，再进行统一有效的配置，从而将作家的品牌效益最大化，并获得可持续竞争的优势。"

不同的机构在具体的运行方式上也有不同。盛大文学对《步步惊心》的经营是其全版权运营模式的代表。《步步惊心》从一部网络连载小说到纸质书的出版，到影视剧的大获全胜，再到电子书的售卖，盛大完成了传统纸质书出版、在线付费阅读、电子书出版、影视剧改编以及其他众多衍生品的全方位传播和立体式的售卖格局，形成了对产品内容资源的一次生产和多次销售。

而唐家三少工作室的成立则体现了盛大的全新运营理念——"3D 全版权运营"。盛大集团总裁、盛大文学董事长兼 CEO 邱文友说："3D 是指三个维度的事情，原创小说、衍生版权、作家品牌。过去大家所说的全版权运营，说穿了就是一部小说的版权，大家希望能借版权衍生出多一点的产品，能够多卖一点钱，却忽略了很多衍生产品之间彼此应有的、可以相互支持的协同效应。"①

2014 年 12 月新闻出版广电总局出台的《关于印发〈关于推动网络文学健康发展的指导意见〉的通知》对文学网站提出明确要求："使运营和服务的模式更加成熟，与图书影视、戏剧表演、动漫游戏、文化创意等相关产业形成多层次、多领域深度融合发展，在网络内容建设和文艺创新中的作用更加突出。"

在数字化时代，数字互联新技术打通了各种媒体界限，更加有利于产品以多种形态运营，而全版权运营就是这种趋势的一种反映和结果。当前，我国网络文学总体发展态势良好，作为新型文化产业的开端产品，各网络文学网站都在根据自身优势，积极主动地向影视、网络游戏、漫画等产业化方向发展。但与此同时，也出现了网络作者缺乏版权意识和社会责任感，一稿多投、抄袭，甚至剽窃等问题，值得关注。

二、社会影响

网络文学迈入"全版权"时代挖掘延伸了网络文学的价值，整合多方资源，实现跨界、跨行业的一体化发展，形成集中的品牌优势。在数字化时代，为作家提供相应的服务，使得他们能够更加专注于写作，推动更多

---

① 张妮."全版权"运营：在探索中前行．中国文化报，2014 - 03 - 19.

优秀的文化精品问世。

网络文学的全版权运营也给传统的出版行业带来了挑战，促进图书出版、教育培训、影视动漫游戏等相关行业的融合发展，形成了一条全新的产业链条和商业模式。

在网络文学发展初期，随着互联网技术的日新月异，全国约有 200 万的网络写手，2.27 亿的庞大受众，每年近 70 000 部作品诞生。但网络文学的质量参差不齐，内容泥沙俱下，甚至有批评说"网络文学 99% 都是垃圾"。

下游产业为网络文学的正名起到了巨大的助推作用，从追求阳春白雪的文学阵营跳到影视剧、游戏等大众文娱产业阵营，更接地气的下游产业用票房、收视率、用户数量等硬指标给网络文学注入一针"强心剂"。近年来热播的电视剧《步步惊心》《甄嬛传》，让更多人知道了网络作家桐华、流潋紫，使得网络文学从亚文化迈入大众文化领域，也提高了网络作家的知名度。

影视、动漫等下游产业表现出的对优质内容的巨大需求使得文化产业打开了新的窗口，互联网时代的影视则必须以用户需求为中心，网络文学全版权不仅促进了游戏动漫影视剧产业的繁荣，其贴近用户需求的生产方式和网络平台优势正在最大限度地利用数据把握用户特征，从而开发内容的全产业链价值。

三、学界与业界的评价

南京大学文学院教授黄发有："过度的商业化和遵照工业化流程的类型化写作，使得文学网站大同小异，网络文学作品在总体上缺乏原创性。网络文学到了改变粗放式发展的关键时期，应该通过转型升级，从野蛮生长的规模制胜，转向品质优先的创新战略。"[1]

中国新闻出版研究院出版研究所所长徐升国："全版权运营模式最主要的是有好的作品。在数字化时代，一部优秀的作品，存在着更多进行多媒体、多渠道、多形态运营的机会，这主要是基于数字化技术打通了各种媒体间的界限，更加有利于产品多种形态运营，而全版权运营就是这种趋势的一种反映和结果。"[2]

中国作家协会书记处书记陈崎嵘："网络原创文学正逐步由粗放型向

---

[1]　龚情. 网络文学进入"全版权"时代. 新华日报，2014 - 12 - 18.

[2]　张妮. "全版权"运营：在探索中前行. 中国文化报，2014 - 03 - 19.

精致型过渡，读者和作者之间的关系从原先的简单交互，转向由网站主导、调节、磨合，如根据读者需求选择适合的作者定制作品等。"①

四、新媒体之"新"

1. 价值之新

网络文学发展至今，其价值进入了多元化、立体化的被发掘状态：不仅仅是文字部分可以卖钱，还能变成各种衍生品——影视、游戏、动漫等，一条网络文学立体化产业链正在生成。首先是价值变化，IP 价值被立体挖掘进入系统的全版权运营和开发。

近一两年随着游戏行业，尤其是手机游戏行业的高速发展，游戏改编版权更为惊人。有网络知名作家作品的手游研发商称，其所签约的多部手游改编作品流水突破 1 000 万。如果以 12 个月的产品周期计算，单部作品的收入流水将突破 1 亿。

在种种改编载体中，影视改编无疑得到了最广泛的关注。南派三叔的《盗墓笔记》，天下霸唱的《鬼吹灯》被改编成电影，都进入实质运作阶段。有"中国网络作家畅销之王"称号的唐家三少的《斗罗大陆》电影改编，也将启动。

2. 版权之新

以往，一部网络小说的改编权，往往被作者或者签约的文学网站，分别以"一锤子买卖"的方式售卖给不同的公司。而这些公司对网络小说内容的改编，各自为战，小说作者也很少有发言权。"全版权"系统运作让小说作者更有发言权。

今年 5 月 29 日，在"猫腻"入驻腾讯文学发布会上，猫腻（以 1 700 万版税位列第九届作家榜"网络作家榜"第六名）发言人说，腾讯文学会围绕一部作品进行系统的"IP 的全版权"开发运作，这是他选择腾讯文学的一个重要原因。

"作品就像自己的孩子。每个写作的人都希望亲手将自己的故事变成动画、电影以及游戏等。如果只是简单出售版权，后续的这些 IP 拓展就与我无关，未来这个'孩子'长得怎么样，是不是与我和粉丝心中的'长

---

① 网络文学全版权运营时代面临抄袭剽窃考验 . 2011 – 11 – 02. 新华网 . http：// news. xinhuanet. com/tech/2011 – 11/02/c_ 122225712. html.

相'贴近，就都成了疑问。"①

对作品 IP 全版权的运作方式，网络作家耳根也持欢迎和赞同态度，"我也非常期待这种系统的版权运作所引发的'抱团效应'。我所签约的网站，也正在积极向这个方向努力"②。

由文学网站统一运作各种 IP 拓展，进行全版权运作可以最大限度地保证小说经多种改编形式后的作品能够保持统一的形象。这样对作家的作品形象，也能形成一股强大的合力，提升整体影响力。

3. 地位之新

网络文学历经多年发展，已被社会广泛关注，并被主流重视。2014 年 1 月，浙江省成立了中国第一个网络作家协会，天蚕土豆、流潋紫等一批网络作家成为协会的副主席，而其他省份的网络作家协会也正在筹备之中。行业被逐渐认可，网络文学也有了"组织"，网络给了文学新的发展空间，是大众文化高度发展时代的要求，各省份也都开始注重网络作家的培养。③

五、国内外对比

全版权运营在国外已经不是新生事物了，并出现了不少成功的案例。

1929 年，华特·迪士尼收取了一个家具商 300 美元，允许其把米老鼠的形象印在写字桌上，由此开创了动画形象的特许经营模式。如今，迪士尼在全球拥有 4 000 多个特许经营权的商家，范围扩及家具、玩具、手表、服装等诸多领域。1955 年，迪士尼集团以经典的动画形象和影片情景为主题，推出洛杉矶迪士尼乐园并获得巨大成功。如今，迪士尼主题乐园每年为迪士尼增加营收百亿美元以上，成为其最重要的营收与利润支柱之一。

迪士尼的成功在于其充分发掘了娱乐产业的潜力，而在文学市场上，全版权运营的翘楚非"哈利·波特"系列小说莫属。

1996 年"哈利·波特"系列小说第一部面世，至 2011 年年底第七部出版完成，"哈利·波特"所形成的全版权产业链总产值超过 220 亿美元，其中包括出版领域的 12 亿美元营收，77 亿美元电影票房收入，15 亿美元以上的相关游戏收入，以及以"哈利·波特"为主题建造的公园和相关的

① 网络文学试水泛娱乐开发：私人定制　重金打造．2014 - 06 - 08，中国文化报．http：//media. people. com. cn/n/2014/0608/c1467 - 25118969. html.

② 张杰．网络文学迈入"全版权时代"．华西都市报，2014 - 12 - 07.

③ 张杰．网络文学迈入"全版权时代"．华西都市报，2014 - 12 - 07.

饮食、服饰、玩具、旅游等的收入。

近年来，我国的文学、动漫、游戏产业领域也出现了一些跨媒介版权运营的成功案例。这两年，网络小说改编成影视剧颇受市场追捧，如《步步惊心》《宫》《甄嬛传》等，都取得了不俗的市场业绩。但国内的版权运营，尚停留在文学作品被改编成影视剧、游戏等环节，延伸至整个版权产业链的并不多。但在当前互联网成为客观基础设施的多媒体融合时代，利用内容资源扩大版权运营空间已渐成趋势。

目前，我国实施全媒体融合的版权运营有三方面的有利条件：一是原新闻出版总署和原广电总局的合并，减少了审批环节，从行政管理上提供了一定的便利；二是时下出版企业在加快转型与上市步伐，许多出版集团上市后面临如何利用自身内容资源扩大运营空间的问题，这为跨媒体的全版权运营提供了动力支持；三是出版单位可以借助出版，将影视、数字出版和版权输出结合起来，形成一条产业链，当然这首先需要得到权利人的授权。

同时，我们也看到，全版权运营在我国尚需时日。一方面作为著作权人的作者群体版权意识薄弱，全版权运营缺乏"人"的基础，突出表现在重复授权现象严重，导致版权市场混乱。另一方面，授权不全面导致全版权运营缺乏"权"的基础。传统出版社只做纸质出版，作者授权图书出版时，往往不会将影视改编权、游戏改编权授权给出版社，同样，游戏、影视公司不涉及图书市场，作者授权游戏、影视版权也不会将出版权交给游戏、影视公司，而出版、游戏、影视等行业间的发展不平衡，缺乏合作和沟通，也直接影响了版权运营的横向扩展。

此外，版权经纪人制在我国尚未建立，缺少专门的代理机构和专业的运营人员，成为全版权运营的瓶颈。①

六、总结与反思

网络文学的"全版权"运营，得益于数字化技术的发展和进步，从文学作品纸质书源头和数字出版逐步向下游和周边扩散，辐射到影视剧、动漫、游戏的改编及海外代理等其他领域的版权运营。

在"全版权战略"背景下，同属于一条产业链的文化创意作品互相给力，互为利润。可以看出，"全版权"运营使网络文学作品不再局限于抽

---

① 全版权运营的诱惑：生子当如"哈利波特". 2014 - 10 - 09. 知产力 . http：//www.zhichanli.com/article/494.

象的文字表达，而是将其延伸到更具表现力的视图领域，形成对原创文学的一次生产、多次销售模式，充分发挥作品内容资源的最大效益。

一部优秀的网络文学作品能够带出数以十万计的粉丝，这也意味着其潜在的版权价值巨大，相信随着"全版权"外延以及运营制度的不断完善，将来还会有更多新的配套产业和衍生品出现，最终形成网络文学的全产业链条，在未来拥有良好的发展前景。

然而，在网络文学由亚文化走向主流文化的同时，也要看到开发内容的全产业价值能够让资源受益最大化，也要防止资本驱动下网络文学作品的泥沙俱下。与商业携手并进可以令网络文学生态变得更为丰富，但也会过犹不及，驱使一味遵从商业原则和市场需求的类型化写作泛滥，致使网络文学作品庸俗同质化。

由于互联网的交互性、广泛性、无边际性，网络似乎成了盗版最热衷之地。如何在采用技术手段对盗版、剽窃、抄袭等进行遏制的基础上，打造文化精品，拓展全版权运营，辐射到文化产业以外的行业，并且抓住西方的网络文化创作具有无限发展空间的机遇，走出国门，深耕海外市场，积极参与国际竞争，打造新时代的中华文化软实力，无疑是互联网时代的一个新命题，也是网络文学转型升级走向主流文学语境的绝佳机遇。

网络新闻客户端竞争

　　互联网的普及渗入人们日常生活的每个角落，潜移默化地改变了人们的社会行为和生活习惯，加上移动互联网的迅速发展和终端技术的快速更新，移动新闻客户端凭借其丰富的资讯资源、实时的信息推送和方便的社交互动在新媒体市场占有越来越多的比重。

　　根据数据研究机构速途研究院的报告，2014 年第一季度手机新闻客户端用户规模达到 3.78 亿，环比增长 6.78%，同比增长 47.66%。[①] 新闻客户端已成为网民获得新闻资讯的重要工具，其用户渗透率逐步提高，市场规模不断扩大。不论是传统媒体，还是各大互联网门户网站，抑或新兴的新媒体都纷纷对新闻客户端的市场份额攻城略地。移动互联网市场必将迎来井喷式增长，新闻客户端也将会成为行业竞争的焦点。

一、总体概况与发展态势

　　随着智能手机的普及和移动应用的丰富，手机上网常态化特征进一步明显，手机网民使用手机上网的时长不断增加，使用频率进一步上升。根据中国互联网络信息中心（CNNIC）发布的《2013—2014 年中国移动互联网调查研究报告》显示，截至 2014 年 6 月，我国手机网民每天上网 4 小时以上的重度手机网民比例达 36.4%，相比 2013 年增加了 16.4 个百分点。其中，每天实时在线的手机比例为 21.8%，66.1% 手机网民每天使用手机上网多次。手机保持第一大上网终端地位，我国移动互联网发展进入全民时代。

　　伴随着移动互联网用户的快速增长，新闻媒体和各大网站业务向移动客户端转型。手机客户端作为登入移动互联网的第一入口，为媒体提供了一条优质的信息传播路径。

　　继传统的以媒体自身内容为主导的新闻客户端之后，技术流派这类所

---

　　① 冀静. 速途研究院：2014 年 Q1 手机新闻客户端市场分析. 2014－04－03. http：//www. sootoo. com/content/487400. shtml.

谓第三方新闻客户端正逐渐成为移动互联网的新宠，如"今日头条"，借高超的技术，采用推荐引擎的方式，聚合多门类、多品种的网站和信息源，能为用户提供多维度、立体化的需求，聚集了大量用户，在互联网平台风生水起。

根据易观智库 2014 年的调查数据显示，搜狐新闻客户端以 48.78% 的用户覆盖比例，稳居行业首位；腾讯新闻 39.61%；今日头条 27.85%；网易新闻 21.06%；凤凰新闻 11.01%；百度新闻 2.17%；新浪新闻 2.12%；ZAKER 1.40%；FLipboard 国际版 0.79%；人民新闻 0.64%。

速途研究院分析师团队对 2014 年移动端新闻 APP 的下载情况和用户相关情况进行了调查，下载量明显呈现出三梯队格局：截至 2014 年 9 月 22 日，独占第一梯队的腾讯新闻以总下载量 39 738 万次位居榜首。第二梯队中，今日头条下载量位列第二，为 18 221 万次，不足腾讯新闻下载量的 50%。搜狐新闻、网易新闻、Flipboard 与第二名差距较小，分列第三、第四、第五名。第三梯队中，凤凰新闻位列第六，下载量达 6 115 万次。①

而在好评度排行榜中，今日头条以 9.6 的高分名列首位，第二名是凤凰新闻，得分 8.0 分，Flipboard 以 7.8 分位列第三，百度新闻得分 7.6，搜狐新闻得分 7.5，网易新闻得分 7.4。而下载量位居榜首的腾讯新闻综合得分只有 7.2 分，新浪新闻为 7.1 分。

网络新闻客户端如雨后春笋般涌现，引发的市场竞争也异常激烈。新闻信息类新闻客户端与技术流派新闻客户端之间的较量也在持续发酵，尤其以"今日头条"为代表。这款应用软件自 2012 年 8 月份上线以来增速迅猛，截至 2014 年 Q3（第三季度），已经累计用户达 1.6 亿，其中日均活跃用户 1 600 万人②，成为增长最快的资讯类客户端，然而其经营模式却引发了巨大争议。

2014 年 6 月 3 日，"今日头条"创始人张一鸣确认完成 C 轮融资，总计 1 亿美元，而业界对"今日头条"的估值则高达 5 亿美元。这一上线刚刚两年的新锐应用看上去"钱景"无限。

然而，去年 6 月 5 日、6 月 6 日两天，《新京报》连发社论，对"今日头条"的内容版权提出质疑，称"今日头条"深度链接等同于剽窃。而在此之前，因涉嫌擅自发布《广州日报》的作品，"今日头条"被拥有《广州日报》内容信息网络传播权的广州市交互式信息网络有限公司提起著作

---

① 2014 上半年移动端新闻 APP 市场分析. 速途研究院. 2014 - 09 - 25. http：//www. sootoo. com/content/515160. shtml.

② 是否侵权？"今日头条"引发头条争议. 科技日报，2014 - 06 - 12.

权侵权之诉。

紧接着，2014 年 6 月 24 日，搜狐又宣布对"今日头条"侵犯其版权和不正当竞争行为提起诉讼，索赔 1 100 万元。2014 年 9 月 24 日，"今日头条"则以虚假宣传为由将搜狐起诉，索赔 10 万元，"今日头条"深陷版权纠纷的泥潭。

从收入情况来看，新闻客户端还处在争夺用户、增强黏性和盈利模式的探索阶段，声称盈利的并不多。搜狐新闻客户端据称只获得数百万元的收入，而腾讯网副总编马立则明确表示腾讯客户端尚未赚钱。

目前，国内各类新闻门户网站和传统媒体大都在移动端推出了自己的新闻客户端，对于大多数媒体而言，只是解决了媒体的品牌延伸和"存在感"的问题，能否作为独立项目实现存活甚至盈利，现在还很难给出答案。①

二、社会影响

四大门户网站新闻客户端的崛起折射了中国网络人口从 PC 端到移动端大规模迁移的现状，这种迁移正在深刻地改变着中国的互联网世界，在大方向上改变了互联网业的竞争格局，也正在改变传统新闻门户网站做新闻的方式，以及新闻的传播、表现方式。门户网站的转型之道也带动了媒体纷纷开发移动新闻客户端。

基于社交网络的数据挖掘，进行个性化阅读推荐的"今日头条"给中国的新媒体时代创造了又一个奇迹。上线还不到两年就获得了 1 亿美元的投资，并获得 5 亿美元的估值，既是大数据时代的一款"突破性"产品，也因为版权问题身陷囹圄。引发了学界、业界关于互联网背景下盈利模式和版权问题的争论，指明了"今日头条"等新媒体项目野蛮生长背后，当前版权问题的时代病灶。

此外，作为一家创业公司的产品，在所有新闻客户端中，"今日头条"不是活跃度最高的，却是用户分享增长速度最快的。特别是 2014 年上半年，在用户逃离微博转向微信的转移过程中，"今日头条"起到了桥梁作用，人们把在微博上发现的信息，通过"今日头条"转发到微信朋友圈中。

受监管和版权等多重因素影响，新闻信息聚合和编辑都是只有大媒体

---

① 高春梅. 新闻客户端盈利模式浅析. 2014 – 03 – 04. http：//yjy. people. com. cn/n/2014/0304/c245082 – 24522964. html.

（比如"四大门户"）玩得转，创业公司很难跳脱出资源和监管的桎梏，到达这个产业链的上层。但是，像"今日头条"这样的应用，除了其信息推荐机制值得学习外，在新闻信息应用林立的今天，借助社交媒体实现大增长，也给业界贡献了关于信息甄选与推荐一些启示。

三、学界与业界的评价

搜狗 CEO 王小川在媒体采访时被问及"心目中的好产品"时提到："微信是一个颠覆性的产品，体验很不错。还有一个有突破性的 APP 叫'今日头条'，真的是做到了个性化。"①

中国人民大学新闻学院教授喻国明："在互联网时代，往往由于涉及海量数据，网站、客户端按条来付费的方式很难做到。传统媒体提供稿件内容，专业互联网公司再通过技术优势将其高效地推送到读者面前，从新闻信息价值实现和效率的角度看，这一合作模式会是未来的一种趋势。因此今后的核心，是要在版权保护与互联网创新之间找到平衡点。"②

钱江晚报评论员刘雪松："如果内容的生产与创新不能成为媒体市场竞争中的议价主角，传统媒体的沉沦，便是自然而然之事。它像一场失去基本游戏规则的比赛，传统媒体、资讯的生产工作者，所面临的就是一场不公平的竞争。法律不为资讯的生产苦力、传媒的内容创新护航，就会有更多'今日头条'这样的暴发娃，集体将百年老店的资讯队伍和资讯平台——扼杀。"③

四、新媒体之"新"

新闻类应用程序的大量出现，改变了移动互联网平台上的新闻传播途径。新闻的内容、表现形式、互动方式、传播模式都出现了很大变化。

在新闻客户端传播技术的创新上，基本都是采用简洁的版面和操作，给用户提供高质量的新闻和独特的阅读体验。整个应用程序的操作基本依赖滑动，少数操作需要使用点按，提高了操作的便捷性和人性化。

---

① 2013 国内最具影响力的十大自媒体 . 2013 - 12 - 20. 21CN 科技 . http：//it. 21cn. com/prnews/a/2013/1220/15/25645555. shtml.

② 新闻观察：今日头条动了谁的蛋糕 . 2014 - 06 - 13. 新华网 . http：//www. gd. xinhuanet. com/newscenter/2014 - 06/13/c_ 1111123184. html.

③ 谁养大了"今日头条"？ . 2015 - 04 - 12. 搜狐评论 . http：//star. news. sohu. com/s2014/jrtt/.

　　其次是有效的新闻信息聚合以及本地化新闻。在网络新闻客户端上，用户可以根据自己的喜好订阅和排列不同类别的新闻内容。订阅栏整合了信息聚合功能和新闻推荐功能。在信息大爆炸时代，这种方式减少了受众筛选信息的难度，同时新闻的质量和趣味性也可以得到保障。主动为用户进行新闻稿件细分，方便用户的同时，也强化了新闻传播过程中议程设置的作用，加大了媒介对于舆论的引导作用，让新闻媒体在收获经济利益的同时，也提升自己的影响力。用户还可以通过手动选择或者用客户端的GPS 定位来为自己选择新闻的发生地点，使新闻贴近了信息接收者。

　　最后是及时的新闻信息推送、保存与检索 RSS 新闻阅读器的出现，让用户能在新闻页面更新的第一时间看到新闻消息。如今，这一功能在新闻客户端上的效果更明显。客户端通过对"通知"功能的应用，将一些重要新闻以通知的形式推送给用户，用户可以像收到短信一样接受新闻推送，并进入客户端阅读。

　　新闻客户端改变了新闻的传播方式，与传统媒体不同的是，新闻载体已经变成数字信息存储在网络上，用户可通过检索便捷地找到以往的新闻。

　　在内容整合创新上，利用强大的互动功能促使原创内容产生。让用户深度参与新闻生产流程，乃至通过新闻策划让用户的心声和反馈信息成为新闻事件本身。现在各家新闻客户端都非常重视整合社交网络，加强和新浪微博、QQ、人人网以及即时通信工具微信等第三方平台的合作。

　　在盈利模式上，传统媒体、门户网站的盈利大部分来自广告投放。在移动互联网平台下，新闻客户端通常要通过应用程序商店下载，而这也给新闻客户端的收费下载提供了机会，从目前来看，广告和下载收费是较为可行的盈利手段。但由于移动设备的屏幕比较小，显示局促，因此一旦像传统媒体一样在边角插入广告，一定会影响阅读体验。

　　广告投放和阅读体验的矛盾在新闻客户端上尤为激烈，广告的投放量和投放方式都需要斟酌。手机媒体广告在精确到达率、目标受众覆盖率、病毒营销率、用户互动率、交易促成率等各方面，都具有传统媒体和桌面互联网不可比拟的优势，其潜力已开始显现。

　　实现盈利是产品生存与发展的前提，微博、微信的盈利模式目前还没有实现，未来发展的空间势必受限，当新闻客户端实现了作者、平台、受众的共赢时，这一新的信息传播形态才有更大的发展空间。

　　目前，新闻客户端都是免费的，凭借其下载量的优势，也只需要投放少量广告，不影响用户体验，但对于一些下载量有限的新闻客户端来说，在缺少广告收入的支撑、下载收费又难以吸引用户的情况下，则可以考虑免费下载，但在内部可以适当地安排一些收费内容，以保障盈利。①

腾讯等四大门户相继推出的新闻客户端应用，都是人工编辑，辅之用户自主订阅传统媒体、自媒体等内容源。与这些门户的新闻客户端大有不同，"今日头条"是一款"没有小编"的信息推荐类应用，主打信息挖掘路径，通过技术手段对用户的微博信息以及使用习惯从多个维度进行分析，基于其兴趣偏好向用户推荐其可能感兴趣的信息，精准化推送，从而实现了用户增长和活跃度的大爆发。

五、国内外对比

在推出新闻客户端时，国内很多纸质媒体都曾效仿 *The Daily*。它们不仅对用户收费，连数额也以每周 0.99 美元定价，可称之为完全拷贝。*The Daily* 是较早进行商业化运作的 iPad 新闻客户端，由美国新闻集团与苹果公司 2011 年 1 月合作开发。*The Daily* iPad 版全年订阅费 39.99 美元，但是用户仅有 10 万左右，这个规模对广告商没有吸引力，单纯靠发行收费根本无法解决生存问题。它终因连续亏损，于 2012 年 12 月 15 日关闭。

2010 年，新闻类应用 Flipboard 和 Hipstamtic 与"愤怒的小鸟""植物大战僵尸"一同被苹果 APP Store 评为年度最佳应用，新闻类应用逐渐变成热门领域。同年，鲍比·戈沙尔（Bobby Ghoshal）和马修·奥索尼奥（Matthew Ausonio）在加州圣迭戈创立 Flud，并先后推出 iOS 版、Android 版、Windows Phone 版应用。

Flud 界面模仿 Instagram，由众多图片组成，每张图片背后链接一条新闻。但是，除了 Flud 自己建造的社交网络概念之外，这个产品在功能上没有任何过人之处。

现在新闻类应用市场除了早期的 Flipboard、Hipstamtci，还聚集了 Pulse、Taptu、News. me 等创业公司，甚至吸引了雅虎、Google 等互联网巨头的加入，而他们都采取了新闻聚合的方式。现在第三方聚合类新闻应用，如 Flipboard、Zaker 的流行，采用"推荐 + 用户订阅"的方式，允许用户聚合不同的网站和信息源，对门户网站新闻客户端造成冲击。在这种情势下，会倒逼门户网站在技术和运营上有更多创新，满足用户不断变化的需求。

---

① 杨立，刘彧扬. 新闻客户端：网络新闻内容的整合与创新. 新闻与写作，2013（8）.

在国内，传统媒体运营新闻客户端要首先解决跨平台、时效性以及交互性的问题，而门户网站运营新闻客户端仍要首先积累用户并提高活跃度，然后再考虑商业化。

目前，以网易、搜狐、腾讯为代表的大型商业门户网站的新闻客户端运营是相对成功的，未来可在以下几方面进行改进和突破：

一是抢占渠道，在移动运营商和手机厂商预装、应用商店下载以及品牌广告上引导用户使用。

二是平台化，通过"新闻 + 订阅"模式构筑移动媒体平台，吸引传统媒体、出版商进驻。平台化为其他媒体提供渠道，用户可以自主订阅，平台也增加了新闻来源。

三是内容差异化，通过数据挖掘技术，综合利用用户行为、属性分类，以及用户之间的社交关系等，通过数据挖掘他们的喜好和需求，主动推荐其感兴趣或需要的内容。

四是产品整合，新闻客户端与其他产品整合，提供多种服务以增加用户黏度。

五是品牌定位，为自己打造具有区分度的形象标签，从网络成功迁移到移动端外。

在商业模式探索上，门户网站运营新闻客户端，首先下大成本预装积累用户，通过各种渠道实现合作占领市场，然后再以差异化的优质内容留住用户。需要指出的是，内容差异化，不仅指原创内容，也指原创形式。同时发挥产品"矩阵优势"，将新闻产品、社交产品和通讯产品的功能进行整合，一个客户端能解决用户多个需求。移动互联网是互联网的延伸，它并没有颠覆互联网的基本逻辑。

新闻客户端可以平移新闻网站的商业模式，"用户—流量—广告"依然是不能忽略的法则。只有用户总数达到一定量级，加上活跃度（也可以是点击量）提高，商业化方能水到渠成。

此外，移动用户和地理位置参数的结合为精准投放提供了可能，媒体平台化和自媒体平台化带来的协同效应，都会对广告投放产生新影响。①

六、总结与反思

日新月异的新媒体技术推动着传媒业乃至门户网站的变革，网络新闻

①　王少磊. 新闻客户端：移动互联网时代的媒体融合探索. 视听界，2015（1）.

客户端已成为媒体新闻扩大传播范围、增强品牌影响力的新平台。移动互联网迎来新一轮的新闻客户端建设热潮,以"今日头条"为代表的技术流派新闻客户端日渐成为移动互联网的新宠,催生了新的应用与商业模式,加速了内容的传播,成为内容传播的主渠道。同时,版权侵权行为更为复杂,传统媒体与新应用之间的版权纠葛加剧。

可以看到,在跨界融合的大环境下,创新和规则同等重要。传统媒体要遵循新闻传播规律和新兴媒体发展规律,强化互联网思维,积极发展移动客户端、手机网站等新应用、新业态,并学会建立良好的合作机制。新兴媒体利用技术的便捷也要以保护知识创新为前提。

互联网技术日新月异会带来各种新技术形态,像"今日头条"这样的网络应用新秀将层出不穷,也要认识到技术的发展不应当以版权保护恶化为代价,这就需要对知识产权的保护并及时应对新挑战,不断完善法律加强政府管制,使得社会配套设施能够紧跟新技术的发展应用。

新闻客户端产品间的竞争说到底是信息服务、阅读形式和交互体验上的竞争。在大数据时代,个性化推荐已是大势所趋。新闻客户端本质上是一个信息资讯分发平台,而非内容生产平台。

门户网站媒体同样需要摒弃"做媒体"的新闻人思路,向"做产品"的互联网思维转变。积极开拓用户的使用行为等特征的研究,全面掌握用户的大数据信息,提升用户体验。在强调独特的内容核心竞争力的同时,逐步推进产品的商业化进程才是新媒体获取长远发展的不二法门。

网络自制节目的春天

《中国电视剧（2014）产业调查报告》在 2014 年 12 月 16 日开幕的 2014 深圳国际电视剧节目交易会上出炉。报告称，2014 年的网络自制剧数量超过了之前数年累计数量的总和，而 2015 年卫视综合频道黄金时段电视剧容载量将较 2014 年下降约 25%。以乐视、优酷土豆、爱奇艺、搜狐视频等为代表的网络媒体，大规模、不间断地生产着自制网络剧，成为我国主要的网络剧出品阵地。

随着移动互联网的发展，传统电视剧陷入"迷思"，而发端于网络的网络自制剧却在悄悄发力，《泡芙小姐》《我的前任是极品》等多部网络自制剧引发网友热议。而在网络自制剧火热的背后，一种完全颠覆传统影视剧制作模式的新业态正渐渐成型。

一、总体概况与发展态势

"自制剧"原来仅指电视台在"制播分离"模式下自行制作、拥有版权且可以进行第三方授权的电视剧，不过如今因为视频网站自制剧的兴起，"自制剧"的外延有所扩大，如单指"视频网站自制剧"则可定义为：从创作、制作、发行到播出均为一体的单独品牌网络剧。

2014 年是中国网络视听行业起步十周年，网络视听已成为网民在线消费时间最长的基础性网络服务。面对互联网的侵袭，以湖南卫视为首的多家电视台在 2014 年推出独播战略，优质版权内容将不再分销给其他视频网站。

电视台的独播战略加上行业愈演愈烈的"天价抢剧"热潮将各大视频网站推向"无米之炊"的境地。并且随着观众的注意力从电视机转向 PC 和移动终端屏幕，国内视频网站看到了除版权购买之外更有前途的一个方向——自制剧。

2014 年被称为"自制剧元年"，从年初开始，国内几大视频网站不约而同地加大了在自制影视作品方面的投入，大量不同规模、不同成本、不同市场反响的网络剧不断涌现。

优酷土豆从 2009 年开始涉足自制内容，不仅推出了大量的节目和剧集，也捧红了很多草根明星。单从数量上看，优酷土豆的自制规模应该是其他视频网站无法比拟的。此前的自制节目《晓说》《罗辑思维》都引起了不错的反响，2014 年推出的自制剧集《万万没想到》《分手大师》也受到了好评。

搜狐自制剧单从数量上并不多，2014 年前后发布过不少自制剧，其中名头最响的莫过于《屌丝男士》。《屌丝男士》让搜狐视频尝到了甜头，也让视频网站看到了自制剧的"钱景"。此后，搜狐视频陆续推出了多部自制剧，如 2014 年的《匆匆那年》，主打 80 后怀旧情结，制作也更显精致，因而获得不错的口碑。

其他视频网站纷纷涉足自制领域：腾讯视频在自制节目方面有所尝试；芒果 TV 推出自制剧集开始发力；56 网称 2014 年"56 出品"投入将占整体内容成本的 50% 以上，远超过对电影等版权的购买；暴风影音也在此前宣布大力扶持优秀自制视频内容。

随着视频业务的火爆，未来的视频网站将在 PC、Pad、Phone、TV、Cinema 五屏终端上展开内容大战，一方面筹集资金抢夺精品影视节目版权，另一方面也会加大力度在自制节目方面大踏步前进，特别是在自制剧方面的投入会大幅增加。

对视频网站来说，自制内容更有利于加强网络视频企业的品牌影响力和对用户喜好的把握。2015 年，围绕网民需求的自制战略也将持续成为视频厂商的重要发力点。而随着各家主流视频网站在自制方面的发力，未来将诞生更多优质的自制内容，这也将成为网络视频企业未来营收增长的重要动力。

二、社会影响

据 CNNIC（中国互联网信息中心）第 34 次互联网络发展状况调查，截至 2014 年 6 月，中国网民规模达 6.32 亿，手机网民规模达 5.27 亿，[①]而手机网民数量的快速增长为网络自制剧提供了庞大的观众群体。

网民可以在视频网站上缓存电视剧，通过移动终端设备随时随地观看，打破了时间和空间的限制，且网络剧画面清晰、无广告插播、可随时

---

① 第 34 次中国互联网发展状况统计报告．中国互联网络信息中心．2014 - 07 - 21. http://www.cnnic.cn/hlwfzyj/hlwxzbg/hlwtjbg/201407/t20140721_ 47437. html.

暂停，突破了传统电视媒体自身属性和播放模式的局限。

网络自制剧在视频行业全年广告收入中的贡献由 2013 年的 5% ~ 8%
上升到 2014 年的 15% ~ 20%，直接推动了互联网视频市场规模在 2014 年
底突破 200 亿元大关。它在盈利模式上的拓展加速颠覆了传统影视产业链，
为基于大数据的定制电影提供了可能，也吸引着更多公司进入互联网视频
领域，从而引发更加激烈的竞争。

可以预见，今后用户的参与形式将会越来越丰富，用户的全流程互动
愈加多元化，自制内容也将向大众更加喜闻乐见的精品化发展。

三、学界与业界的评价

搜狐视频内容运营中心总编辑尚娜："互联网做'大制作'网络剧的
产业链还不如电视台成熟，失败率可能更高。"视频网站开始进入上游制
作领域，不得不面向更大的竞争。继斥巨资购买版权之后，视频网站之间
的自制"烧钱"激战，已经正式揭幕。①

国家新闻出版广电总局网络视听节目管理司司长罗建辉："目前网络
视听原创节目生产日渐繁荣，单纯对传统媒体内容的搬运，早已不能满足
网络视听用户对特色内容的需求。在网络视听领域虽然和以前相比，总体
品质有提升，但整体质量相对依然不高，需要继续提升内容品质，打造精
品内容。"②

优酷土豆集团总裁刘德乐："对各大视频网站来说，和传统影视制作
机构相比，其基因里相对缺少生产高品质、高影响力内容的核心元素。团
队如何建设，如何打造创新的组织，如何深入互联网和中国文化的土壤里
找出有生命力的东西，做出有影响力的节目，这些都是当前视频网站需要
考虑和改进的问题。"③

业内自媒体人李小年认为，视频网站会像电视台一样，除了少数王牌
节目自制外，更多的内容需要跟内容生产机构合作，以平台的形式对外。
自制也不局限于网剧，同时还会有自制综艺、真人秀、脱口秀、微电影以
及联合出品大电影等众多种类，这些已经在各大视频网站出现。未来自制

---

① 自制剧元年"大剧"井喷 已经到了谈颠覆的时候？. 2014 – 08 – 19. 艾瑞网. http：//
news. iresearch. cn/zt/236722. shtml.

② 互联网视听强势逆袭 中国文化娱乐产业迎来"大时代". 2014 – 12 – 06. 新华网. http：//
news. xinhuanet. com/fortune/2014 – 12/06/c_ 1113542744. html.

③ 高少华，许晓青. 视频网站竞争依然"内容为王""砸钱"自制剧谋突围. 经济参考报，
2014 – 12 – 09.

平台的完善，也会让视频网站实现盈利不仅仅局限于想象中。①

四、新媒体之"新"

在盈利模式上，自制剧一方面体现了各个视频网站的差异化，可以帮助加深频道的印象，大家会从这部剧认识到这个网站，另一方面则是自制剧的投资回报率高。

从投入产出比来看，自制剧每集的投入成本仅是传统影视剧的 1/3，但就播放量来讲，要比三分之一多很多。在排播方面，此前视频网站必须根据电视台确定排播时间，缺乏主动权，自制内容让网络视频不再依赖于单一的贴片广告营收模式，收入开始多元化，通过植入广告、冠名、插播、衍生品、虚拟礼物、用户等收费。

在生产模式上，尝试发动粉丝投资参与，从而产生积聚和传播效益，并且以大数据为基础，制作颠覆传统电视剧内容生产套路的用户全流程互动自制剧，从题材选择、剧本创作、主创团队选拔实现用户全程互动参与，也可保证自制内容更加贴近大众。

五、国内外对比

互联网视频企业发展的几个主要模式：YouTube 模式（UGC）、Hulu 模式（正版免费）、Netflix 模式（自制剧/内容）。目前 YouTube 因收费订阅进展不顺利而烦心，Hulu 的"正版免费"模式也遇到了显而易见的瓶颈，而 Netflix 则在自制剧领域风头正健：在 2013 年第 65 届艾美奖提名中，自制剧《纸牌屋》制作方 Netflix 获得 13 项提名，这是艾美奖历史上首次有视频网站以自制剧的形式入围，这为视频网站在自制剧领域大展身手增强了信心。

自制剧大神 Netflix 原本是一家 DVD 租赁服务商，《纸牌屋》是令其声名鹊起并带来业界革命的一部自制剧，《纸牌屋》是 Netflix 扭亏为盈的翻身之作，它向业界展示了自制剧模式的诱人前景，引来了众多追随者与模仿者。

Netflix 的自制剧优势在于题材广泛、善用大数据、制作团队专业、剧集精良且播放形式为一次性上线。同时，Netflix 也是不容小觑的技术流，

---

① 自制剧元年"大剧"井喷 已经到了谈颠覆的时候？. 2014 – 08 – 19. 艾瑞网 . http: // news. iresearch. cn/zt/236722. shtml.

它很坚决地放弃微软的 Silverlight，全面转向基于 HTML5 的网络视频技术，其开源云计算技术也成功应用于 IBM 的航旅演示应用 Acme Air。

市场和观众从不吝啬把赞美送给成功者，在《纸牌屋》大热之后，随之而来的几部剧集也都顺理成章地取得了越来越好的成绩。

亚马逊拥有广受欢迎的视频播放服务 Amazon Instant Video（亚马逊实时视频，获得了 2013 年艾美奖的工程技术奖，它是针对 Hulu 和 Netflix 两个竞争对手而开发的个性化推荐技术），亚马逊于 2014 年 3 月模仿 Netflix 开始制作自制剧。

亚马逊的做法是"让用户决定"：先拍摄 14 部试播剧集，在 Amazon Instant Video 服务中播出，长度为半小时，以试探观众的反应，而后做出拍板决定正式拍摄反应良好的剧集。

经过一个多月的测试与反馈，亚马逊决定拍摄其中的 5 部剧集，分别是政治喜剧 Alpha House（连剧名都像是在山寨《纸牌屋》）、硅谷创业喜剧 Betas、机器人题材的少儿剧 Annebots、动画冒险剧 Creative Galaxy 和少儿剧 Tumbleaf，这些剧目将提供给"亚马逊金牌"（Amazon Prime）会员。

Amazon 的自制策略优点在于：剧目选材方面明智地避开了 Netflix，主打喜剧和儿童剧，实现了内容差异化竞争。但其缺点也同样明显：Amazon Instant Video 虽然可以针对用户口味进行推荐，但并没有 Netflix 这样精准的以视频用户大数据为基础的决策系统，依旧需要用保守策略，在试播集反馈的基础上做出决策，金钱成本上相对较高自不待言，更导致确定拍摄的剧集拖延至年底，整部剧到 2015 年年初才能播出。

2013 年 6 月 Cowen and Company 的调查显示，超过四成的美国用户是 Netflix 订阅户或使用 Netflix 账号，而这其中有四分之一的用户已经退订了传统的有线电视业务，正如 Netflix CEO 里德·哈斯廷斯预言的那样，有线电视模式终将被网络电视应用所取代。而这样的局面只取决于迭代的快慢而已：当自制剧诱使用户拔掉有线电视线缆的时候，视频网站就扼住了有线电视台的喉咙。

目前，国内视频网站自制剧的底牌还未完全摊开，目前来看，一线视频网站中，优酷土豆战略重点转向 UGC 和微电影，对自制剧的热情回落，而二线视频生存尚属艰难，再拿出钱来做自制剧的可能性不大。

因此，未来自制剧将是乐视、腾讯、爱奇艺和搜狐四大主角的拼杀大戏。自制剧成功的几个要素是用户、技术、内容和现金，未来自制剧的质量与口碑，很大程度上取决于制作成本。

总之，作为"自制内容"策略的重要组成部分，国内外视频网站自制剧都向着决策智能化、题材多样化、制作精品化的方向发展。在美国，有线电视厂商已经深切感受到网络自制剧的威胁，但在国内，受到政策影响，传统电视台消亡的可能性不大，视频网站也不会完全转向自制剧，而会在UGC与版权的摇摆模式中增加一个"自制"的维度，在一个相对稳定的三角框架内游刃有余。

一方面，自制将成为打造视频网站品牌的最好手段，另一方面，视频网站将自制内容卖给传统电视台，这样也许将不再被称为"逆袭"而是成为常态，新旧两代媒体在内容上将持续合作。在可预见的"自制剧"大战中，一些小型专业内容制作机构或将主动加入，或被动吸纳入互联网视频产业链。①

六、总结与反思

互联网产业的发展令视频网站从形态上发生了个人电脑（PC）和移动应用软件（APP）这两大分化，网络视频拥有更大的平台优势。在当前的互联网背景和数字技术下，自制剧越来越显示出它在传播模式上的优势和潜力，而其制作粗糙、内容低俗、盈利单一的状况也日益突显，视频网站在传播模式上需要进一步探索并且努力打造完整的产业链条：上游向电视台出售自制剧的版权；中端可以发行音像制品进入市场；下游是加大自制剧的相关文化产业的开发力度。

近年来迅速崛起的新媒体以及国家新闻出版广电总局相关政策的出台，使电视、电影、综艺节目的版权购买价格不断上涨，而网络自制剧以其强大、稳定的观众群体、丰富的内容资源、良性的受众互动以及低廉的制作成本等优势，成为各大视频网站的必争之地。

总体来说，"自制"是视频网站差异化竞争的重要战场，自制剧已成为提升网站自身"造血"能力和平台黏性的重要手段。未来视频网站将不仅是内容平台，更是影视资源的生产平台。

网络自制剧大步进军影视剧制作领域，拥有受众面广、互动性强、形

---

① 扼住有线电视咽喉：解码自制剧．2013－08－29．虎嗅网．http：//www.huxiu.com/article/19400/1.html？f＝wangzhan.

式灵活、内容多元、制作成本低廉、收益较高等优势，但同样存在内容同质化、制作粗糙、缺乏监督等问题，在短时间内还不能完全取代传统电视的地位。

　　网络自制剧是视频网站适应新媒体变革和时代发展的产物，其在生产机制以及盈利模式上的创新具有很大的发展空间，未来的竞争将会愈发激烈。视频网站需整合自身优势资源、找准市场定位，不断升级自己的产业价值链，加快布局，才能在这场抢占移动端的竞争中获利。

网络电台的逆袭

移动互联发展至今日，原本将死的电台在技术的滋润下重新复活，罗辑思维、好妹妹电台、冬吴相对论等节目不断走红。电台应用不断涌现，喜马拉雅、考拉 FM、荔枝 FM 等电台类产品陆续上线，音乐类产品如网易云音乐、酷狗等也加入电台内容，甚至原本专注于社交的啪啪、豆瓣都开始涉足主播电台。

当古老的收音机被人们渐渐遗忘的时候，移动互联网电台开始崛起。各方资本力量也是相继涌入，2014 年优听 Radio、多听 FM、喜马拉雅电台等先后完成近千万美元融资。2015 年年初，荔枝 FM 获 2 000 万美元的 C 轮融资，网络电台这块市场已经悄然成为红海。

一、总体概况与发展态势

移动互联网在国内的爆发，也让国内的音频产品如雨后春笋般爆发出来，考拉 FM、豆瓣电台、喜马拉雅电台、蜻蜓 FM、荔枝 FM 以及一些从 PC 端转移过来的电台产品纷纷抢占新媒体市场。

广播电台在互联网浪潮下又迎来了第二次重生。在开车、行走、跑步等移动场景下，音频无疑是最安全和便捷的信息获取形式，相对于文字和视频拥有绝对优势。

在 2014 年，移动音频显然因此获得了迅速发展。一年里，考拉 FM、蜻蜓 FM、喜马拉雅电台等多家手机电台诞生，并且都有接近"亿"级的用户，喜马拉雅电台更是自称其用户已达 1.2 亿。而更早发展的音乐播放器类 APP，已然成了每一台手机的标配应用，移动用户群已经养成了在移动中收听的习惯。

传统广播是通过无线电波发送的方式传播，发射波段、发射功率直接影响其覆盖范围。而在新媒体时代，广播把触角伸向了新媒体，全方位打造网络广播平台，从最初开设的广播网站，到网络电台，再到推出微电台、电台 APP、微信电台……广播把新媒体的移动化、社交化和微型化的特点收为己用，拓展广播的生存空间。

广播音频 APP 不仅能让受众通过随身携带的手机极为方便地收听到本地、全国乃至全球广播电台的节目，而且大多具有实时互动、定时收听、定制、录音、回放、点播及收藏等功能，推送节目内容丰富、形式多样、分类清晰、个性化强，听众在收听广播时有更多的、更为自主的选择，特别是对于年轻听众有很大的吸引力。

目前，国内的音频 APP 产品主要有两大阵营：一是以大数据个性化推送为模式的音频流阵营，代表有音乐类豆瓣 FM、综合类考拉 FM；二是以传统电台节目、网友自行上传节目进行点播为模式的点播阵营，包括喜马拉雅、蜻蜓 FM、荔枝 FM、网易云音乐等。此外，新浪微电台和众多的广播频率开设的微信电台，以及其他依托互联网或移动互联网而衍生出来的音频媒体也犹如雨后春笋般涌现，极大地方便了听众的收听选择。

在移动互联技术发展日新月异的今天，听众的多终端、碎片化收听需求，可通过云技术来满足，云存储、云计算、大数据可使广播音频被"存储""分析""整合应用"，广播变得可被"保留"。云端的广播意味着听众可以在任何时候，通过任何终端直接接入云平台、收听云广播，跨地域、跨平台、跨终端收听广播已然成为现实。

以美国著名的网络电台"潘多拉"为例，其"音乐组计划"收录了超过 80 万首经过单独分析的歌曲，这些歌曲来自 8 万名歌手。它总计拥有超过 14 亿个"私人电台"，平均每名注册用户拥有的"私人电台"达 17 个左右。这些保留在云端的资源，结合大数据，可以对用户提供更多元、更精准的服务。①

根据易观国际 12 月公布的以月度活跃数为标准的 TOP200 移动 APP 排行榜。从数据中看到，语音类 APP 已经占据了排行榜较高的位置，比如：排名第 8 的 QQ 音乐，排名 29 的酷我音乐，排名 31 的酷狗音乐；而视频 APP，优酷活跃度排在 23，其他视频 APP 排名均在 35 之后。此外，手机电台类 APP 首次跻身到了活跃度 TOP200 的行列，考拉 FM 手机电台位居 146 名。移动音频成为移动互联网新贵的结论由此可见一斑。

资本市场的表现也证明了这一点，2014 年考拉 FM、喜马拉雅 FM、多听 FM、荔枝 FM 分别进行 B 轮和 C 轮融资，其中喜马拉雅 B 轮融资 1 150 美金，C 轮也在 2014 年年底完成；荔枝 FM 进行了 C 轮融资 2 000 万美金，其中雷军跟投；多听 FM 也进行完 B 轮融资 1 000 万。而据投资圈内部人

---

① 黄学平. 破局：新媒体广播的渗透. 声屏世界，2014（6）.

士消息，考拉 FM 也在进行 B 轮融资。2014 年年底，播放器百度音乐推出智能场景电台。①

移动音频已然成为移动互联网时代的金矿。可以预见在将来的移动音频市场将进入更加激烈的白热化竞争阶段。

二、社会影响

随着 4G 覆盖脚步加快，互联网移动音频崭露头角，发展路径分化的局面也已经出现。以大数据个性化推送为模式的音频流阵营和以传统电台节目、网友自行上传节目进行点播为模式的点播阵营分别占据了不小的用户市场，前者以音乐类豆瓣 FM、综合类考拉 FM 为主，后者包括喜马拉雅、蜻蜓 FM 等，个性化定制已成大势所趋。

手机、汽车、智能硬件等移动渠道也成了各家移动音频 APP 的必争之地，而网络自制电台音频节目也对传统广播电台带来了巨大的冲击，削弱了其时效性，对原有的运营机制产生挑战，并且改变了以媒体为主导的传媒格局，取而代之的是以受众为主导的新型媒体格局，使得受众有了更为自由的选择和操作空间，无形之中对现在电台我播你听的单向广播方式提出了创新要求。

在网络信息技术高速发展、各种软硬音频工具日益多样化的环境下，网络电视、手机、平板、车载多媒体接收机等逐渐成为受众特别是年轻一代接收信息的工具，他们往往舍弃收音机，取而代之的是多媒体移动终端，分流了广播电台受众，造成广播节目收听率下降，给传统电台的生存带来了压力。

三、学界与业界的评价

考拉 FM 创始人俞清木："实际上，音频市场的想象空间很大。音频伴随性的特点决定了其在未来所有移动场景中诸如行车、旅行中等都将是必备产品。在手机端，你可以根据个性化数据向用户推送精准广告；在车载、可穿戴设备等应用场景中，你可以与 O2O 结合。"②

----

① 2015 年 4G 井喷，移动音频迎来"混战年". 2015 - 02 - 03. 速途网. http://www.sootoo.com/content/549742. shtml.

② 2015 年 4G 井喷，移动音频迎来"混战年". 2015 - 02 - 03. 速途网. http://www.sootoo.com/content/549742. shtml.

中国传媒大学李亚虹："4G 时代，网络环境更加便利，网络音频广播的崛起将引发一场听觉传媒的深层革命。综合个性化分析推送的第一手的音频、视频必将更吸引受众，形式单一的综合电台 20 世纪 70 年代在美国就已消失，取而代之的是专门的类型化音频产品。"①

蜻蜓 FM 董事长张强："随着移动互联网的普及、车联网以及智能终端所带来的机会。不仅在电台领域，未来互联网里声音给用户带来的价值与商业机会想象力是巨大的。"②

四、新媒体之"新"

因特网广播信息数字化技术和高速度、高容量的光纤通信技术及交互技术等高新技术，克服传统广播的弱点，跨越时空的限制，极大地扩大了传播范围，改变了传播的方式，为广播的发展提供了一条全新的道路。

首先是弱化了地域因素，以手机客户端"蜻蜓 FM"为例，它拥有流畅的播出技术优势，为其 1 500 万用户提供全国乃至全球范围的高清晰、高流畅的广播节目直播甚至点播。它们更具备电台商城的特质，能够为受众提供各种想要的音频服务：只需要一款智能手机，一键下载客户端，受众就能够打破时间、空间的限制，在全球任何一个地区收听到任何一个想听到的地区的节目，而不再需要收音机等调频接收器，投入巨大的传统电台的覆盖优势将不复存在。

其次是彻底打破了传统电台单向传播的传统。不断提速的网络为"抬杠""啪啪""唱吧""喜马拉雅"等音频社交网站提供了广阔的生存空间；"虾米""QQ 音乐""百度音乐""Pandora""iTunes Radio"等音乐应用的不断革新也为音乐爱好者提供了非广播可及的宽广选择面。

此外，网络电台音频节目传播及时、快速，无缝隙接触，网易、腾讯、搜狐、BBC、CNN 等国内外大型新闻门户（机构）纷纷推出集视频、音频、图文信息为一体的移动客户端，这些移动应用能在最快速的时间内将重要信息推送给受众，在不需要打开应用的前提下获取信息。未来，此类推送将不仅仅局限于文字，在网络环境允许的情况下，第一手的视频推送必将更吸引受众。比如 2013 年 6 月 8 日上线的"考拉 FM"可以算得上是个性化综合电台。

---

① 4G 催生两大移动音频阵营 个性化定制大势所趋. 人民邮电报，2014 – 01 – 09.
② 地方电台的移动互联网探索启幕. 2015 – 03 – 10. 中国财经时报网. http: //news. cnfol. com/it/20150310/20278702. shtml.

音频节目趋向于多元化，如"考拉 FM"，集成新闻、段子、八卦、故事等各种类型的音频内容，囊括 iTunes 音频播客排行 TOP100 的半数产品，不间断的频流推送和互动形式为移动用户量身定做，是大数据下的个性化推送。传统广播在音乐类、语言类节目上的垄断性优势必将逐渐被更社会化、更集成化以及内容更个性化的窄播产品所取代。

五、国内外对比

目前，世界上主要的国际广播电台，如英国的 BBC、美国的 VOA、法国国际广播电台 RH 都将注意力放到了廉价的网上空间。BBC 已建立了在线新闻网站，美国之音 VOA 用 23 种语言在 WEB 网络上进行音频广播，法国国际广播电台目前用 5 种语言在网上进行新闻广播。

在国内，中国国际广播电台作为中国唯一向世界各国广播的国家电台，也成功地实现了网上广播。另外像 QQ 广播、百度音乐等这些非串通广播电台也同样拥有大量忠实听众。受众群体以年轻人居多，他们是传统广播的忠实听众，同时又不失对现代网络技术的追求，是网络音频节目发展的客观推动者。

1995 年 4 月，位于美国西雅图的"进步网络"在其网页上放置了一个 Real Audio System 的试用版软件，提供"随选音效"的服务，标志着网络电台的诞生。根据美国收听率调查公司 Arbitron 的调查，截至 2005 年，约有 3 700 万美国人至少每个月收听一次网络电台，但在四年前，这个数字只有 1 100 万。随着听众人数的增加，网络电台也开始在每年价值 110 亿美元的网上广告市场上占得更多的份额。

从内容和表现形式来看，美国网络电台主要分为两大类：一类是传统广播媒体开办的网络电台，以美国在线网络电台为代表；另一类主要是商业 ICP 开办的网络个人化音乐电台，以潘多拉电台为代表。

网络个人化音乐电台听众多以社交网站的用户为主，其完整的构成部分一般包括：用于播放电台音乐的网页客户端或客户端软件，用于记录并显示听众收听频率和个人音乐喜好的空间主页，用于关联用户收听喜好的互动管理设计，用户间的群组生成模式等。

在这些构成要素的基础之上，网络个人化音乐电台通过加载用户评论，建立兴趣小组，组织线上、线下活动，发布音乐排行榜等措施来扩充电台的用户渠道和提高社会影响力。在相似的服务定位下，各家电台最主要的差别就是对用户收听习惯的探查方式不同，即如何去分析用户的音乐品味，如何去确立自己的选曲逻辑并提供相应服务给受众。

通过分析，美国网络电台发展呈现出以下特点：

一是参与主体多元，功能更加丰富。无论是老牌广播公司 CBS、互联网站，还是各式各样的商业 ICP，都把目光投向了网络电台。在早期音乐上传、检索和下载的基础上，网络电台的社交、游戏功能不断深化，成为广播和音乐爱好者欣赏和交流的平台。

二是"体验专属服务"成为撒手锏。"用户即上帝"的理念在网络电台的发展中被奉为圭臬，个性化、互动性等元素融入其中。无论是 Pandora 还是 Slacker. com，其实都是高度个性化的"私人电台"，通过分析用户对所播放歌曲的反馈行为（喜欢或不喜欢）以及歌曲本身，随机推送基于用户习惯的音乐。

三是网络电台走进"裤袋"（移动设备），截至目前，很多基于电脑浏览器的网络电台都发布了可以在 iPhone 上运行的应用程序。

四是网络电台与社交网络紧密结合。潘多拉电台为每名注册用户都建立了个人主页，用户可以通过个人主页寻找相同兴趣的音乐好友以及音乐博客。Radio 也是一款关注社交功能的应用，用户可以分享彼此的音乐欣赏计划。

五是网络电台开始进行盈利探索。目前美国网络电台的盈利模式主要分为两种：会员费与广告收入。①

六、总结与反思

随着移动互联网的飞速发展，特别是 4G 时代的到来，音频媒体借助移动网络将会得到快速发展，成为强势的大众传播媒介。对于传统广播电台业而言，是一个千载难逢的良机。基于数字技术的变革不会局限于接收样式的改变，网络音频广播的崛起将引发一场听觉传媒的深层革命。

不过在激烈的竞争下，网络电台也面临着盈利途径的困扰，网络电台与音乐应用将融合共造成为流量入口，但目前主流的网络电台基本在烧钱，行业还处于战国时代，抢流量、抢内容成为各大主流电台抢占行业先机的必然之举。

---

① 王岚岚. 美国网络电台的发展特点及启示. 中国记者，2012（4）.

可以预见的是，向用户或广告主收费不可持续。网络电台的盈利模式必将走向抢占内容，而如何吸引电台主播们成为摆在网络电台面前的难题。

当然，网络音频广播目前也存在着数量少、质量良莠不齐的问题。相关法规与网络监管制度不健全，也是制约网络音频广播健康发展的瓶颈。如何摆脱单一的盈利模式，提高 UGC 监控水平，在政府与媒介管理层面，有序制播分离、繁荣节目市场、进行差异化生产都是未来需要考虑解决的问题。

传统新闻媒体与网站的低谷期

　　随着互联网信息技术以及终端智能设备的兴起，一种革新传统媒体命运的浪潮正在来临，随着传统大报的陆续裁员以及媒体行业从业人员的离走，当下对传统媒体未来与发展的议论"众声喧哗"。很多人甚至持有报纸消亡论的观点，认为传统新闻媒体和网站已经进入低谷期。

　　新媒体具有得天独厚的技术优势，让传统媒体相形见绌，对受众的吸引力日渐减弱。从全球传媒业的发展形势来看，传统媒体衰落的节奏日益加快。西方发达国家纸媒破产、停刊、转售、并购、裁员、改组的消息络绎不绝，今后或许还有更多类似的坏消息从全球各地接踵而至。然而，衰落并不等于灭亡，传统媒体和网站如何在新媒体和数字环境夹攻下独善其身，是一个值得探索的问题。

一、总体概况与发展态势

　　2014 年 10 月 2 日凌晨消息，纽约时报公司周三（当地时间）称其将采取裁员措施以削减成本，包括将新闻编辑室员工裁减约 7.5% 等，总共约百人。

　　从官方的通知函中，有两个原因：第一，纸质的印刷广告业务营收下降；第二，新产品收入也未能达到预期，比如，旨在提供观点内容的移动应用 NYT Opinion 未能吸引足够订户，因而将关闭。总编辑迪恩·巴奎特表示，将重新设计杂志，创造出 Upshot 和 First Draft 等新的新闻栏目，并设法适应越来越多的读者，顺应移动阅读方式的形势。Upshot 栏目将提供政治、政策和日常生活分析及数据，而 First Draft 则将把重点放在迅速播报政治新闻上。

　　纽约时报公司预测称，2014 年第三季度中数字广告营收将增长约 16%，主要由于受到智能手机和视频业务的推动；但与此同时，整体广告收入则很可能持平。纽约时报公司还预测称，第三季度中其数字订户人数净增加40 000人以上，这将创下自 2012 年以来的最高水平。未来几个月中该公司将在移动、读者开发、数字产品组合、广告以及特定纸媒领域中进行大量投资。①

2014 年 10 月 22 日,在微博上以"老沉"的 ID 被媒体圈熟知的新浪总编辑陈彤通过个人微博宣布离职,新浪美股(SINA)受挫,截至美国东部时间 22 日 16 时收盘,新浪每股下跌 0.31 美元至 39.76 美元,新浪微博(WB)每股下跌 0.20 美元至 18.27 美元。

陈彤于 1997 年参与新浪子公司北京四通利方信息技术有限公司下属的利方在线初创,并于 1998 年正式加入新浪公司,他经历了新浪的发展壮大。博客网创始人、互联网实验室董事长方兴东称,新浪过去的 17 年是"铁打的陈彤流水的 CEO"。陈彤辞职以后,唱衰者多,认为新浪在门户网站竞争中被边缘化。

二、社会影响

门户网站曾经造就了互联网新闻的第一次繁荣,成功地将网络新闻培养成具备公信力的信息产品。

尽管在很长的一段时间里,网络新闻总是给用户留下一个虚假的负面印象,但是门户网站体现的互联网属性,无论是从时效性还是接近性方面都极大地满足了用户的新闻需求,这也是传统媒体与门户网站合作日趋紧密的重要原因。

门户网站在新闻呈现方面日益成熟,逐渐成为一个可靠的信息渠道。但是互联网的迅速发展,使得门户网站面对互联网迭代浪潮也是力不从心,尽管门户网站尝试顺应大潮,包括开发手机端的 APP、更加符合用户习惯的新闻推送等,可是属于门户网站的新媒体时代似乎已经过去。

门户网站尚且衰落,传统新闻媒体处境更加艰难。用户大量从纸媒甚至是电视机前流失,许多传统的新闻媒体单位单纯依靠市场的经济力量已经难以为继,然而面对媒介力量的变迁,比起门户网站而言,转型更加困难。

有人说,纸媒的衰落是必然的,但衰落不是消亡。传统媒体作为优质内容的生产地,其地位至今仍然有不可替代性,更何况中国的大部分纸媒作为事业单位仍然有其存在的必要性。

传统媒体的衰落现象将会使新闻业的自我清理加速进行,门户网站仍

---

① 《纽约时报》裁员,纸媒降成本的规定动作?.2014 - 10 - 02. 虎嗅网 . http: // www.huxiu.com/article/43743/1.html.

然有回旋的余地，其互联网核心仍然没有改变，面对窗口的移动化，门户
网站仍在摸索中。但是纸媒等传统媒体，以及大量无法吸引用户注意力的
媒体，既然无法保证传播力和影响力，其存在的意义便找不到依据，必将
受到清理。

传统新闻媒体和门户网站的衰落，直接影响了舆论场的转移。随着社
会化媒体的兴盛，越来越多的受众通过微博之类的"自媒体"分享和获取
信息，对机构媒体或专业媒体（无论是传统媒体还是新媒体）的依赖度也
就逐渐下降。

以前，人们靠每天读报纸、看电视或听广播来获取最新信息，离开传
统媒体就会陷入信息真空；而现在，只要有一个可以上网的手机，人们就
完全可以离开传统媒体而得到任何信息。①

传统媒体的式微，促使充当舆论旗手的主要纸媒、电视台等进一步向
新媒体发展，继续维持其影响力。因此传统媒体的没落，对新媒体平台本
身就是一次机遇，但对新媒体领域也是一次冲击。

三、学界与业界的评价

方兴东："陈彤是中国互联网进程中的标志性人物。他带领团队率先
开辟了门户新闻的道路，塑造了'新浪模式'。2009 年，新浪推出新浪微
博，自媒体大放光芒。从某种程度上讲，陈彤不仅缔造了新浪门户，也改
变了传媒生态。"

互联网观察人士信海光："陈彤的成功与中国互联网的大时代密切相
关，正所谓时势造英雄，陈彤在新浪的 17 年，不但是互联网风起云涌的
17 年，也是中国社会日趋开放化、信息化、多元化的 17 年。"

艾媒咨询 CEO 张毅："陈彤离开新浪标志着'网络新闻 1.0'时代结
束。过去 17 年是网络新闻的辉煌年代，但如今移动互联网的发展致使网络
新闻的受众、渠道都发生颠覆式变革，像新浪门户那样简单罗列、海量信
息的模式将行不通，个性化、专业化的'2.0'新闻传播方式将成为
主流。"②

"内容为王"诚然依旧是做新闻、做运营的法则，但这个法则也是随

---

① 必然衰落　不会消亡——传统媒体未来之我见. 2014 – 03 – 07. 传媒圈. http：// www. mediacir-
cle. cn/？ p = 1835.

② 陈彤的下一个"风口"在哪儿？. 2014 – 10 – 23. 新华网. http：// news. xinhuanet. com/for-
tune/2014 – 10/23/c_ 1112949510. html.

势而变的产物，当汽车之家、金融界这些垂直网站崛起，似乎传统的内容生产模式让位于商业模式的趋势正在为人们所接受，那么，在商业化尤其是上市公司所面临的商业化压力面前，门户网站总编辑的职能被弱化就是自然而然的结果。[①]

《纽约时报》首席执行官马克·汤普森："通过裁员控制成本可继续投资其数字化未来。但就目前传统媒体数字化转型的整体发展而言，其进展不容乐观。还是以《纽约时报》为例，其移动应用 NYT Opinion 就因为未能吸引到足够客户而面临关闭。"[②]

四、新媒体之新

除了全球化趋势、全球金融危机、媒体生命周期等因素，传统媒体的衰落有以下几个最直接、最容易理解的原因：

第一，广告市场出现了越来越多更强大的参与者，传统媒体的市场份额急剧萎缩。

广告向来是传统媒体赖以生存的最重要收入来源，而近二十年来，广告市场的参与者却不断增多，尤其是随着以互联网为核心的新媒体的迅猛发展。

先是有各种户外和室内的公共场合显示终端，以及公交、地铁、民航等公共交通工具显示终端，后有如火如荼的互联网及移动互联网，这些新媒体来势凶猛，而且有着许多传统媒体无法比拟的优势，从而得以大举抢占广告市场。

传统媒体在广告市场所占份额日益萎缩，意味着传统媒体的生存根基受到了毁灭性的摧残，因此，衰落变得不可避免。

第二，各种传播平台和传媒形态层出不穷，受众获取信息的渠道迅猛增加，对机构媒体的依赖日趋下降。

随着信息传播技术的发展，各种新媒体平台应运而生，信息传播主体、传播终端日趋多元，受众获取新闻信息的渠道有了更多选择，而各种新媒体渠道提供的信息不但有海量的规模，而且绝大多数免费。在这种情况下，越来越多的受众必然会放弃对传统媒体的依赖而转向各种新媒体来

---

① 告别陈彤，或告别一个总编辑的时代 . 2014 – 10 – 22. 百度百家 . http：//zennew. baijia. baidu. com/article/33244.

② 传统媒体隆冬已至，谁的春天将要来临？. 2014 – 10 – 05. 新浪博客 . http：// blog. sina. com. cn/ s/blog_ 954b2acf0102v58z. html.

获取免费信息。

受众依赖度下降意味着需求下降，也就意味着供求关系的失衡，其必然导致信息生产和供应方规模的萎缩。因此，传统媒体的衰落是必然的。

第三，新媒体具有得天独厚的技术优势，传统媒体相形见绌，对受众的吸引力日渐减弱。

一是丰富性：目前互联网上一天产生的信息量接近 1 000EB（1EB = 1 000GB），如果装在 DVD 光盘中要装将近 2 亿张。这些海量信息从内容到形式都极其丰富，可以全方位地满足人们多样化、个性化的信息需求。

二是融合性：新媒体的发展消除了信息传播不同符号形态、媒介形态和经营形态之间的壁垒，可以让信息传播从内容到产品、从渠道到终端、从生产到消费实现多媒体、多功能融合。

三是交互性："传受一体"的传播模式意味着人人可以参与传播，意味着交流—互动、回馈—反应将伴随信息传播的全过程，也意味着个性化、分众化、智能化服务成为可能。

相比之下，传统媒体的一切几乎都可以用"单一"来概括：单一的产品内容、单一的生产方式、单一的服务模式、单一的传播终端、单一的经营渠道……在新媒体带来的丰富多彩面前，受众的转向或流失是不可阻挡的。①

五、国内外对比

2013 年 12 月，美国第二大报业集团论坛报集团（Tribune Company）因为抵不住广告的严重下滑与网络媒体的冲击，正式申请破产保护。这家集团旗下拥有知名的《洛杉矶时报》（*The Los Angeles Times*）、《芝加哥论坛报》（*The Chicago Tribune*）和《巴尔的摩太阳报》（*The Baltimore Sun*）等 10 家日报和 23 家广播电视台，它是网络普及以来首家申请破产保护的美国主要报业集团。

美国媒体龙头老大《纽约时报》公司 2014 年 3 月 9 日发表声明说，将出售公司位于纽约曼哈顿的总部大楼部分楼层，以筹集 2.25 亿美元来缓解资金紧张。《波士顿环球报》2014 年 4 月 3 日援引报纸工会领导人的话称，美国纽约时报公司表示，除非工会同意削减 2 000 万美元的成本，否则它将关闭旗下的《波士顿环球报》。拥有百年历史的《基督教科学箴言

---

① 必然衰落 不会消亡——传统媒体未来之我见，2014 – 03 – 07. 传媒圈. http：//www. mediacircle. cn/？ p = 1835.

报》从 2014 年 4 月 1 日起停止平面印刷，仅发行网络版。

事实上，由于网络等新媒体的兴起，传统媒体一直处于危机笼罩的阴霾下。统计资料显示，美国报纸的读者正在以 2% 的速度逐年下降。金融风暴则更是让美国传媒业雪上加霜。由于长期以来过分依赖广告，有些刊物的订阅费不仅不能支付成本，连纸张和印刷费都不够，全靠广告收入支持，因此在经济危机到来时显得格外脆弱。

在"汽车之都"底特律，成千上万的居民关注着美国政府宣布如何拯救汽车业，但当他们早晨打开家门时，竟然看不到订阅的报纸。这并非由于送报人员罢工，而是当地的两份报纸——"底特律自由报"（*Detroit Free Press*）和"底特律新闻报"（*Detroit News*）为了节省开支，一周只送报三天，从 2014 年 3 月 30 日开始实施。

受到经济不景气的影响，底特律居民每周一、周二、周三和周六都收不到报纸。送报生每周四、周五、周日这三个广告比较多的大日子，才把报纸送到订户门口。报社表示，不再每天送报可以节省油墨、送报人工以及汽油费，可以把节省的部分让新闻部办好新闻。

平面广告收益下滑，销售量节节下降，加上读者越来越喜欢上网阅读免费新闻，所以底特律主流媒体成为全美的"吃螃蟹者"（Early - Adopter），停止一周七天的送报服务。两家报纸开始强化新闻网站的作用，并为订户提供电子版报纸，每天早晨五点半把当天的报纸内容通过电子邮件发到订户的信箱中。两家报社将在今年下半年推出便携式电子阅读器（e - reader），这种电子阅读器是一种轻便、可触式的荧幕产品。

除了转向网络和电子版外，报纸、杂志等传统媒体使尽浑身解数以吸引渐渐流失的读者。《时代》周刊（*Time*）和《新闻周刊》（*Newsweek*）最近纷纷宣布要调整步伐，转型再出发，其中《新闻周刊》将走精英路线，不再追逐即时新闻。

《时代》周刊则想出奇招，创办为读者量身定制的"自助"杂志，让读者能选择喜欢的栏目，"组装"出一本自己感兴趣的杂志。这本杂志名为"Mine"，让读者从《时代》所属公司旗下的 8 份刊物中选择文章，印刷成 36 页的纸本杂志，也可以选择在网上阅读，隔周出版，试运行期间预计发行 5 期。

这 8 份刊物有时代华纳公司和美国运通出版公司旗下的《时代》周刊（*Time*）、《运动画刊》（*Sports Illustrated*）、《饮食》（*Food & Wine*）、《简单生活》（*Real Simple*）、《钱》（*Money*）、《风格》（*In Style*）、《高尔夫》月刊（*Golf*）和《旅游休闲》（*Travel & Leisure*）月刊 。这是《时代》周刊在订户和读者持续流失的压力下所做的最新转型。

时代公司（Time Inc.）执行长摩尔（Ann Moore）同时也在思考如何找出一个从网络赚钱的商业模式。她承认自己还不确定对杂志网络版收费是否能够力挽狂澜，但是她说："是谁放的谣言说网络上的所有信息都应该是免费的？为什么我们不来挑战一下这个说法，看看结果会怎样？"

除时代华纳公司外，美国媒体新闻集团也打算在 2014 年夏天向旗下报纸读者提供"自助"定制报纸服务。读者能通过关键词、作者和题目自由选择文章订阅。报纸可用电脑或手机阅读，还能和广告一起制成电子书发给读者。

面对报业寒冬，美国参议院民主党参议员本贾明（Benjamin Cardin）2014 年 3 月 24 日提交了一份《报纸复兴法案》（Newspaper Revitalization Act），希望帮助报业度过危机。

根据该法案，政府将允许报纸进行重组，变为以教育为目的非盈利运作，这些报纸将拥有和公共广播公司相似的身份。报纸仍将有报道所有问题的自由，包括政治竞选在内，但将被禁止进行政治背书。此外，报纸广告和订阅收入将被免税，对支持新闻报道或运营的捐款也可以被减免税收。

不过这项议案也引起了人们的一些质疑，比如，如果媒体要扮演政府独立监督人的角色，它必须保持独立，而特殊的税收等政策是否影响编辑决策。

目前报界应对经济寒冬的策略除了关闭之外就是报社裁员、劝告及强行提前退休，取而代之的是半工、合同工，以及给部分员工放长假，或减少版面，转入电子版等。[1]

而目前国内应对新媒体的冲击主要是通过打造数字版报纸，将传统纸媒的内容数字上线，开辟流通渠道等方式。建立微博、微信、新闻客户端等方式将内容搬上新媒体平台。《新京报》也效仿欧美实施电子版报纸的收费订阅策略。

总体来说，美国和欧洲报业遭遇发展危机与困境较我国更早，其应对调整的策略也更为丰富，尽管目前都尚处在探索阶段，国外传统媒体应对新媒体冲击的策略方法依旧对我国报业发展具有借鉴意义。

当然考虑不同地域的国情差别，报业成本结构的不同，其应对寒流的举措也略有区别，但总体上都在不断弱化传统媒体的份额比重，构造新媒体平台的传统内容再生。

---

① 连鹏. 传统媒体在寒冬中寻找出路. 2009 - 04 - 10. http：//lianpeng1981. blog. sohu. com/
114079745. html.

六、总结与反思

对全球传媒业来说，传统媒体的衰落几乎已经成为既定趋势。越来越多的广告主题涌入广告市场使传统媒体的市场份额急剧萎缩，其生存根基受到了毁灭性的打击。多样化的传播平台和层出不穷的传媒形态扩增了受众获取信息的渠道选择，加之新媒体基于先进技术得天独厚的优势，传统媒体的低谷可以说是不可避免的。

然而传统媒体在内容生产上的专业化水平和一整套成熟的操作标准机制是其独有优势，在维护媒体报道的权威性和专业性上也有不可比拟的优势。即使在互联网大环境下受到新媒体的冲击走向衰落，也绝不会灭亡。纵观人类传媒发展史，媒体形态、传媒业态的更新迭代都是交替并存，加上中国特殊的社会主义制度的国情也决定了对传统媒体和网站的发展永远留有一席之地。

连清川在《媒体死亡的真相》中阐明了这样的观点：不是新媒体杀死了传统媒体，是新媒体出现背后的信息生产逻辑杀死了传统媒体。在互联网的压力之下，传统媒介影响力的弱势化是显而易见的。

然而，任何一种新兴媒介的崛起并不意味着传统媒介的消亡，而是采用一种全新的信息生产传播模式来替代旧有的一整套内容生产和传播过程。因而既要清醒地认识到新媒体的全面冲击，又要对传统媒体抱有信心，以一种全新的互联网思维方式来认识、解构、重构新闻。

┌───────────────┐
│ **社交媒体类** │
└───────────────┘

微信：微信商业化在互联网时代的成功

　　微信在打造一个 O2O 的闭环：登录、购买、后期的通知、互动以及用户、消费者主动传播分享。目前，微信的发展还只是个开始，未来的生活都通过微信支付，从而在微信里完成。微信不是 QQ 简化版，也不单单是社交软件。闭环商业模式才是让微信坐稳中国互联网巨头的关键。2014 年微信商业化正式拉开序幕，并将重新定义互联网时代的 O2O。

一、总体概况与发展态势

　　"微信是腾讯公司于 2011 年初推出的一款快速发送文字和照片、支持多人语音对讲的手机聊天软件。用户可通过手机、平板、网页快速发送语音、视频、图片和文字。微信提供公众平台、朋友圈、消息推送等功能，用户可通过摇一摇、搜索号码、附近的人、扫二维码等方式添加好友和关注公众平台，同时微信用户可以把内容分享给好友以及把用户看到的精彩内容分享到微信朋友圈。"[①]

　　2011 年 1 月，微信发布针对 iPhone 用户的 1.0 测试版。该版本支持通过 QQ 号来导入现有的联系人资料，但仅有即时通信、分享照片等简单功能，因此并不为外界所看好。

　　随后微信逐渐增加了对手机通讯录的读取以及支持多人会话功能，截至 2011 年 4 月底，腾讯微信的注册用户达到四百万。

　　2011 年 5 月，微信 2.0 增添语音对讲功能，微信的用户群第一次有了显著增长；2011 年 8 月，微信添加了"查看附近的人"的陌生人交友功能，用户达到 1 500 万；2012 年 3 月，微信用户破亿；2012 年 4 月，微信发布 4.0 版本，增加朋友圈功能；同月，腾讯公司开始做出将微信推向国

[①] 微信．搜狐百科．2015 – 04 – 13．http：//baike．sogou．com/v34533192．html.

际市场的尝试，推出多种语言支持；2012 年 9 月 17 日，微信用户破 2 亿，用时不到 6 个月；2013 年 1 月 15 日，微信用户达 3 亿；2013 年 7 月 25 日，微信的国内用户超过 4 亿；8 月 15 日，微信的海外用户超过了 1 亿；2013 年 8 月 5 日，微信 5.0 上线，"游戏中心""微信支付"等商业化功能推出；2013 年第四季度，微信月活跃用户数达到 3.55 亿；2014 年 1 月 28 日，微信 5.2 发布，界面风格全新改版，同时增添红包、滴滴打车等应用；2014 年 3 月 19 日，微信对外开放其支付功能；2014 年 4 月 8 日，微信智能开放平台正式对外开放，2014 年 9 月，微信 5.4 开发刷卡功能；2014 年 10 月，微信 6.0 上线，增加基于社交的小视频和卡包功能；2014 年 12 月 24 日，微信团队正式宣布面向商户开放微信现金红包申请，只要商户开通了微信支付，就可以申请接入现金红包。

作为社交信息平台的微信也是移动端的一大入口。由微信的发展史可见，微信正由单一的即时通信工具发展成私密的移动社交社区，进而演变成为一大具有商业价值的移动开放平台，开始对营销行业带来颠覆性的变化。

二、社会影响

微信最显著的商业化来自"微信支付"的消费闭环。"微信支付"目前接入方式包括 APP 调起、公众号内置支付以及扫码三种。微信正在布局连通线上、线下的超级生活服务平台。微信已经渗透进入一些传统行业，如微信打车、微信交电费、微信购物、微信医疗、微信酒店等。

1. 微信支付打通 O2O

微信号绑定支付的过程简单便捷。在用户个人的资料只需要输入一个银行卡卡号、身份证号等，再通过手机号验证一下身份，就可以完成绑定。之后再购买其他商品，便可以快速支付。

目前接入微信支付的有：机票与酒店预订、手机购买、电影票团购、交通卡充值、微团购、QQ 充值、打车等。

财付通总经理赖智明在接受《21 世纪经济报道》的采访时表示："微信支付只是一个基础功能，有大量用户之后，可以做线上、线下结合的购买。微信公众账号中，很多传统机构可以通过微信支付给用户提供服务并完成收费，如交通违章缴费、买机票、买保险等。"①

---

① 微信支付打通 O2O 与财付通分属两个账户体系. 21 世纪经济报道，2013 – 08 – 06.

2．互联网流量新入口

微信"扫一扫"新增了扫街景，用户手机摄像头对着街道一扫，就能显示所在位置的街道照片。除了扫描街景外，还新增了扫描商品二维码、扫描条码、扫描封面和扫描翻译的功能，用户扫描后就可以购物，这都使得微信离商业化越来越近。"扫一扫"搜索的流行可能也会改变未来的搜索模式，闭环的商业模式初见雏形，为互联网流量增加了新的入口。

除了"扫一扫"，微信"摇一摇"在 2015 年大年初一联合各大品牌发放 30 亿礼券，此举被认为是微信连接线上、线下的一种尝试。当天，有7 500 万用户通过微信摇一摇领取了 3.78 亿张商家优惠礼券。

"微信摇一摇借助红包引入微信礼券。微信发红包撬动了支付，吸引了海量用户，送礼券则撬动了商业，打造商家与消费者连接的新桥梁，也被视为微信商业化布局集中发力的开篇。"①

3．打造服务号电商生态系统，推动服务号 C2C 大力发展

微购物、微信小店、微信商城等已经正式切入，这证明服务号的爆发力很强。服务号已经开放了多个 API 接口，又开放了申请微信支付，服务号将承担着微信商业化的重要一步，推进微信商业化进程。

三、学界与业界的评价

天下网商刊文《微信的商业化在微信之外》中说道："微信这个产品到底提供了哪些最根本的商业价值？

第一，它给了我们在移动互联网时代的一个最重要的 ID——微信号，我们利用它来记录我们的行为，商业机构利用它来找到我们，以前最重要的 ID 是手机号，再以前是 e-mail 地址和通信地址。

第二，它创造了公众账号，这既解决了线下商家的数字身份问题，又解决了传播模式的问题（一对多、互动反馈、富媒体、移动化），微信商业模式的探索基本是基于此而出发的。

第三，它为信息的流动提供了最大程度的自由，我们可以迅速而方便地与好友进行联络（通过发送给好友、分享到朋友圈、群聊的方式），这为信息流、现金流的流动创造了条件。

第四，微信可以用微信号来定位个人，用公众账号来定位商家，全面记录个人和商家之间的交易记录，从而形成一个"消费云"（这是微信目

---

① 微信商业化再发力"摇礼券"激发新消费场景. 2015 - 02 - 21. 中华财经网. http：//finance. china. com/fin/sx/201502/21/1149482. html？qq - pf - to = pcqq. c2c.

前还没有显示出来，但是笔者认为它应该具有的价值）。利用这个云，微信可以为个人提供消费信息管理、积分等服务，为企业累积交易数据、客户数据，提供 CRM 服务。"①

郑州大学的王千在《微信平台商业模式创新研究》中说："微信平台商业模式是对传统商业模式要素构成、要素关系和盈利模式的创新，增加了平台企业作为核心要素，用户与商家不再是简单的供给与需求关系，而是在网络效应激发下一种相互依赖的更为复杂的关系，价值流从单向转为双向。同时为盈利群体服务。未来的平台企业将是一个多方和平共存的平台生态圈商业模式，唯有如此，平台才能不断拓展自己的业务范围和利润渠道。"②

微信的发展初衷是一款移动社交工具，但随着微信用户步入 2 亿大关之后，微信对于腾讯的意义已经不仅仅是移动社交工具，微信肩负着对抗阿里、新浪微博的重任。③

《第一财经周刊》：微信的成功，与腾讯公司本身的特性有很大的关系。腾讯作为一个互联网公司，懂产品，善于微创新，并且具备强大的执行力。④

四、新媒体之"新"

微信商业化的初步成型，具体体现在以"微信公众号 + 微信支付"为基础。微信商业化之"新"主要体现在：

（1）移动社交化。当前的时代是移动信息化的时代，"用户更需要基于真实的社交关系，进行即时性、点到点的'精准'分享。微信公众号对用户数据进行分析、梳理，为特定的用户群推送其需要的商品信息、服务内容、信息反馈，实现精准营销，优化客户服务。而用户在朋友圈上对于商品或服务的分享，直接形成'口碑营销'模式，带来新的客户增长点，提升客户忠诚度"⑤。微信相关负责人表示，"微信智慧生活"全行业解决

---

① 微信的商业化在微信之外 . 2014 – 06 – 12. 天下网商 . http：//www. leiphone. com/news/ 201406/121217 – chibop – weixin2. html？from = hot.
② 王千 . 微信平台商业模式创新研究 . 郑州大学学报，2014（6）.
③ 腾讯的大饼　微信的价值. 2012 – 12 – 06. 虎嗅网 . http：//www. huxiu. com/article/7381/1. html.
④ 黄晓常 . 微信成功原因分析：懂产品　做微创新　执行力强 . 2012 – 04 – 01. http：// www. iceo. com. cn/guanli/111/2012/0401/245304. shtml.
⑤ "微信智慧生活"全行业解决方案正式发布 . 2014 – 08 – 29. 搜狐网 . http：// roll. sohu. com/20140829/n403887911. shtml.

方案将不断优化产品功能，增加公众平台在社交性、数据分析以及信息呈现方面的基础能力。

（2）O2O 流量新入口。微信通过丰富多样的开放接口功能及微信支付，连接线上、线下新闭环。微信支付成为微信商业闭环中的关键节点，帮助线下商户寻找到更多客户资源。

（3）大数据化。"大数据时代，数据为王。用户订单、产品销售量、备货库存量、供货补货、物流配送、会员信息、账户资金、付款金额等数据帮助商户减少人力投入，系统化的数据收集使商业活动得以更有效地运行，而用户的消费习惯和偏好、客户满意度等数据的收集能生成宝贵的商业动态趋势，帮助商户找到新的突破口和增长点。"①

（4）场景消费。如果说阿里抢占了"双十一"的场景消费，那么腾讯绝对是春节场景消费的最大赢家。线上优势和线下体验的有效整合和契合是关键，也是生命力。微信摇一摇就是希望能够借助于一些活动刺激线上和线下的贴合，进而刺激消费，引导用户参与进而把流量真正导入线下，微信礼券无疑是最好的选择。

（5）朋友圈信息流广告。依托微信红包、摇一摇、附近商户等全新的O2O 模式是微信商业化的重要环节，但基于微信产品本身的商业潜力的挖掘，也是微信团队考虑的重点。最终进入首批投放排期的品牌有 vivo、宝马、可口可乐三家。

"微信提供的闭环式移动互联网商业解决方案中，涉及的服务能力包括：移动电商入口、用户识别、数据分析、支付结算、客户关系维护、售后服务和维权、社交推广等。这也预示着微信进一步迈开商业化开放步伐，为合作伙伴提供连接能力，助推企业用户商业模式向移动互联网化转型。"②

五、国内外对比

（1）Facebook：商业模式方面，由于 Facebook 拥有强大的用户群以及每天新用户的增量，它比其他的社交网站更能吸引广告机会。因为 Facebook 能够深入地渗透到一系列微社区内，所以，如果一个地方的广告商想

---

① "微信智慧生活"全行业解决方案正式发布 . 2014 – 08 – 29. 搜狐网 . http：//roll. sohu. com/20140829/n403887911. shtml.

② "微信智慧生活"全行业解决方案正式发布 . 2014 – 08 – 29. 搜狐网 . http：//roll. sohu. com/20140829/n403887911. shtml.

定位一个特殊的大学校园，Facebook 是将广告信息传递给观众的最佳途径。

本地广告行为的 CPM 千人成本因为所具有的定位本质而受到广告商的高度重视，每日 65% 和每周 85% 的用户登录率保证了广告商能够非常有效地操作有时间导向的广告活动。

（2）Twitter：Twitter 也有着自己的强大优势，Twitter 为企业提供用户追踪服务，缩短了企业对客户需求的响应时间。这项客户服务使其无论是购买机票、电脑或咨询主机托管问题，不需要打电话给该品牌的在线客服人员，直接上 Twitter 就能找到。

Twitter 开发了"品牌频道"，企业可以在 Twitter 构建品牌页面，同时组建多种品牌小组，同一品牌的粉丝能够聚合在一起。而企业通过平台可以向用户发送各种新品、促销信息，Twitter 的即时性和分享性让一个消息可以迅速遍布有相同兴趣爱好的群体。甚至用户之间也会发生互动，他们可能把信息转发给其他好友。不少美国企业已经在采取这种方式，这种方式增加了公司品牌直接接触消费者的机会，有利于维护品牌认知和客户忠诚度。

另一方面，Twitter 营销的黄金法则就是要与你的客户建立对话。越是影响力大的 Twitter，其内容中与他人交流的比重越高。通过交流建立长期的互动关系，才能转化为市场回报。

同时，Twitter 允许个人用户通过在个人页面中插入广告获利，用户自主邀请广告主购买个人网页的广告位，双方协商投放时间和收取费用。Twitter 仅仅收取 5% 作为服务费。

（3）Instagram：Instagram 的广告从来都是以少而精著称，精挑细选出的合作品牌也都是在 Instagram 内最受欢迎的成员。这些品牌的图片广告都处理得十分出色，充满格调的构图和文艺的色调与平台用户所上传和关注的品牌契合度极高，因此不但不会被厌恶反而得到了用户的推崇。

（4）Pinterest：它生来"恋物"，通过瀑布流的模式呈现各类创意十足的图片，而不是像 Facebook 用户那样更喜欢分享家人、朋友的照片。在 Pinterest 中，用户乐于分享图片，而且是乐于分享产品图片。这一特性足以让它迅速成为广告商的新宠。

（5）Vine：Vine 的横空出世，掀起了"6 秒风暴"，它提供适合通过手机制作、观看的短视频。移动端的良好体验为它吸引了大量年轻用户和跃跃欲试的广告商。6 秒的广告省去了冗余的铺垫直指核心，在拥有更鲜明个性的同时也激发出更多创意。

六、总结与反思

微信的传播方式不同于传统媒体的"内容到渠道"的线性传播，也不是自媒体的"魅力人格到运营平台"的模式，而是"内容—渠道"之间的二元博弈。

当消费者的购物行为逐渐向碎片化时代的场景化、社交化转移，对购物体验的要求也越来越高。这种传播形态的传播速度是几何级的，比同期很多媒介产品的传播速度快和传播面广。在互联网时代，微信充分利用新媒体技术开发出具有适应当代媒体规律的产品，实现商业化的转型，最终达到推广微信品牌的目的。

2014 年，微信的三大商业化形态逐渐成形，集中于用户服务、电子商务和微信游戏三个方面。用户服务是连接企业和用户的渠道沟通服务，通过微信整合所有沟通渠道，用更为方便、更为快捷的方式加强与用户的联系。2014 年接入的微信支付是微信为电子商务和 O2O 走出的重要一步，同时也为线上、线下购物做好了准备。

Facebook：洗牌还是搅局？

Facebook 用户规模庞大，2014 年 Facebook 平台上每月活跃用户数达到了 13 亿人，每天被发送出去的消息数量高达 120 亿条。它总是给人们造成这样一种感觉，即所有人都在使用 Facebook，而 Facebook 正在改变人们的生活。

2014 年，Facebook 发生几个重大事件：收购跨平台移动通信应用 WhatsAPP、跨入医疗领域、沉浸式虚拟现实技术公司 Oculus VR 等。因为对行业发展和体验载体的影响巨大，本文中将重点介绍这三个事件的概况和影响。

一、总体概况和发展态势

1. Facebook 收购 WhatsAPP

2014 年 2 月 20 日，Facebook 宣布，公司将按照现金及股票方式，以 190 亿美元左右的价格收购移动 IM（即时通信）公司 WhatsAPP。Facebook 将为此交易支付 40 亿美元现金，以及价值 120 亿美元左右的股票，并同意后续向 WhatsAPP 创始人和员工额外提供 30 亿的限制股票。如果交易最终无法达成，则 Facebook 需向 WhatsAPP 支付"分手费"，其金额为 10 亿美元现金加价值 10 亿美元的股票。[1]

从功能上看，WhatsAPP 非常简洁，就是帮用户收发信息。相比于亚洲的聊天应用微信、Line、KakaoTalk 里的卡通聊天表情、游戏、社交圈分享等功能，WhatsAPP 一概没有。2014 年，WhatsAPP 月活跃用户 4.5 亿。产品收入来源为用户付费。每个用户首次下载免费，下载一次后可以免费用一年，此后每年需要付费 0.99 美元。

Facebook 收购 WhatsAPP 的原因：

（1）获取用户，虽然前者已然是全球最大的社交平台，并且拥有 Fa-

---

[1]　明轩. Facebook 收购 WhatsAPP 分手费高达 20 亿美元. 2014 – 02 – 20. http：//tech. qq. com/a/20140220/006215. html.

cebook Messenger 这款社交软件，但在 IM 软件快速发展的市场中，What-sAPP 依然垄断着欧美市场，自己做的机会不大。

（2）整合商业模式，用户群的导入后，Facebook 会开始寻找整个人群的细分点，事实上，Line、微信等模式中的免费使用、社交游戏收费的方式被证明是成功的案例，这样的商业模式变化可能会融合出新的空间。

（3）收购 WhatsAPP 有助于 Facebook 继续收编全球市场。目前，Facebook 用户已超过 10 亿，但扎克伯格一直的梦想是纳入全球用户，两款软件依然有不同的用户群，这也符合 Facebook 国际化的路线。

2. Facebook 将跟随苹果、谷歌的脚步跨入医疗领域

近年来，Facebook 的产品团队发现，患有慢性疾病（如糖尿病）的用户常常会在社交网站中寻求建议。此外，像 PatientsLikeMe 之类的以患者为服务对象的网站正呈现快速发展之势，这说明人们越来越乐意在网络上分享自己的症状及治疗经历。

与此同时，很多如运动手环等相关设备也会跟 Facebook 连接，这说明 Facebook 如果要进行健康方面的资料搜集，会有先天的优势。对医疗方面，Facebook 在进行相关的研发，初期目标是成立"支持社区"，将用户与各种疾病的症状连接在一起。

另一个研发方向是开发"疾病保健"的应用，让用户可以借由这个应用改善自己的生活方式。相对于传统的个人信息，Facebook 在医疗、健康方面的个人信息保密须更加小心，因为这方面的个人资料分享在各个国家都有严密的规定。目前消息源称，Facebook 打算使用"匿名"方式让用户分享医疗信息，甚至考虑不挂着 Facebook 的名号开发应用。

Facebook 已经可以将克服一种疾病、减肥、骨折或是拆除支架等信息加入"生活事件"中，这是"医疗和健康"栏目下的子栏目。但是，用户的更新信息仅提供了数量有限的健康信息。

3. Facebook 收购 Oculus，打造虚拟现实游戏平台

2014 年 3 月 25 日，Facebook 宣布以 20 亿美元收购虚拟现实技术公司 Oculus VR。收购协议包含了 4 亿美元的现金，以及价值 16 亿美元的 Facebook 普通股。另外，还包括价值 3 亿美元的盈利能力支付计划（Earn-out）。该交易在 2014 年第二季度完成。[1]

Oculus 是沉浸式虚拟现实技术领域中的领先厂商，已在开发者中建立起良好声誉，其虚拟现实头戴式显示器 Oculus Rift 的开发工具已收到超过

---

[1] Facebook 20 亿美元收购虚拟现实厂商 Oculus. 2014 - 03 - 26. 新浪科技. http：// tech. sina. com. cn/i/2014 - 03 - 26/06099271617. shtml.

7.5 万份订单。收购交易完成以后，Oculus 总部仍将设在美国加州欧文市，并继续开发其虚拟现实平台 Oculus Rift。

基于 Oculus 的技术和设备，Facebook 首先要做的是游戏。Facebook 将要做的，是帮助 Oculus 完善产品，发展他们的伙伴关系，以让 Oculus Rift 等设备支持更多的游戏，Oculus 的虚拟现实设备将会成为 Facebook 的下一个依托载体。

Facebook CEO 马克·扎克伯格（Mark Zuckerberg）在一份公告中表示："移动是当前的平台。目前，我们也开始为属于明天的平台做准备。Oculus 有机会开发有史以来最具社交性的平台，改变我们的工作、游戏和通信的方式。"

二、社会影响

1. Facebook 收购 WhatsAPP，加入通信应用市场抢夺、影响移动社交格局

Messenger 从 Facebook Chat 演变而来，许多的消息都不是即时消息，更像是非正式的电子邮件，可在后来进行答复。WhatsAPP 更像是手机短信，一种即时通信工具。世界需要上述两种服务，Facebook 将对两个服务继续进行投资。即时通信市场当前的竞争异常激烈。

目前，WhatsAPP 是该市场的龙头，虽然在一些市场，其他的即时通信服务市场份额更高，但是在绝大多数国家，WhatsAPP 是市场龙头。What-sAPP 专注于消息收发的速度和可靠性，该服务的速度超过了手机短信，这是他们的技术优势。

WhatsAPP 团队痴迷于完美的消息服务，这是正确的战略。随着时间的推移，用户将希望付费以使用最佳的即时通信服务。借助 WhatsAPP 的优势，Facebook 将在移动社交格局中占据重要位置，从而赢得通信应用市场。

2. Facebook 涉足医疗带来医学数据革命

随着用户人数的不断增加，Facebook 能真正给医学带来一个丰富的数据集。比如，内科医师甚至都不知道正常的、每分钟变化的血压应该是什么样的。这是一个重要的问题，因为成百上千万的美国人都患有高血压。

但是，如果研究人员哪怕只能接触到一小部分患有高血压的 Facebook 用户，推动他们参加追踪血压的研究，并通过数字传感器来追踪活动水平和心率等其他指标。这将为医学治疗提供丰富的资料。

Facebook 的网络效应拥有潜在的强大力量。Facebook 将对公共卫生造成影响，而这可能会是 Facebook 改变行业的最大机会，因为 Facebook 的所有 10 亿多名用户在他们的生命中总有生病的时候。

而且，正如 Facebook 网站上的"社交生物"所习惯去做的事情那样，他们会分享自己与疾病做斗争的经验，向他们的好友提问题，接受来自于外部人士的建议。通过 Facebook 的"扩音"作用，医疗保健专家能全年无休地交付有关流感疫苗、流行病的传播途径、基本的预防性护理等信息。

3. Facebook 收购 Oculus，再战虚拟现实游戏

Facebook 在网页游戏方面获得了巨大的成功，但在移动游戏方面却被苹果和谷歌的游戏平台限制，错失机会。而收购 Oculus 将有助于 Facebook 把握虚拟现实游戏发展的先机。

从长远角度看来，Facebook 绝不只是想要在虚拟现实游戏方面有所发展，很有可能涉及模仿虚拟的面对面交流。在网页端，Facebook 的游戏凭借其私人数据及发展机会吸引了大量的巨头开发商如 Zynga 参与进来。作为交换，开发商通过应用获得的收益也要分 Facebook 的 30%。

但是移动端大不相同，应用商店被苹果和谷歌掌控。Facebook 也尝试过发布 HTML5 游戏平台，不过结果并不如人意。最后，Facebook 沦落为纯粹的社交平台，提供账号登录、分享以及为游戏开发商打广告。

期间，Facebook 也购买了 Parse（一个应用开发工具，从开发用户到推广用户需要花几周时间，用了 Parse 则只需几小时），希望能吸引游戏开发商，但最后还是被苹果和谷歌稳稳抓住大权。现在，Facebook 收购了 Oculus，角色或许可以逆转，想要生产虚拟现实硬件的开发商不得不转向 Facebook。

4. Facebook 可以在全球增加更多用户

WhatsAPP 与 Facebook 的结合，将让其连接全球更多的用户。Facebook 正在成为一家移动公司，每月移动产品的用户人数达到 9.45 亿。WhatsAPP 的用户参与度很强，且保持着高速的增长。WhatsAPP 每天新增用户超过 100 万，WhatsAPP 用户将在未来五年内达到 10 亿人。

而 Facebook 进入医疗领域，用户为了获得医疗信息，进行医学交流，将更多地使用 Facebook，促进 Facebook 用户增加。在虚拟现实游戏把握先机的 Facebook 将会获得更多想体验虚拟现实游戏的用户，增加玩家，实现其他应用的共同繁荣。

三、学界与业界的评价

梅约医学中心（Mayo Clinic Center）的社交媒体主任李·艾斯（Lee

Aase）：与其他任何社交平台相比，Facebook 平台上的医院都要更多一些。医疗组织会利用这个平台来提高有关本地献血活动、心理卫生服务、免费疫苗、STD/HIV 测试或产前护理的认知度。①

医疗软件及服务提供商 Evolent Health 公司 CEO 弗兰克·威廉姆斯："我们可以预见 Facebook 的生活方式和健康应用会做得很出色，但是癌症患者可不会在这些应用上闲逛。人们需要匿名，以保障他们的数据和评论不会被分享给在线联系人、广告商，或者制药公司。"②

美国某基金创始人埃里克·杰克森（Eric Jackson）在 Twitter 上称，Line 未来上市的估值有传言称是 300 亿美元，以此为对比，Facebook 购买 WhatsAPP 的价钱其实并不贵。③

虎嗅网网络作者傅盛：随着 Instagram、WhatsAPP、Line 等社交项目纷纷崛起，微信在海外也做得不错，Snapchat 也在快速疯追，这个市场的变化速度非常快。而且，Facebook Messenger 虽然量很高，但是它在 Google Play 的评价却非常低。如果 Facebook 不去加强这一块，它所面临的威胁就会很大。毕竟社交市场远远不如搜索市场那么稳固，这样的话，Facebook 出于自身安全也必须做出这样的举措。④

四、新媒体之"新"

1. Facebook 2014 年移动端广告收入贡献大

Facebook 2014 年的发展新意主要表现在其盈利模式上。通过移动客户端广告收入，Facebook 2014 年第四季度营收 38.51 亿美元，相比去年同期增长 49%，羡煞不少国内同行。

Facebook 发布了截至 2014 年 12 月 31 日第四季度及全年财报。受益于移动端广告业务的大幅增长，Facebook 当季度收入超出华尔街分析师的平均预期。2014 年第四季度，公司该季度营收 38.51 亿美元，上年同期为 25.85 亿美元，同比增长 49%。其财报数据显示，Facebook 2014 年第四季

---

① 看来，Facebook 进军医疗这事儿是拦不住了？.2014 - 10 - 03. 虎嗅网 . http：// www. huxiu. com/article/43775/1. html.

② 掘金潮再起！Facebook 也要进军医疗健康领域了 .2014 - 10 - 04. 搜狐科技 . http：// it. sohu. com/20141004/n404851376. shtml.

③ Facebook 收购 WhatsAPP 将如何影响移动社交格局？.2014 - 02 - 20. 腾讯科技 . http：// tech. qq. com/a/20140220/018996. html.

④ 傅盛 . Facebook 疯了吗？我对 190 亿收购 WhatsAPP 的四点看法 .2014 - 02 - 20. http：// www. huxiu. com/article/28200/1. html.

度移动端广告收入超过 20 亿美元，贡献了总收入的 69%，该部分收入同比增长幅度达到 53%。①

2012 年智能手机兴起，2012 年 1 月开始，Facebook 信息流广告最先在 PC 端测试，后续逐渐延伸到移动端。自此改变了 Facebook 的整体广告收益和结构。由此，2014 年 Facebook 从移动互联网中尝到甜头，这主要表现在不断上涨的移动用户数据。根据 Facebook 的财务报表，2014 年第四季度的月活跃用户中，已经有多达 5.26 亿为纯移动用户。这一数字不仅高于上一季度的 4.56 亿人，较上年同期的 2.96 亿，更是实现了 78% 的增长。

另外，在 Facebook 13.9 亿的月活跃用户总量中，纯移动用户占比也高达 38%。此外，有第三方统计数据显示，Facebook 在 2014 年 12 月的平均日活跃用户为 8.9 亿，同比增长 18%，超过 80% 的用户是通过手机和平板电脑等移动设备访问该服务。

2. Facebook 研发领域投入大

Facebook 作为 SNS 巨头，一直处于社交平台发展的前列，其"新"还在于技术革新快，研发投入大。

Facebook 第四季度财报中，Facebook 在 2014 年第四季度的营收总计为 38.5 亿美元，超过彭博社调查的分析师平均预期（37.7 亿美元），同比增长 49%。另一方面，Facebook 第四季度支出飙涨 87%，达到 27.2 亿美元。在这些支出中，Facebook 研发支出增长 29%，销售和营销支出增长 16%。② 从这些数据中，Facebook 2014 年在技术方面进行自我革新的决心可见一斑。

另外，Facebook 也一直在寻求更进一步发展，继续挖掘视频、图片和文字等信息的潜在价值。与此同时，在语音领域，Facebook 也正通过交易来的 Wit.ai 公司技术进行改造，从而改善它的人工智能系统，希望在未来与世界分享这个系统。

正是 Facebook 坚持技术革新，并做得更好更人性化，才使用户得到更丰富的体验，实现其长久可持续的发展，保持其在社交媒体中的霸主地位。

---

① Facebook2014 年完美收官：移动广告助长营收．2015 - 01 - 29．腾讯科技．http：// tech.qq.com/a/20150129/026674.html.

② 营收增长放缓但不影响扎克伯格花钱的心情．2015 - 01 - 29．搜狐科技．http：// it.sohu.com/20150129/n408161761.shtml.

五、国内外对比

对比 Facebook 和人人移动端的发展，让 Facebook 摩拳擦掌多时的中国市场，一大帮移动社交的创业团队正在埋头苦干。当年头顶"中国的 Facebook"光环上市的人人（RENN. NYSE）市值一落再落，错失移动端机会。

作为首家上市的社交媒体平台，本有望实现扩张和增长的人人没有及时提供足够丰富多样的服务来留住用户，曾为业界公认的遗憾。

在微信这样的新通信应用出现的时候，人人没有及时做出自己的通信应用来，而当购物移动化的时候，人人也没有抓住这一趋势。据人人此前公布的截至 2014 年 9 月 30 日的 2014 财年第三季度未经审计财务报告显示，人人公司第三季度总净营收为 2 160 万美元，比上年同期下滑 47.4%；第三季度归属于人人公司的净利润 −3 810 万美元，与上年同期的 −2 470 万美元相比，亏损有所扩大。此外，2014 年 9 月，人人月度独立登录用户人数从 2013 年 9 月的约 5 000 万人减少至约 4 400 万人。①

Facebook 在紧追移动客户端发展，实现自身发展的新飞跃。这使国内社交网站需要获得启示并从中学习。在错失移动端良机的情况下，国内社交媒体平台如何弥补不足，显得至关重要。

对于移动端创业者而言，当下细分市场依然不小，音视频社交、匿名社交、涂鸦社交等差异化应用层出不穷，现在移动社交类创业都会选择去做很细分的东西。如何抓住当下的细分市场对于中国社交媒体平台来讲是新的机遇和挑战。

六、总结与反思

1. Facebook 进军医疗领域的反思

医疗保健行业的谨慎本质倾向于让 Facebook 网站上的医疗相关数据流变得非常不精密。到目前为止，Facebook 一直在很大程度上只作为一个廉价传播信息的平台。

Facebook 网站医疗传播流畅，是以假设 Facebook 上的数据可靠可信为前提，Facebook 将与科学家一起进行研究，以及人们将乐于共享个人医疗信息

---

① 人人公司公布 2014 年第三季度末未经审计财务报告 . 2014 – 11 – 21. 人人网 . http：//www. renren – inc. com/zh/news/143. html.

（很多人都担心 Facebook 或第三方不知如何使用他们的数据）为前提的。

但是从很大程度上来说，内科医师不愿通过 Facebook 及其他社交媒体平台来与病人进行互动，原因是对医患保密协议所带来的专业精神和法律责任等问题感到担心。

Facebook 这个常年因隐私问题遭受诟病的公司在进军医疗界前或许需要在这方面多加考虑。但目前，Facebook 的处理方式是在研发健康应用时尽量弱化其"Facebook 属性"，就像 Instagram 一样，让人以为这是一个新应用，不是 Facebook 的。另一种就是开始放松其"实名制"政策，因为涉及疾病的问题，人们更愿意匿名分享。

2. Facebook 收购 WhatsAPP 的反思

Facebook 收购 WhatsAPP 后，是否真的能和后者有效整合值得怀疑。科技媒体 GigaOm 举例称，AOL 曾经以 4 亿美元收购快速成长的即时通信应用 ICQ，但 AOL 在和原有的即时通信产品整合上，并没有发挥出 ICQ 的价值。而曾经买下了 Skype 的 eBay 同样也以整合失败告终。

如果 Facebook 对 WhatsAPP 的升值作用未能发挥，而仅仅是收编了一个极具威胁的竞争对手，那么移动通信应用市场的格局或许并不会发生较大变化。

Line：强势成长的日系小清新

2014 年 4 月 2 日，日本免费通话及移动消息应用 Line 在其公司官网上宣布：Line 的用户数量已经突破了 4 亿大关，单日发送消息总数创下了 100 亿条的新纪录。以下本文将介绍 Line 这款即时通信应用的发展概况和基本特点。①

一、总体概况与发展态势

Line 是由韩国互联网集团 NHN 的日本子公司 NHN Japan 推出的一款通信应用。Line 起步较晚，2011 年 6 月才正式推向市场，在日本诞生。很快 Line 在日本及东南亚等地发展得风生水起：推出了 Line Card 等系列应用，正式发布 LineGame，推出多款手机游戏，在不同国家建立本地化的明星、企业官方账号。

其中，中国台湾地区就是一个典型代表，可以说台湾的手机即时通信社交软件市场已经被 Line 占据大半壁江山。2012 年 12 月 12 日，Line 正式登陆中国大陆市场，2012 年底 Line 与 360 达成代理合作之时才真正进入中国大陆用户的视野。

2014 年 4 月 2 日，Line 在其公司官网上宣布：Line 的用户数量已经突破了 4 亿大关。Line 制作了一张全球用户数量增长曲线图，这张图表显示：Line 的用户数量从 3 亿（2013 年 11 月 25 日）增长到 4 亿只用了 4 个月多一点的时间，和从 2 亿（2013 年 7 月 21 日）增长到 3 亿所用的时间基本持平，增长势头依然强劲。

Line 还宣布其单日发送消息总数在 2014 年 3 月 21 日创下了 100 亿条的新纪录。而进入 2014 年以来，Line 的单日表情贴图消息总数和电话对讲次数也分别创下了 18 亿条和 1 200 万次的新纪录。

截至 2014 年 4 月，作为 Line 发源地的日本市场，当然是 Line 用户数

---

① LINE 用户数破 4 亿大关 4 个月增 1 亿 . 2014 - 04 - 02. 搜狐科技 . http：//it. sohu. com/20140402/n397655905. shtml.

量最多的市场，目前大约拥有 5 000 万用户，而泰国和印度尼西亚则是位居日本之后的第二和第三大市场，在这两个国家，Line 的用户数量分别达到 2 400 万和 2 000 万，与此同时，在印度市场的用户数量也达到了 1 800万。①

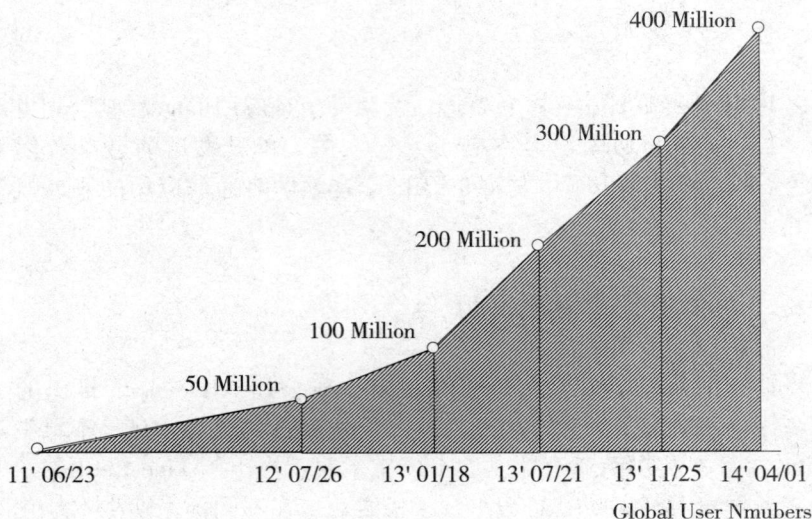

Line 全球用户数量增长曲线图

不过，媒体此前报道，Line 计算用户数量的方法可能存在一些问题，因为 Line 会将同一账号用户在多种设备上登录的不同次数看作是不同用户登录，因而计算成不同的用户数量，另外，Line 也一直没有提供该应用活跃用户数量相关的数据，因此，业界很难将 Line 与 WhatsAPP（每月活跃用户数量达 4.65 亿）进行比较。

Line 尽管仍是一款免费应用，不过该应用仍通过内容驱动方式来创收。整个 2013 年，Line 创收约 3 430 亿日元（约合 3.38 亿美元），其中游戏内购物业务的营收所占比例约为 60%，而来自图文信息的营收所占比例约为 20%，另外，来自官方账号和赞助商图文信息内容也贡献了营收。

Line 首席执行官森川亮（Akira Morikawa）此前声称，该公司 2014 年的一大目标就是让用户数量突破 5 亿，从目前的势头来看，Line 正在实现

① LINE 用户数破 4 亿大关 4 个月增 1 亿. 2014 - 04 - 02. 搜狐科技. http：// it. sohu. com/ 20140402/ n397655905. shtml.

这一目标的道路上高歌猛进。

Line 的功能特点：①在开通数据流量或连接 WiFi 条件下，可随时随地免费通话；②可以使用自带的贴图，表情符号，更换背景，发送更加可爱的消息；③可以随时随地使用免费短信，还可以在群聊中发送图片、地图等。

二、社会影响

在全球收获 4.5 亿注册用户；通过销售"表情包"开拓了属于自己的商业和盈利模式；通过游戏在 2014 年第一季度获得约 8 580 万美元的收入（该季度的总营收为 146 亿日元/1.43 亿美元，游戏占据了其中约 60%），Line 已经建成一套包括即时通信、相机工具、游戏、甚至电商商城等 APP 组成的应用群。Line 带来的社会影响在于，它是积极的生态圈实验者，打造了自己的 IM 生态圈。①

1. 围绕 IM 应用 Line 建成的"Line 家族"

Line 家族共有 63 款应用，总下载量已经达到 10 亿次。其中 13 款应用的单独下载量突破了 1 000 万次。以"APP 家族"为核心战略的 Line，涵盖了通信、数字内容、游戏、工具和媒体及其他类别需求，其作用已经远超即时通信，但其家族中的每一个 APP 也紧紧围绕着即时通信 APP 展开，Line 的社交性让用户更容易把 Line 家族的其他应用介绍给朋友。

2. 创建自己的表情工厂

Line 并没有满足于贴纸业务带来的每月超过千万美元的稳定收入。相反，Line 在拉拢设计资源方面一直有积极动作。比如，Line 在 2014 年 2 月份于印尼、日本以及泰国等国家和中国台湾地区推出了 Line Creators Market 的表情平台，允许用户上传并出售原创表情贴纸。

3. 建立全球化游戏平台

游戏方面，Line 展示出自己正逐渐变为"全球化游戏平台"。最近，Line 还砍掉了近 1/3 的游戏项目，以便聚焦到更受欢迎的作品上。2014 年 3 月，Line 宣布其旗下游戏下载量已突破 3 亿次。

4. 创建电商平台

Line 在电商方面的动作可以分为移动 IM 内和独立 APP "Line Mall" 两种。

IM 应用内：从去年起，Line 就开始在"Line Secret Sale"的账号在限

---

① 打造 IM 生态圈：Line 过去 3 年都做了什么？.2014－06－27.东方财富网.http：//finance. eastmoney. com/news/1682，20140627396391688. html.

定区域举办限时抢购的线上活动，另外 Line 还利用官方账号销售一些商品。比如和 Samantha Thavasa 合作销售限量手提包。

Line Mall：2013 年 12 月，Line 正式推出旗下一个融合了 B2C 和 C2C 业务的移动电商应用 Line Mall（目前仅在日本 Google Play 应用商店上线）。任何人在任何时间和地点都可以成为买家或卖家。对于想要在 Line Mall 上销售商品的卖家而言，仅需要简单的三步就可以免费将商品提交出去，即上传商品图片、写下商品信息后提交给后台，Line 会在审核后进行发布。如果交易成功，Line 公司会从每笔交易中收取 10% 的交易费。不光如此，Line Mall 中融入了积分系统，购买成功后，买家均会获得价值 1 日元的积分，可用于兑换成以后的折扣。

5. 推行虚拟货币 "LineFreeCoin"

LineFreeCoin 是 Line 推行的虚拟货币系统，从 2014 年 4 月起已经覆盖到全球 155 个国家和地区的积分墙推广服务（只支持 Android）。Line-FreeCoin 先前主要被用于激励用户 "安装由 Line 推荐的特定 APP" ——用户安装后即可获得一定数量的 LineFreeCoin，这些虚拟货币可以用来购买 Line 贴纸或其他虚拟物品（更容易获得的贴纸或其他虚拟物品），既能提高用户对 Line 的黏度，又可以提高用户通过 Line 下载 APP 的频度，让 Line 对合作商户的吸引力更强、商业价值更高（可以获得更多的平台管理费）。

6. 面向企业/品牌的 Line

Line 有价格高昂的面向企业的服务，比如日本的企业每年须缴费 25 000 美元才能使用 Line 的官方账号，这些官方账号过去只能群发信息给关注企业品牌公众账号的用户。然而在平台做大后，Line 吸引了越来越多品牌的注意。

三、学界与业界的评价

《IT 时代周刊》宋艳泓："一直以来，吃惯了免费午餐的中国消费者早就被'宠坏'了，即便是巨无霸微信，也只是通过广告平台、微信小店这样的模式来盈利，而不敢从用户荷包里'掏钱'。反观 Line，其大部分收入都来源于用户的钱包，这并不符合'中国国情'。"[①]

《通信信息报》周霞："Line 要想在中国市场闯出一片天地，则需要打

---

① 宋滟泓. 韩国 Line 高调造势借中国市场向华尔街讲故事. IT 时代周刊，2014（13）.

磨不同于微信的功能。正如其已有的免费电话、更高质量的视频，以及多样的贴图表情和丰富的手机游戏。此外，寻求中国互联网巨头的合作也是Line在中国市场站稳脚跟的一种手段。"①

东方财富网："致力于把所有服务集中到自己身上——至少Line让我们看到了围绕移动IM建起的生态圈还可以是什么模样。"②

四、新媒体之"新"

本文对Line在发展过程中的"新"意进行了总结，主要体现在产品技术、盈利模式和文化价值上。

1. 技术革新

Line的产品采用的是矩阵式的集群战术，既不同于WhatsAPP的单一简洁，又与微信庞大混杂的平台式风格迥异。Line迅速发展的同时，周边衍生产品也快速蔓延，但并没有像微信那样掺杂在一个平台，而是独立运行的产品。

目前Line的功能包括免费通话、免费短信、全天候在线、丰富的贴图和表情、更换背景、群聊。周边应用包括Line Card贺卡，Line Camera相机和图片美化应用，Line游戏Line Birzzle，Line Channel开放平台，Line Brush绘画应用，Line PLAY地理位置和兴趣的群组社交应用，Line Bubble、Line IceQpick、Line ZOOKEEPER三款社交游戏，Line Antivirus防病毒应用，Line BAND私密社交圈应用，Line天气发布，Line Manga漫画阅读应用等数十款应用。

目前包括Line Camera在内的多款应用已经超过千万级用户。正如Line大中华区事业部部长李仁植（Frank Lee）说的那样："Line希望把选择权交给了用户。"

2. 盈利模式

Line的商业模式中，通过特有的表情贴纸收钱是最直接的变现方式。用户在使用Line进行聊天的时候，每六句中有一句表情贴纸。在2014年，Line的表情贴纸收入已经每月超过1 000万美元，并且这块收入还在持续增长。

同时，在Line应用上，开放了针对企业和明星的官方账号和广告，与微信的公众账号类似。但是与微信的公众平台免费、开放的状态截然不同

---

① 周霞.社交应用LINE袭来折射国内移动IM同质困境.通信信息报，2014 - 03 - 12.

② 打造IM生态圈：Line过去3年都做了什么？.东方财富网.2014 - 06 - 27. http：//finance. eastmoney. com/news/1682，20140627396391688. html.

的是，Line 对这块账号实行的是严格审核和苛刻管理。官方的原则是"通过设立一定的门槛，可以保证官方账号的可靠性，防止诈欺事件的发生"。

比如在中国，注册一个 Line 的官方账号需要交纳近 200 万人民币（30万美元）。每一家企业只能注册一个官方账号，而且必须通过 Line 的审核和认证。这注定只是像可口可乐这种大企业们的游戏。不过随着国内用户无法访问服务器，这块业务的恢复遥不可及。

除此之外，游戏业务的迅猛增长，成为 Line 的核心收入，占比超过50%。作为营收的主要来源，Line 2014 年新上线的游戏如 Line Cookie Run、Line Rangers、Line Disney Tsum Tsum 等在用户数量和营收方面都有着很好的表现。除此之外，Line 也在积极拓展国际营收来源。

3. 文化价值

以表情贴纸迅速出位的 Line 诞生在日本这个素以萌漫文化著称的国家似乎是顺理成章、毫不意外。萌文化，最早起源于日本并传输到海外。日本是个漫画强国，漫画业历史悠久，从 12 世纪就开始萌芽并发展起来。

据日本三菱研究所的调查，日本有 87% 的人喜欢漫画，有 84% 的人拥有与漫画人物形象相关的物品。日本全国共有数百家优质的动漫制作公司，拥有一批国际顶尖级的漫画大师。

随着移动互联网的普及和发展，漫画传播途径和手段的便捷和优化，日本动漫文化进一步发展壮大，使日本动漫作品在文化市场上的影响越来越大，这种影响自然蔓延到互联网和移动互联网领域，并风靡全球。Line 正是诞生在这个环境中。与日本文化有紧密联系的韩国，也诞生了如 Kakaotalk 这样的萌漫社交应用。

五、国内外对比

在国内外诸多社交产品中，中国的微信（WeChat）、美国的 WhatsAPP、日本的 Line 都是典型代表，它们已经成为全球互联网移动端社交的三极。从表面上看，社交产品大同小异，免费信息、语音、LBS 社交、通讯录关联等，但是在这表面的背后，却存在着产品思维、商业模式、社会文化方面的巨大差异。以下列出中国微信的基本发展状况与 Line 做比较。

1. 商业模式

（1）微信：四处出击，急于变现。

腾讯一直靠着 QQ 和游戏两大块业务不断变现，保持着每年业绩的增长和股价的攀升。到目前阶段，原有的业务增长空间有限，动力不足。微信就负起使腾讯集团国际化和移动化的重任。是否商业化或商业化到什么程度,很多事情已经不是微信这个事业部所能左右的了。

但是,过于庞大的微信已经远离了早期的好玩和有趣,朋友圈已经开放的广告信息流将会进一步降低微信的黏度和娱乐性。微信肩负着腾讯战略转型和全球化扩展的多重重任,进一步走向商业化已是必然,而功利和有趣总是发生冲突。公司的盈利压力,移动互联网的朝夕变幻等都将迫使整个微信不得不加速商业化。

(2)Line:遍地开花,成绩不俗。

Line的商业模式中,通过特有的表情贴纸收钱是最直接的变现方式。用户在使用Line进行聊天的时候,每六句中有一句表情贴纸。在2014年,Line的表情贴纸每月收入已经超过1 000万美元,并且这块收入还在持续增长。

同时,在Line应用上,开放了针对企业和明星的官方账号和广告也是重要的收入来源。Line对这块账号实行的是严格审核和苛刻管理,以保证官方账号的可靠性,防止欺诈事件的发生。

除此之外,游戏业务的迅猛增长,成为Line的核心收入,占比超过50%。另外,Line也在积极拓展国际营收来源。

2. 文化背景

(1)微信:大而全的文化。

大而全是国内包括互联网在内的各个领域重要的文化和基调之一。

一方面,和传统文化有关,从古到今,我们的文化里就崇拜大文化,大汉、大唐、大清,光是名字就透着这种心理上"大"的癖好。到了现在,机关、楼堂、馆所乃至企业、学校,无一不追求各种大。这种文化深深地影响着这片土地上的每一个人。

另一方面,做大与估值紧密相关,按照互联网上市公司的实际市值与投资行业规则,应用级公司估值一般在10亿美元规模,平台级企业(如奇虎360)会在100亿美元规模,而生态系统公司(如腾讯、阿里巴巴、亚马逊)会达到千亿美元规模,微信是这其中真正发展成为良性生态系统的极罕见的案例。

(2)Line:萌漫文化。

以表情贴纸迅速出位的Line诞生在日本这个素以萌漫文化著称的国家顺理成章。萌文化最早起源于日本并传输到海外。

据日本三菱研究所的调查,日本有87%的人喜欢漫画、有84%的人拥有与漫画人物形象相关的物品。随着移动互联网的普及和发展,漫画传播途径和手段的便捷和优化,日本动漫文化进一步的发展和壮大,使日本动漫作品在文化市场的影响越来越大,这种影响自然蔓延到互联网和移动互联网领域，并风靡全球，Line 正是诞生在这个环境中。

3．产品矩阵

（1）微信：大而全，巨无霸的平台。

微信发展到现在，已经成了一个集社交、电子商务、支付、O2O 等多种产品于一体的巨无霸产品。即时通信、朋友圈、群发助手、游戏中心、微信公众平台（订阅号、服务号、企业号）、微信支付等，按目前这个趋势，微信后续还会接入更多业务。

在腾讯的战略级部署上，微信充当了重量级的先锋队和排头兵，为腾讯在互联网多个重要领域赢得了合作和一席之地，可见其在互联网业内的分量。

（2）Line：个性鲜明，集群战术。

Line 的产品采用的是矩阵式的集群战术，与微信庞大混杂的平台式风格迥异。Line 迅速发展的同时，周边衍生产品也快速蔓延，但并没有像微信那样掺杂在一个平台，而是独立运行的产品。

目前 Line 包括免费通话、免费短信、全天候在线、丰富的贴图和表情、更换背景、群聊。周边应用包括 Line Card 贺卡、Line Camera 相机和图片美化应用、Line 游戏、LinePOP、Line Tools 、Line BAND 私密社交圈应用、Line 天气发布、Line Manga 漫画阅读应用等数十款应用。

六、总结与反思

不遗余力的商业化尝试让 Line 始终保持多线作战的习惯，日韩的互联网企业缺少开放平台的概念，将业务大包大揽控制在自己手里更符合资本方的期待。所以，Line 在产品下游表现出了强烈的"通吃"意愿。比如，Line 在日本还推出了名为 Line Fortune 的占卜应用，里面邀请了一些占卜师或星座写手，用户可以付费咨询个人问题，而 Line 则从中抽成。

Line 的目标是希望成为用户在移动互联网里的一站式服务供应商，当用户的时间分配不可能百分之百地留给社交时，Line 就顺着用户的行为模式延伸自己的触角，确保用户以 Line 为中心开展活动。

日本在文化输出上仍然表现出了强势的冲击力，包括 Line 在内的许多日本互联网产品独树一帜，在风格上与硅谷有着极大的差异。

对于 Line 而言，这是竞争力上的优势，同时也是机遇上的风险——过于浓烈的文化风格与平易的普适性是天平的两端，一旦取舍不当，很容易在全球用户市场顾此失彼。在全球市场，无论是 Line 还是微信，最终都要迎面撞上 10 亿级用户规模的 Facebook，到了那时，才是战争真正开始的时候。

> 电子商务类

电商与互联网巨头联姻潮

从淘宝到苏宁、京东，再到亚马逊，还有各个美妆网站、服装网站，电商行业已经基本覆盖了生活的方方面面。易观智库发布 2014 年度中国互联网产业核心数据盘点报告显示，2014 年中国网上零售市场交易规模达 28 637.2 亿元，增速为 45%，继续保持高增长的态势。

电商的飞速发展已然真正对传统零售产生巨大影响，互联网巨头与电商的合作也反映着商业格局的巨大变化。电商与网络巨头"联姻"，可谓 2014 年以来影响电商布局最重要一步。

一、总体概况与发展态势

京东的市值一度接近 300 亿美元，已经成为仅次于腾讯与百度的中国第三大上市互联网公司。在上市前夕，京东集团董事长刘强东向投资者承诺，未来 10 年京东将超过阿里。但京东的上市之路并不顺利，在 2014 年 2 月公开递交招股书时，资本市场并不很看好京东，估值也只有 150 亿美元。

2005 年起，腾讯就涉足电商领域。腾讯电商由两部分组成：C2C 领域的拍拍网，以及由国内大型 B2C 企业合作组成的"QQ 商城"。腾讯所投资的公司"易迅网"则作为基础服务提供商，既承担"QQ 网购"中 3C 等自营实物业务，也为其他合作伙伴提供仓储物流和供应链管理等基础服务。

腾讯的用户量是淘宝的几倍，然而根据艾瑞咨询集团等第三方公开数据，腾讯电商平台 2013 年销售额在 250 亿至 300 亿之间，在淘宝直逼 1 万亿交易额中占比不到十分之一。

来自市场研究机构易观智库的数据显示，2013 年第四季度，天猫以 49.7% 列于 B2C 市场第一位，京东的市场份额是 19%，腾讯电商仅占 7%。与此同时，截至 2013 年 9 月，腾讯 QQ 网购以及拍拍网亏损 7 100 万元，易迅亏损 4. 37 亿元。①

2014 年 3 月 10 日，腾讯与京东公布协议，腾讯以约 2. 15 亿美元入股京东，拿到京东 15% 左右的股权，腾讯可在京东上市时追加认购 5% 的股权。而京东将收购腾讯旗下 QQ 网购和拍拍网的全部权益、物流人员和资产，以及易迅网的少数股权和购买易迅网的剩余股权。与此同时，腾讯向京东提供微信和手机 QQ 客户端的一级入口位置及其他主要平台的支持。双方还将在在线支付服务方面进行合作。

二、社会影响

（1）对于电商来说，与互联网巨头的合作，有利于电商利用互联网巨头的"流量红利"完成对全国的渠道铺垫。例如京东有了腾讯的大量低线城市用户，布局将变得更加容易。

《经济日报》指出："腾讯入股的消息，也被市场认为是对京东 IPO 的一针'强心剂'。此前京东已经宣布赴美上市的计划。但来自多家投行的消息称，京东预路演遭遇冷场，在美国进行的多场与投资者见面沟通会没有取得预期效果，此时宣布与腾讯的合作，无疑有利于京东提高身价。"②

（2）互联网巨头利用电商完善了自己移动支付的布局。对于腾讯来讲，京东将把更多用户带进微信支付的门槛。同时，随着京东填补上了实物电商这个环节，腾讯基于移动互联网的电商布局已悄然完成。

（3）垂直电商会继续倒下一批。虎嗅网的电商"老兵斗牛士"发表评论说："预计明年会继续倒下一批低价高频的垂直电商，属于低价高频的垂直电商平台的窗口机会已经过去。特别是在阿里、京东上市后其对垂直电商的挤压效应会越来越明显。而移动互联网今年带来的新机会却没有几家垂直电商抓住，连京东这样的巨头都没好好把握，这在自有 APP 的推广里鲜有作为。"

（4）个性化电商开始崛起。电商与互联网巨头的联姻实际上就是电商的延伸，它解决的是电商的销售通路和服务体验问题。

"老兵斗牛士"认为："电商行业一类可以叫作体验式 O2O，这类行业集中在房产、家居、汽车等低频高价的行业，消费者的消费观念还没转过来，决策周期也很长，需要线下体验才能决策；第二类是天然 O2O，比如

---

①　腾讯巨资入股京东 巨头联姻改变电商格局. 经济日报，2014 – 03 – 18.

②　陈静. 腾讯 2. 15 亿美元入股京东 巨头联姻改变电商格局. 2014 – 03 – 18. http：//www. cet. com. cn/itpd/hlw/1137683. shtml.

餐饮等需要线下体验才能完成交易的行业，你不在线下无法完成交易环节。这两类 O2O 的本质就是服务电商，而无论是哪一类，都涉及个性化服务问题，而且往往是个性化程度越高的行业，越不容易被改造和模仿。"

三、学界与业界的评价

易观国际分析师吴晟："腾讯与京东合作是优势互补。京东缺现金、移动互联网入口、支付闭环，这些都是腾讯的强项。反过来，电商一直是腾讯的弱项，借助京东，腾讯补足了实物电商链条。"

"京东与腾讯结成'战略盟友'，无疑有共同对抗阿里之势。"中国电子商务研究中心网络零售部主任莫岱青认为，"微信支付＋京东"的模式，可以理解为另一个"支付宝钱包＋天猫"的组合，腾讯"电商生态圈"正在全面合拢，从 C2C、B2C、团购、生活服务、第三方支付、移动支付、移动电商、O2O 等各方面都有实力与阿里展开竞争。

同时还是中国电子商务研究中心高级分析师的莫岱青说："腾讯入股京东后，再次加速了国内 B2C 电商各梯队的分化。目前天猫、京东、腾讯位于第一梯队；苏宁易购、亚马逊中国、唯品会、1 号店为第二梯队；当当网、国美在线、凡客诚品则属于第三梯队，国内 B2C 市场格局日趋明显。"

DCCI 互联网研究院院长刘兴亮："经过这两年的强力洗牌，电商领域的格局已渐渐清晰，第一阵营阿里和腾讯对决，短时间内不会出现'第三者'，其他公司要做的只有'站队'，连刘强东这样一直奉行独身主义的彪悍人物也不得不做出选择。未来会有越来越多的公司走上'站队'这条路。"

四、新媒体之"新"

在中国互联网行业，百度、阿里和腾讯被称为三巨头。腾讯并不仅仅规模大、市值高、盈利能力强，更重要的是因为它实际上能接触到中国所有的互联网用户，也就是通常意义上说的，它都是流量的入口，显然腾讯此时放下身段与京东联姻是有一定的战略考虑的。

1. 内容整合

这种"联姻"使得双方都受益。"腾讯与其在一个没有竞争优势，无法差异化和规模化的电子商务市场中苦苦支持，还不如与京东商城这样已经差异化和正在走向规模化的企业合作，腾讯将 QQ 网购等并入京东，是腾讯的'减法'，也说明腾讯在电商领域做得并不成功。将自己的资源与其嫁接，助其更快地规模化，并从中获取自己作为独特资源提供者的利益。这么做也可以使腾讯专注于自己所擅长的领域，而不要在一个自己并不占据优势（实际上处于明显弱势）的领域牵扯太多的精力。电商公司找到了互联网巨头作为靠山，同时互联网巨头可以通过收购来更快地弥补自己的短项。"①

2. 资本整合

"对于迟迟没能找到最佳商业化路径的腾讯来说，借助京东的电商生态圈，通过社交和电商结合，可以看到清晰的盈利模式。腾讯趁京东上市之前火线入股，不仅给京东上市增添了筹码，而且这些投资很快就会有丰厚的回报。况且在联姻之后，腾讯的微信入口也将向京东开放，亦可获得可观的广告费回报。京东商城要想做大做强，就必须依赖于营业规模的不断提升，京东的单个用户的消费额虽然比较高，但是，开发新客户成本高则是京东的致命难题。京东与腾讯合作，可以很好地通过微信平台打开客户资源。"②

财经评论家张平说："京东与腾讯合作会有一个比较好的效果。但是鉴于微信平台的社交基因，以及腾讯并不打算让京东独占其电商平台，他们之间存在着一定的分歧，更何况京东业务要快速扩张离不开其物流的支持，显然就目前来看，京东自建物流的能力还远远达不到将触角伸向中国每一个地方。所以京东和腾讯联姻后能否达到双方满意的效果，难度是很高的，而且分歧也会加大。"

五、国内外对比

在国外，电商与网络巨头联姻也是常见的事情。2012 年，走秀网与 eBay 合作，建立新的二级域名 eBay. zouxiu. com，同年与韩国最大电商 Gmarket、美国潮流电商 KarmaLoo 等建立合作，并获得三个平台上的共 50 多家品牌商的授权。

2014 年，Coscto 借道天猫商城杀入中国市场，在此之前，梅西百货通过注资佳品网，曲线入华。外资百货与中国电商网站"联姻"的故事早就被讲过了。

---

① 腾讯京东合作会带来哪些影响？. 2014 - 03 - 10. 腾讯科技 . http：//tech. qq. com/a/20140310/009889. html.

② 腾讯 + 京东联姻背后透出啥玄机？. 2014 - 05 - 28. 中国电子商务研究中心 . http：//b2b. toocle. com/detail - - 6175131. html.

"具体的操作方式是这样的。eBay 的后台数据向走秀网开放，而走秀网再从中选取适合的部分商品上架，并设计 eBaystyle 频道 UI。消费者在该频道下单，订单同时发送到 eBay 仓储中心。"①

同时，走秀网向 eBay 买断商品，商品即从 eBay 仓储发送到走秀网北美仓储中，由走秀网北美仓储统一向国内发货，从下单到消费者拿到商品总耗时大概一周。假设消费者退货，商品则直接退到中国仓储，如果没有任何损坏，走秀网会做二次销售处理。

走秀网目前有 30% 的供货来自于海外电商平台，30% 来自品牌商直接授权，40% 通过经销商渠道。

六、总结与反思

电子商务的风起云涌让更多的传统企业涉足互联网。类似于淘宝商城的电商平台给了传统企业经营的新领域。互联网巨头和电商的联姻，让双方互惠互利。借助互联网巨头，电商可以省去更多用于产品营销的时间和精力，而互联网巨头背后的站长所带来的潜在流量价值是不可估量的。

京东集团 CEO 刘强东表示："通过此次与腾讯在移动端、流量、电商业务等方面的战略合作，京东将在互联网和移动端向更广泛的用户群体提供更高品质、更快乐的网购体验，同时迅速扩大京东自营和交易平台业务在移动互联网和互联网上的规模。"

腾讯总裁刘炽平表示："与京东的战略合作关系，不仅将扩大腾讯在快速增长的实物电商领域的影响力，同时也能够更好地发展我们的各项电子商务服务业务，如支付、公众账号和效果广告平台，为腾讯平台上的所有电商业务创造一个更繁荣的生态系统。"

在腾讯贡献的流量中，有很多来自小城市的用户，小城市订单量增速，远远超过一二线城市，除了流量贡献外，腾讯在帮助京东吸引新用户方面也有很大贡献。目前在转化率方面，微信和手机 QQ 转化率都还低于京东自有应用。在客单价方面，微信手机和 QQ 客单价低于手机京东客单价，而京东客单价则又低于 PC 网站。

微信的入口效应虽被业界看好，但现在微信平台在电商、O2O、支付等领域的尝试都没有取得太好的成绩。微信的流量和用户能为京东带来多

---

① 电子商务动态走秀网纪文泓：电商联姻外资不是最好方式 . 2014 – 11 – 09. 天涯博客. http：//blog. tianya. cn/m/post. jsp？postld =70991908.

大的增长目前还有很大的不确定性。

　　电商与社交惺惺相惜的原因不外乎是为了更好地盈利。无论是线上还是线下，商业都是最大规模的一块盈利市场，而社交是最活跃、最持久的资源战场。

Mt. Gox 破产：比特币的丧钟？

2014 年 2 月 28 日，位于日本东京的 Mt. Gox——世界上最大的比特币交易商宣布破产。这使其价格也普遍下跌 10% ~20%，严重影响全球比特币投资者的信心。在此之前，该比特币交易网站因为安全漏洞和软件故障屡次受到黑客攻击。

比特币可以用来兑现，可以兑换成大多数国家的货币。使用者可以用比特币购买一些虚拟物品，比如网络游戏当中的衣服、帽子、装备等，只要有人接受，也可以使用比特币购买现实生活当中的物品。比特币的确可以带来这些便利，但同时人们对其安全性和前景仍有疑虑。下面将针对比特币发展和此次 Mt. Gox 破产带来的影响进行多方面的分析。

一、总体概况与发展态势

1. 比特币的产生和发展

2008 年 11 月 1 日，一个自称中本聪（Satoshi Nakamoto）的网友，在一个隐秘的密码学邮件组中发表了《比特币：一种 P2P 的现金支付系统》一文，阐述了他对电子货币的新构想，破解了这个困扰密码学多年的难题。中本聪希望人们能够以电子方式安全地交易，而不需要第三方机构的参与。

2009 年 1 月 3 日，中本聪发布了比特币客户端的第一版，就此开启了比特币时代。

2009 年，比特币完成了作为货币的首次交易，当时的市场价只有 0.03 美元。随后，越来越多的人开始加入这一市场之中，比特币与现实世界货币的兑换汇率也水到渠成地建立起来。

最初的一年多时间里，比特币的市场行情一直维持在 0.1 美元之下，只是随着时间的推移缓慢上涨。2011 年 4 月份开始，比特币交易开始进入黄金时期，网上交易价值开始上升，价格稳定在 1 美元之上，并且开始了一波暴涨行情。2011 年 6 月初，比特币的价格在两个月之内暴涨 30 倍，达到阶段高点 31 美元之后，便是长达 5 个月的下跌行情，其价格跌回到 2 美元附近。

2011 年 11 月底，比特币开始触底回升。开始了长达一年多的大牛市，并在 2014 年 4 月达到最高潮。这期间，尤以今年三四月份的走势最让人惊心动魄。

2014 年 3 月 16 日，欧洲岛国塞浦路斯政府为获得欧盟的进一步援助，提议通过对每个银行存款账户征税筹集 58 亿欧元的法案。具体征税方案是 10 万欧元以上存款中超出 10 万欧元的部分，37.5% 被转为塞浦路斯银行的股权，22.5% 被冻结，剩下的 40% 被暂时冻结直至援助结束。

消息一出，塞浦路斯人纷纷涌向银行兑换。此时，他们再也不相信政府，开始对比特币这种没有中央政府控制、基于全球互联网体系运行的虚拟货币大感兴趣，于是在线交易比特币的软件下载量也开始飙升。

在巨大需求的推动下，比特币兑美元的价格开始飙升。3 月 16 日，比特币的价格是 47 美元，4 月 1 日便突破了 100 美元，4 月 9 日突破了 200 美元，在 4 月 10 日更是上升到 266 美元的历史新高，不到一个月暴涨近 6 倍。

4 月 10 日，比特币在达到 266 美元的高点之后，却又毫无征兆地在一天之内暴跌至 105 美元，其间的最低点甚至只有 50 美元。为了保护比特币价格免于崩盘，交易平台甚至宣布暂停交易 12 小时。

2. 世界最大规模的比特币交易所运营商 Mt. Gox 宣布破产

位于日本东京的 Mt. Gox 是世界上最大的比特币交易商，承担着超过 80% 的比特币交易量。在越来越多的人开始了解使用比特币的时候，Mt. Gox 的地位变得越来越重要。Mt. Gox 最初由 Jed McCaled 在 2010 年 7 月建立。黑客攻击和软件故障其实一直围绕着 Mt. Gox 的发展运营。

2014 年 2 月 7 日，位于日本、世界上最早创建的这个 Mt. Gox 比特币交易平台对外称，由于软件故障，暂停比特币提现。2 月 10 日，Mt. Gox 发布公告称恢复提取现金，但停止提取比特币。随后又公告称"比特币存在漏洞"，导致其提现出现双重交易，因此暂停了提取比特币。

从 2 月 20 日至 21 日，Mt. Gox 的比特币价格从 260 多美元，最低跌至 91 美元，后又回升至 140 美元左右。而其他的交易平台，比特币价格仍然在 500 多美元，但由于投资者信心受到影响，价格也普遍下跌 10% ~ 20%。[1]

---

① 全球最大比特币交易网站 Mt. Gox 破产. 2014 - 02 - 26. 网易数码. http://digi.163.com/14/0226/06/9M06KOTI001618H9.html.

2014 年 2 月 28 日，Mt. Gox 宣布，因交易平台的 85 万个比特币被盗一空，包括用户交易账号中约 75 万比特币，以及 Mt. Gox 自身账号中约 10 万比特币。根据 28 日的交易行情，损失估计约 4.67 亿美元。Mt. Gox 公司已经向日本东京地方法院申请破产保护。Mt. Gox 目前总资产为 38.4 亿日元（约合 3 760 万美元），而流动负债为 65 亿日元（约合 6 360 万美元）。①

二、社会影响

世界最大规模的比特币交易所运营商 Mt. Gox 宣布破产引起了比特币市场的震动。受 Mt. Gox 破产的影响，比特币的价格出现了较大波动，2014 年 2 月 25 日中国国内比特币的交易价格在 3 700 ~ 3 000 元人民币之间剧烈震荡。仅次于比特币，在全球流通市值第二的虚拟货币——莱特币，同日在中国的交易价格在 95 ~ 80 元人民币之间震荡。

但是除此之外，Mt. Gox 破产将会带来我们从价格浮动上看不见的社会影响：

（1）Mt. Gox 破产，是中国比特币交易平台 BTC China、OKcoin 等借势拓展海外交易和市场的好机会；

（2）解决比特币和交易平台的技术漏洞，完善存储安全、资金储备、交易服务和落实信用，是满足用户基本安全、稳定感的好机会；

（3）因为危机，比特币行业几大交易平台更加密切沟通、完善行业协作机制，有利于健全比特币交易市场；

（4）全球比特币交易价格震荡，甚至包括莱特币持有者信心下降，也是对虚拟货币的发展坚定不移或者具有强烈信心的买家抄底的好机会；

（5）这是一次少了忽悠、多了警示的比特币等虚拟货币知识在全球超出以往范围普及教育的机会，会有更多人知道比特币。

三、学界与业界的评价

斯坦福大学商学院（Stanford Graduate School of Business）经济学教授苏珊·阿西（Susan Athey）评论："我认为这种投资不适合小投资者，就好比投资硅谷初创企业不适合小投资者一样。"②

---

① 85 万个比特币被盗走 全球最大比特币交易所血本无归. 2014 – 03 – 01. 新浪财经. http：//finance. sina. com. cn/money/forex/bitcoin/20140301/143518375304. shtml.

② 比特币的风险与诱惑. 2014 – 02 – 27. FT 中文网. http：//www. ftchinese. com/story/001054992.

中国人民大学经济学院副教授程华评论："现实世界对货币的需求是多元的，而非单一的。比特币等类似的'货币'是在市场中自下而上产生的，是契合人们在现实当中的需求的，具有存在的价值。当然所有的信用货币都存在自己特有的风险，如何在现实世界建立普遍的共识信赖，将是比特币未来面临的关键问题。"①

美国耶鲁大学教授、诺贝尔经济学奖得主罗伯特·席勒（Robert Shiller）："不幸的是，比特币与生俱来隐含着不稳定的因素——由于这种电子货币的价格大幅波动，很多人从一开始就抱着一夜暴富的心理参与进来。比特币的币值不稳非但不是一种成功，反而是一种失败。这意味着任何使用比特币的企业都可能因为它（或它的竞争对手）的大幅波动而出现资产的剧烈增值或贬值。但如果你回顾这种电子货币的发展，或许会发现，比特币从一开始就找错了方向，在各种经典货币职能中选择了两种不该选择的职能——交易媒介和保值手段。"②

专注于互联网法律的马里兰大学教授（James Grimmelmann）评论："与美国银行账户不同，比特币存储没有政府支持的保险。在我看来，最难克服的概念障碍是：比特币是财产。如果你吸收公众资金并放到一个你宣称安全的地方，财产法适用于这样的法律纠纷。"③

盘古智库学术委员程实："比特币突然出现和快速崛起的真正意义，并不是取代美元，更不是大赚美元，而是让人们在危机混乱中看清国际货币体系改革的方向：加强货币发行的内在约束、削弱霸权货币的体系影响、尊重微观群体的货币权力、满足信息时代的货币需求、体现平等多元的货币精神。也正是因为如此，比特币就像一个从未来穿越到现在的精灵，它本身无力取代现在的货币，但它带来的思想光明有助于世人走出信用货币体系的混乱和黑暗。"④

Top Of Mind 的编辑（Allison Nathan）评价："一些最热情的追随者抓住的是比特币的意识形态，它可以逃离各国央行控制，作为新货币可以不受央行或者政府控制。另一方面，很多人则对其作为货币的波动性有很大

① 2014 年比特币发展前景分析 . 2014－06－06. 中国报告大厅 . http：//www. chinabgao. com/freereport/61534. html.

② 诺奖得主席勒：比特币从一开始就找错了方向 . 2014－03－03. 新浪科技 . http：//finance. sina. com. cn/money/forex/20140303/163118388644. shtml.

③ 专家警告 Mt. Gox 比特币投资人或血本无归 . 2014－02－27. 新浪财经，http：//finance. sina. com. cn/money/forex/bitcoin/20140227/194918356819. shtml.

④ 比特币留下了宝贵的货币改革思想遗产 . 2014－02－28. 新浪财经 . http：//finance. sina. com. cn/money/forex/20140228/014618359083. shtml.

怀疑。"①

四、新媒体之"新"

比特币拥有其他货币所不具备的技术优势和盈利模式，这成为比特币所谓的"新意"，一经面世就获得人们的追捧。

比特币的本质其实就是一堆复杂算法所生成的特解。特解是指方程组所能得到无限个（其实比特币是有限个）解中的一组。与大多数货币不同，比特币不依靠特定货币机构发行，它依据特定算法，通过大量的计算产生，比特币经济使用整个 P2P 网络中众多节点构成的分布式数据库来确认并记录所有的交易行为，并使用密码学的设计来确保货币流通各个环节的安全性。

P2P 的去中心化特性与算法本身可以确保无法通过大量制造比特币来人为操控币值。基于密码学的设计可以使比特币只能被真实的拥有者转移或支付。这同样确保了货币所有权与流通交易的匿名性。比特币与其他虚拟货币最大的不同，是其总数量非常有限，具有极强的稀缺性。该货币系统曾在 4 年内总数不超过 1 050 万个，之后的总数量将被永久限制在 2 100万个。

用户可以买到比特币，同时还可以使用计算机依照算法进行大量的运算来"开采"比特币。用户"开采"比特币时，需要用电脑搜寻 64 位的数字就行，然后通过反复解密与其他淘金者相互竞争，为比特币网络提供所需的数字，如果用户的电脑成功地创造出一组数字，那么将会获得 25 个比特币。

由于比特币系统采用了分散化编程，所以在每 10 分钟内只能获得 25个比特币，而到 2140 年，流通的比特币上限将会达到 2 100 万。换句话说，比特币系统是能够实现自给自足的，通过编码来抵御通胀，并防止他人对这些代码进行破坏。

这些技术特点使比特币拥有令人难以拒绝的优势：

（1）去中心化：比特币是第一种分布式的虚拟货币，整个网络由用户构成，没有中央银行。去中心化是比特币安全与自由的保证。

（2）全世界流通：比特币可以在任意一台接入互联网的电脑上管理。不管身处何方，任何人都可以挖掘、购买、出售或收取比特币。

---

① 高盛．比特币是技术创新但不会成为货币．2014 – 03 – 13．新浪财经．http：//finance. sina. com. cn/money/nmetal/20140313/151718499247. shtml.

（3）专属所有权：操控比特币需要私钥，它可以被隔离保存在任何存储介质。除了用户自己之外无人可以获取。

（4）低交易费用：可以免费汇出比特币，但最终对每笔交易将收取约1比特分的交易费以确保交易更快执行。

（5）无隐藏成本：作为由 A 到 B 的支付手段，比特币没有烦琐的额度与手续限制。知道对方的比特币地址就可以进行支付。

五、国内外对比

2014 年比特币市场的行情乱局波及中国的同时，也引起国内对于比特币市场发展的思考。比特币虽然具有完全去中心化、匿名、免税免监管、跨境等优点，但是最大规模的比特币交易所运营商 Mt. Gox 破产将比特币的危机完全暴露，而这些危机对于中国比特币市场更好地面对未来的困难具有启示意义。

对比国外对于比特币的狂热投资，中国比特币发展情况如下：

Mt. Gox 破产后，中国对于比特币的使用进行限制。

2014 年 4 月以来，多家银行均停止了各自账户的比特币交易。同时停止了交易资金充值及提现。4 月 24 日，支付宝在其官方网站上发布了《禁止将我公司服务用于比特币的交易的声明》，公告同时强调，从未向任何第三方提供比特币登记、交易、清算、结算等服务，还提示用户"注意比特币交易中的风险"。①

在一系列的规定落实后，比特币在中国的发展空间着实有限。在面临资金链被全面切断的危境下，2014 年 5 月已有几家较小的比特币平台关闭。5 月 6 日，比特币中国、火币网、OKcoin 等 5 家比特币交易平台联合发表自律声明，寻求监管与发展空间。

缺乏监管的状态是比特币与生俱来的最大问题。在比特币社区内，监管仍是一个有争议的话题，究竟能否达成一致依然难以确定。但在中国，比特币的发展必须要加强监管，审慎投资。

六、总结与反思

比特币近年来出尽风头，身价不断上升，很多人参与比特币的"挖

---

① 比特币监管正当时. 2014 – 06 – 04. 新浪财经. http：//finance. sina. com. cn/leadership/mroll/20140604/103919310047. shtml.

矿"，热情不减，然而伴随比特币的质疑也此起彼伏。此次事件，或许能让更多人冷静地思考中国比特币市场建设该如何更健康、更完善。

首先，建设安全的交易平台。行业应该加强行业内部的自律，提高社会责任和风险防范意识，维护良好的信用形象，认真履行交易中介的职责和义务；完善行业协作机制，以 Mt. Gox 事件为契机加强平台间的深度合作，促进行业内发展环境优化，促使虚拟货币交易市场更加安全稳定以及开放，创建良好的投资环境。

同时增强网络安全意识，实时监控和评估系统运行情况，及时修补安全漏洞，加大平台软硬件设施建设，定期进行安全测评和漏洞扫描，同时建立完整的信息安全策略，严格平台的运维管理，建设优质的信息安全队伍，安全存储用户数据，交易平台、电子钱包服务和支付平台之间应互通联合，可高门槛引入第三方对虚拟货币资产进行代管，由托管方不定期地进行审核。

其次，建立发展监管部门。虚拟货币的业务边界、操作模式等在不断变化和创新，应转变监管部门的监管理念，积极掌握其发展动态，随时根据现状调整监管策略，进一步发展相关部门的跟踪研究；对社会公众加强货币知识的普及、宣传及引导；央行等金融监管部门应鼓励交易平台设立行业联盟；虚拟货币的优势使其存在掩盖非法交易以及洗钱的风险，将交易平台纳入反洗钱体系的同时应不定期对其在客户身份识别、可疑交易报告等方面进行审计。

最后，大众投资者理性投资。对比真实货币，比特币等虚拟货币的稳定性和安全性远远不够，投资者应深入了解风险，从而进行理性投资；关注经济形势的发展变化，积极寻找其他投资渠道从而避免单一投资。

数字时代消费："双十一"，不仅仅是狂欢

"双十一"期间，电商惊人的销售额节节攀升，电商们喜笑颜开。接连几年"双十一"都成了"购物狂欢节"。2014 年"双十一"如约而至，火爆程度再次超出许多人的预期。11 日凌晨才过 6 分钟，天猫"双十一"销售额就突破 10 亿元。截至 24 点，天猫"双十一"销售额突破 350.19 亿元。社会舆论一方面惊叹着惊人的交易额，另一方面又不忘提醒网民们理性消费。

一、总体概况与发展态势

11 月 11 日不过是一个普普通通的日子，由于其日期特殊，被网友戏称为"光棍节"。2009 年起，淘宝商城开始在 11 月 11 日举办大型促销活动。其目的是看看网上的促销活动对消费者是否有吸引力，也是让一个"戏谑"的日子成为淘宝自己的节日，让消费者记住淘宝商城。在 2012 年后"双十一"逐渐成了一个标志性节点，成为中国互联网最大规模的商业活动。

阿里巴巴集团控股有限公司在 2011 年 11 月 1 日向国家商标局提出了"双十一"商标注册申请，2012 年 12 月 28 日取得该商标的专用权，2014 年 10 月末，阿里发出通告函，称阿里集团已经取得了"双十一"注册商标。

在 2014 年，"截至 11 月 12 日零点，经过网民 24 小时的疯狂扫货，天猫'双十一'交易额突破 571 亿元，其中移动交易额达到 243 亿元，物流订单达 2.78 亿，总共有 217 个国家和地区被点亮。新的网上零售交易纪录诞生。移动端的增长势头是 2014 年'双十一'数据的最大亮点：'双十一'全天的移动端成交数字，定格在 243 亿。这一数字是 2013 年'双十一'53.5 亿的 4.5 倍，占到总成交量的 40% 以上。而在往年，这一数据只占到 20% 左右。此前公布的阿里巴巴财报也显示，2014 年第三季度，阿里巴巴移动端交易额高达 1 990.54 亿元，占整体交易额的 35.8%，成为全球

最大的移动电商平台"①。

同时，2014 年的"双十一"还鼓励海外购物者消费。支付宝与各国的支付机构展开了合作，接入本地支付渠道，建立了一套适合国外环境的支付体系。比如在巴西与当地普及的支付方式 Boleto 开展合作，在俄罗斯接入了 Webmoney 和 Qiwi wallet，试图搭建起一张全球化的资金网络。

据统计，"截至 11 月 12 日零点，全球有 217 个国家和地区实现有订单成交。其中，占据成交额前十位的国家和地区分别是：中国香港、俄罗斯、美国、中国台湾、澳大利亚、新加坡、加拿大、澳门、巴西、西班牙"②。

二、社会影响

11 月 11 日不再是一个单纯的电商的节日，而成为消费者的一个狂欢节，"双十一"的交易总额纪录不断刷新。

2009 年，淘宝商城第一次"双十一"一共只有 27 个品牌参加，销售额为 5 200 万元。

2010 年，这个数字提高到 9.36 亿元。

2011 年，淘宝商城与淘宝网联合促销，"双十一"的销售额跃升到 33.6 亿元。

2012 年，"双十一"当日支付宝交易额实现飞速增长，达到 191 亿元，其中天猫商城 132 亿元，淘宝 59 亿元。

2013 年，天猫商城、淘宝网、苏宁易购、京东、聚美优品、当当网、亚马逊、凡客诚品、国美在线等电商平台也打出"双十一"的旗号，另外，一些传统商城也加入"双十一"。其中，淘宝"双十一"总交易额 350.19 亿。

2014 年，"双十一"的零点钟声刚敲响，"剁手党"们便开始在网购商城掀起腥风血雨。3 分钟，天猫购物狂欢节总成交额超 10 亿元；5 分 17 秒，总成交额超 20 亿元；14 分钟，总成交额超 50 亿元；38 分钟即突破 100 亿大关。令人关注的是，阿里移动客户端成交额 75 秒内破亿，创全球新纪录，而截至当晚 1 点的数据，无线成交占比 45.5%，几乎占了总成交

① 天猫"双十一"移动端成交达 243 亿元 移动电商趋势确立. 2014 – 11 – 12. 光明网. http://it.gmw.cn/2014 –11/12/content_ 13808753.html.
② 2014 年天猫双十一成交总额 571 亿 点亮 217 个国家. 2014 – 11 – 12. 观察者. http://m.guamcha.cn/economy/2014 – 11 – 12.285445.Shtml.

额的一半。

1. 培养消费者对电商的依赖，冲击传统商城销售

"双十一"的狂欢，带动着人们去网上消费，也悄然改变着中国人的消费习惯。"艾瑞数据显示，2009 年中国网络购物市场规模不到 2 500 亿元。到了 2013 年，这一金额增至 1.85 万亿元，是 2009 年的 7.4 倍。国家统计局数据显示，在此期间，社会消费品零售总额增长不到 1.8 倍。快慢不均之下，今年二季度，网络购物在社会消费品零售总额中的占比首次单季度突破 10%。"①

现在人们通常会认为，网购便宜、方便，可以货比千家。人们对网络的依赖程度越来越高，在智能手机普及之后，移动支付更是有成巨头之势。电商消费大大冲击了实体店消费。对于"双十一"的态度，最能说明中国人消费习惯的变化。

2. 商业格局改变：电商快速崛起，实体商场兴起综合服务

实体商场在过去的几年里，受到了电商的冲击。商务部最新数据显示，其监测的 5 000 家重点零售企业今年 1—9 月销售额同比增长 6.3%，而同期网络购物同比增长了 32.2%。

同时，京东、苏宁、国美、五星这些拥有各大品牌的旗舰店或者直营店，也开始加速介入电商的狂欢。越来越多的品牌开始缩减中间环节的成本，以降低整体成本。

在电商的快速崛起下，商业格局被彻底地改变了，传统商业不得不另谋出路，有的建成"体验式购物"与"商业综合体"等新式商场以应对"双十一"的冲击。这些新式商场提供一些网购无法提供的内容，良好的服务和真实的触感是其核心竞争力。

3. 快递业发展迅猛

淘宝与"双十一"的出现也极大地促进了中国快递业的发展：2005 年，圆通和淘宝签约，成为后者最主要的线下物流供应商。圆通的大举进入，让原先电商件的"起步价"从 20 多元大幅下调至 12 元左右。随着后来申通、韵达、中通等快递企业的争相进入，单价进一步降至 8 元。

2012 年起，EMS、顺丰等以往走中高端路线的快递公司也宣布部分产品降价，加入电商市场。2013 年，韵达、中通等又掀起新一轮价格大战，甚至出现了"10 元 3 票""1 000 元包仓"等"割肉价"。

低廉的价格和快捷的效率让中国物流业长足发展，如今，视物流为主要渠道的各大电商依然在加紧对物流行业的介入，不少电商平台都建立起

---

① "双十一"日渐火爆同时致社会资源严重失衡 . 2014 - 11 - 09. 光明网 . http：//tech. gmw. cn/2014 - 11/09/content_ 13796493_ 2. html.

自己的物流队伍。

三、学界与业界的评价

南京航空航天大学人文与社会科学学院教授邱建新："比起过去，大家的消费观和消费方式都发生了很大的改变。而'双十一'这种大幅度的降价、优惠，以量换价刺激消费，不仅让很多消费者盲从，甚至可以说'上瘾'。作为消费者，不仅应该考虑价格，更应该考虑价值，不仅要看重商品属性，更要看看是否适合自己。"

和邱建新观点相同，南京师范大学社会工作研究与发展中心主任吴亦明也认为，"双十一"其实就是商家制造出来的一个节日，是一种促销手段。"而能兴起这样的热潮，其实也需要得到社会的响应。作为商业营销模式，必然是有成功之处，但从理性思考，也有需要反思的问题。"

吴亦明说："前段时间国家对'双十一'明令禁止虚假降价，这其实就是对商家行为做出了规范，同时也对盲目跟从，被虚假降价诱惑并冲动抢购的消费者提出了一种倡导，就是希望消费者能够创造科学的生活方式，以及理性的消费观。"[1]

易凯资本创始人王冉对"双十一"提出了质疑："本来可以实现平滑销售曲线，却人为地拱出一个波峰，蚕食效应未必真能带来多大的实际增量，还让商家的仓储、物流、客服等环节直冲瓶颈。此外，这种促销也进一步强化中国消费者单一维度，唯价格是从的陋习，拖着中国的电子商务公司集体远离健康毛利。"[2]

四、新媒体之"新"

1. 大数据操盘物流快递

2014 年菜鸟网络的物流数据平台全面接入购物狂欢节的物流体系，据菜鸟物流统计，从 11 日凌晨至 12 日 6 时，天猫商城的商家已经完成了1.16 亿的发货处理，发货率达 41%，高于去年的 34%。此后，每天监测到的商家发货率都高于去年同期水平。

---

① 倾斜的双 11. 2014 – 11 – 09. 现代快报网. http：//kb. dsqq. cn/html/2014 – 11/09/content_369840. html.

② 分析指"双 11"繁华景象反映整个电商行业空洞. 2012 – 11 – 12. C114 中国通信网. http：//www. c114. net/news/52/a77922. html.

"双十一"期间，菜鸟网络将根据浏览和收藏历史数据以及今年进入"双十一"的商家名单、备货量等信息进行综合的数据分析预测，指导商家备货。菜鸟网络根据快递公司开放的物流数据，即淘宝买家的浏览、收藏行为和商家的备货情况，及时平衡和调节商家的发货。推出的物流数据雷达服务，可以监控到中转站，还可以监控到行政县区和服务网点的层面。这些数据会更加客观地帮助电商和快递公司做出决策，预防各大快递公司出现分拨爆仓的情况。

菜鸟物流"双十一"项目负责人马俊杰说，商家根据销售预测提前进行库容扩充，根据消费者分布提前进行分仓发货以及使用电子面单服务等，都提高了商家发货的效率。

2. 打出"国际牌"

和"海淘"相比，电商的海外平台优势是运费低、速度快。今年"双十一"各大电商纷纷打出了"国际牌"。天猫的"天猫国际"派出了100多家海外卖家，亚马逊也宣布了6个国家和地区的"直邮中国"服务。

天猫国际的总监荀况说："以美国地区商品为例，消费者自己找转运公司的价格约为40元至60元人民币1磅，而通过我们的官方进口平台，价格可低至20元人民币1磅。"

天猫国际订单、支付宝支付单、菜鸟物流单已经打通，成为提高效率的"绝招"。消费者下单时，订单信息会第一时间同步到海关信息系统，计算出税费；消费者付款后，包含物流等信息的订单信息也会在海关系统中同步显示；当商品到达海关时，海关信息系统自动调出数据快速清关，大大提高了通关效率。

3. 渠道下沉带动快递农村布局

据国家邮政局统计，2014年"双十一"期间，三四线城市、偏远区域、农村地区的快递签收量和速度都有较明显的增长。宁夏、贵州、甘肃、新疆、西藏等西部区域和三四线城市以及远郊乡镇，签收率大幅度超过去年同期水平。

"以前，民营快递公司在三四线城市、偏远地区网点较少。今年，顺丰、申通、圆通、中通、韵达等民营快递，在农村地区的订单量都比去年有所提升，这得益于其网点的全面覆盖。在快递向西、向下的大环境下，通达系等民营快递已经率先将网点下沉到乡镇一级，抢占了市场先机。在业务旺季，一些乡镇地区的快递网点通过自发整合运力，推进末端配送效率。对乡镇地区网点少的快递企业来说，互相借力能有效促进其对农村服务的开展。"①

五、国内外对比

"黑色星期五"在美国也用来指每年感恩节之后的第一天。这一天通常被认为标志着圣诞采购季节的正式开始,被看作是每年零售业圣诞销售业绩的晴雨表,也是一年中各个商家最看重也是最繁忙的日子之一。

在这一天,美国的商场都会推出大量的打折和优惠活动,以在年底进行最后一次大规模的促销。因为美国的商场一般以红笔记录赤字,以黑笔记录盈利,而感恩节后的这个星期五人们疯狂的抢购使得商场利润大增,因此被商家们称作"黑色星期五"。商家期望通过以这一天开始的圣诞大采购为这一年获得更多的盈利。②

ShopperTrak 统计,"黑色星期五"当天,全美几家大型传统商场销售额为 91 亿美元,核心网络平台零售总额 23 亿美元,共 114 亿美元。我们通过对比"双十一"和"黑色星期五"可以得到以下结论:

1. 中国互联网企业更"重",更接地气,渗入国民经济方方面面

首先,中国的消费人口基数大是基础。其次,美国确实拥有全球顶端的互联网公司,例如谷歌、雅虎、苹果、亚马逊、eBay、脸谱、推特等,但是,除了亚马逊、eBay、苹果之外,其他更像是技术与工具的平台,对于实体经济的直接撬动还非常有限。

而中国的电商企业,他们对于实体经济的拉动要远甚美国同行。中国也有如 BAT 里的腾讯与百度等工具性的平台,不过两大巨头都在加速落地,构建庞大的 O2O 产业链,甚至连第二阵营的 360、小米也已经推出了落地计划。

中国的电商们已跟无数老百姓的生活紧密交织在一起了,这是工具化的互联网平台所达不到的。

2. 中美消费者的消费习惯差异,中国零售业务向电商平台迁移的速度更快

随着中国互联网基础设施的逐步成熟,移动端的消费成为网络购物主力军。"双十一"的消费数据也反映着移动端消费比例上升,而美国等一些互联网大国的网络覆盖效果却有待提高,中国想要培养国民的移动消费习惯反而更有优势。

---

① 今年"双 11"新特点:物流给力 超 2 亿包裹顺利送达 . 2014 – 11 – 21. 新华网 . http://news. xinhuanet. com/fortune/2014 – 11/21/c_ 1113347350. html.

② 黑色星期五 . 搜狗百科 . http://baike. sogou. com/v64422788. htm? ch = ch. bk. amb.

六、总结与反思

"双十一"火爆的背后，实际是网络消费从价格战走向"价值回归"的一种体现。自电商出现以来，"低价""省钱"已成为网络消费的基本要素。

2014 年 11 月，中国青年报社会调查中心通过问卷网对 1 530 人进行的一项调查显示，56.1% 的受访者打算在"双十一"网购，24.4% 的受访者直言自己属于网上冲动消费的"剁手族"，对于"双十一"，54.2% 的受访者最担心虚假宣传、价格虚标。

调查显示，56.3% 的受访者表示期待"双十一"，34.9% 的受访者态度一般，6.3% 的受访者不期待，另有 2.5% 的受访者对"双十一网购节"有些反感，43.3% 的受访者担心快递爆仓、收货延迟，33.5% 的受访者担心网站、支付系统瘫痪，32.5% 的受访者担心预售商品不能七天无条件退换货，16.9% 的受访者担心网络诈骗。

网购日益成为生活的重要部分，消费者渴望更加透明化的网络消费。我们期待着"双十一"使电商再一次回归商业和产品的价值本质。

P2P 将走向何方？

P2P 泛指网络金融，即借助互联网、移动互联网技术的网络信贷平台进行的相关理财行为和金融服务。简而言之，指的是点对点的网络借款。P2P 是 peer to peer 的缩写，即个人对个人，它是随着互联网的发展和民间借贷的兴起而发展起来的一种新的金融模式，这也是未来金融服务的发展趋势。

国内的 P2P 平台经历了爆发式增长以后，各种问题也逐渐暴露出来。据网贷之家研究院统计，2014 年全年问题平台达 275 家，是 2013 年的 3.6 倍，12 月问题平台高达 92 家，超过去年全年问题平台数量。

一、总体概况与发展态势

P2P 借贷具体含义，是指个人通过第三方平台（P2P 公司）在收取一定服务费用的前提下向其他个人提供小额借贷的金融模式。其雏形是英国人理查德·杜瓦、詹姆斯·亚历山大、萨拉·马休斯和大卫·尼克尔森 4 位年轻人共同创造的 Zopa。2005 年 3 月，他们创办的全球第一家 P2P 网贷平台 Zopa 在伦敦上线运营。

在中国，第一家 P2P 网贷平台成立于 2007 年——拍拍贷，其总部位于上海，是我国首家小额无担保 P2P 网络贷款平台。拍拍贷在创立之后发展迅速，截至 2012 年上半年，拍拍贷的注册用户已达 120 万，累计成交金额接近 2 亿元。① 自拍拍贷成立以后，我国的 P2P 网络贷款业务迅速发展，一批网络平台踊跃上线，为我国的借贷市场带来了繁荣和活力。

2011 年起，我国网络贷款进入快速发展期，2012 年进入了爆发期，网贷平台将近 2 000 家，比较活跃的有几百家。进入 2013 年，发展速度有增无减，以每天 1~2 家上线的速度增长。

截至 2014 年 12 月 30 日上午 11 时，全国 P2P 网贷平台共 2 358 家，其

---

① 浦东企业建立小额信贷平台，半年助 4 万用户贷款 2 亿元. 2012 – 11 – 23. 东方网. http://sh. eastday. com/m/20121123/u1a7015647. html.

中活跃平台已达到 1 680 家。另外，2014 年 12 月份，全国 P2P 网贷成交额为 472. 70 亿元，较 11 月份的 419. 20 亿元增加 53. 5 亿元，增长 12.76%，实现连续 8 个月高速增长，再创历史新高。[①]

根据国内知名 P2P 行业门户网"网贷之家"发布的《中国 P2P 网贷行业 2014 年度运营简报》显示，相对 2013 年的爆发式增长，由于 2014 年问题平台不断涌现（12 月单月问题平台数量达 92 家），正常运营的网贷平台增长速度有所减缓，月均复合增长率为 5.43%，绝对增量已经超过 2013 年。

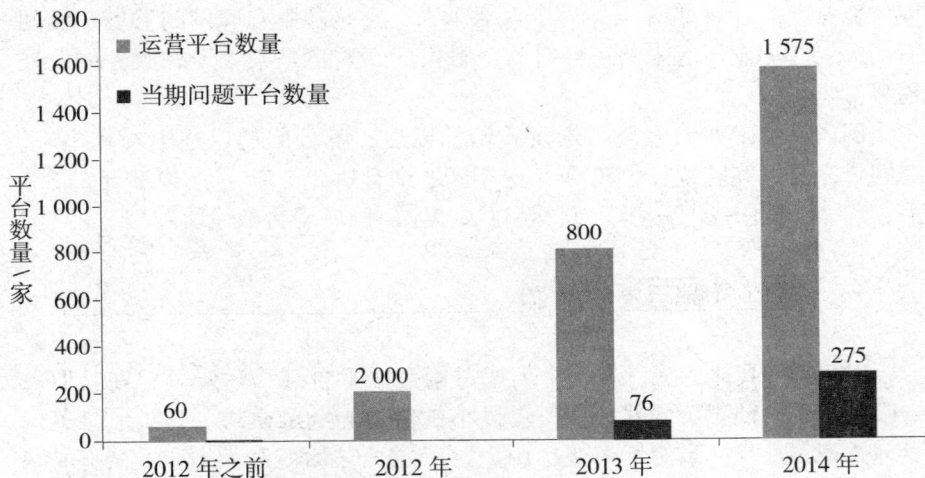

图 1　各年网贷运营平台数量[②]

（数据来源：网贷之家）

数据显示，2014 年新上线的网贷平台超 900 家（含问题平台），这些平台平均注册资金约为 2 784 万元，相较于 2013 年的 1 357 万元，增长了 1 倍。2014 年新上线平台的注册资金多数介于 1 000 万~5 000 万之间，占比高达 61%，注册资金在 1 亿以上的平台多达 48 家。

---

① 第一网贷，2014 年全国 P2P 网贷成交额突破 3 280 亿 . 2014 – 12 – 30. 中国经济网 . http：// finance. ce. cn/rolling/201412/30/t20141230_ 4233783. shtml.

② 网贷之家，中国 P2P 网贷行业 2014 年度运营简报 . 2015 – 01 – 01. 和讯网 . http：// iof. hexun. com/2015 – 01 –04/172018460. html. 另外，图 1、图 2 均来源于网贷之家。

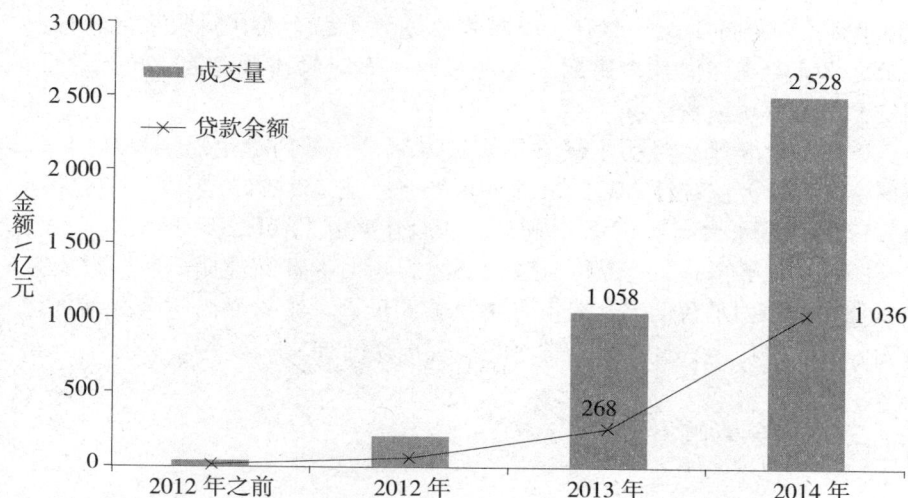

图 2　成交量与贷款余额

（数据来源：网贷之家）

平台名称	背景	所在地区		产品类型（特色）	上线时间
陆金所	银行系	上海	浦东	票据、房产抵押、个人借贷	2012/1/22
红岭创投	民营系	广东	深圳	企业融资为主（大额项目）	2009/3/17
人人贷	VC/PE	北京	西城	个人借贷为主（集合理财产品）	2010/10/13
有利网	VC/PE	北京	朝阳	个人借贷为主（小贷公司推荐贷款）	2013/2/25
爱投资	VC/PE	北京	西城	企业融资	2013/3/31
宜人贷	民营系	北京	东城	个人借贷	2012/7/5
PPmoney	民营系	广东	广州	企业融资、个人借贷（证券化产品）	2012/12/12
翼龙贷	民营系	北京	海淀	个人借贷（农村市场）	2011/4/1
积木盒子	VC/PE	北京	朝阳	企业融资	2013/8/1
微贷网	民营系	浙江	杭州	个人借贷（汽车抵押贷款）	2011/7/8
温州贷	VC/PE	浙江	温州	企业融资、个人借贷、股票配资（天际）	2012/2/14
前海理想金融	上市公司系	广东	深圳	企业融资（供应链融资）	2014/5/23

图 3　12 家典型的 P2P 平台①

　　截至 2014 年 12 月底，我国网贷行业总体贷款余额达 1 036 亿元，是 2013 年的 3.87 倍。除去银行存款，相比其他成熟的固定收益市场，网贷行业的规模仍然十分微小。而贷款余额在 5 亿以上的平台达 36 家，占全国的 58.82%，陆金所、红岭创投、人人贷贷款余额位居前三位。

　　据《中国 P2P 网贷行业 2014 年度运营简报》数据，2014 年网贷行业投资人数与借款人数分别达 116 万人和 63 万人，较 2013 年分别增加 364%

　　① 刘思平．全球 P2P 行业发展报告．2015 - 03 - 07. http：//mt. sohu. com/20150307/n409460616. shtml.

和320%，网贷行业人气蹿升，但随着总体数量的上涨，问题平台的数量也随之水涨船高，借款人逾期、投资人撤资等情况频繁发生，问题重重，网贷 P2P 面临大洗牌。

国内的 P2P 平台经历了爆发式增长以后，各种问题也逐渐暴露出来。据网贷之家研究院统计，2014 年全年问题平台达 275 家，是 2013 年的 3.6 倍，12 月问题平台高达 92 家，超过去年全年问题平台数量。

"2014 年年底，受经济和金融大环境影响，借款人逾期、展期现象频繁，加之一系列平台倒闭和股市走牛影响，投资人纷纷撤出资金，网贷行业面临高兑付压力，许多平台被曝光出现提现困难。"[①]

二、社会影响

P2P 小额借贷是一种将非常小额度的资金聚集起来借贷给有资金需求人群的一种商业模型。它的社会价值主要体现在满足个人资金需求、发展个人信用体系和提高社会闲散资金利用率三个方面。客户对象主要有两类，一类是将资金借出的客户，另一类是需要贷款的客户。

随着互联网技术的快速发展和普及，P2P 小额借贷逐渐由单一的线下模式，转变为线下、线上并行，随之产生的就是 P2P 网络借贷平台，使更多人享受到了 P2P 小额信贷服务。

P2P 网络借贷属于民间借贷的互联网化，是个体借贷行为的阳光化，一定程度上满足了经营消费个贷需求和大众理财需求，具有普惠金融的意义，其形成的市场化机制、信用机制、技术机制也对金融改革有着借鉴意义。

1. 对中小企业而言

有贷款需求的人群大致分为三类：大中企业、小微企业和个人。大中企业一般有固定的融资渠道并且与各大银行保持良好的合作关系，融资难问题并不凸显。

而小微企业客户往往地域分散、贷款需求"短小频急"、缺乏良好担保抵押。金融机构（尤其是银行）的单位信贷投放成本高、效率低、目标不精准、无法批量获得用户，融资难问题明显。至于个人信贷客户，同样存在高成本、低效率和风险不确定问题，银行及其他金融机构极少开展此类业务。

---

① 孙飞. 中国 P2P 金融经历"冰火两重天". 2015 – 01 – 07. http：//news. xinhuanet. com/fortune/2015 – 01/07/c_ 1113911027. html.

上述问题就意味着小微企业融资和个体经营消费贷款是蓝海市场，有刚性需求的小微企业融资和经营消费个贷领域催生了新的商业模式和机会，P2P 网络借贷业务即瞄准这一机会，着力解决小微企业和个人融资难问题。

2. 对社会经济而言

P2P 借贷是一种基于互联网思想、独立于正规金融机构体系之外的个体借贷行为，并且超越了传统熟人社会的限制。其作为民间个体借贷行为的阳光化，部分满足了经营消费个贷需求和大众理财需求，起到了普惠金融和金融民主化的作用。而其形成的市场化机制、信用机制、技术机制也对金融改革有着借鉴意义。

P2P 借贷行业作为互联网金融领域中的代表，其用户是中国最庞大的金融弱势群体——中低收入的工薪族、小微企业主和个体工商户。P2P 网络借贷行业通过互联网平台将金融服务的门槛降低，成本降低，使得众多小微企业、个体经营户和中低收入工薪族可以平等地获得金融服务帮助其实现发展目标，为社会稳定、增加就业机会和创造经济价值做出了贡献。

3. 对个体消费者而言

网贷市场的越来越透明化，对于利率的市场化有着直接的促进意义，它可以带动整个金融行业向市场化转变。在中国，投资理财选择有很大的局限性，除了银行存款，还有购买股票。但在证券市场持续低迷的情况下，这也不是很好的选择。另外就是房地产，这个需要一定的资金额度，无形之中提供了较高的门槛。所以网络借贷扩大了投资人可投资的范围。

网贷是金融的一个部分，金融是服务业的一个部分。任何时间、地点、方式的消费体验，将成为今后整个服务业发展的一个趋向，P2P 网贷提供的是一个途径，帮助人们更舒适地生活。

总而言之，P2P 网贷在未来将会在国民资金周转和筹措中起到举足轻重的作用。它不仅使资金款项流动更为便捷，同时也给不同的主体带去了更多的投资选择，但在便利生活的同时，其安全问题也越来越凸显。

三、学界与业界的评价

P2P 网络贷款平台在国外发展，最初是为了撮合借款人和贷款人之间的直接交易，省去中介环节，即减少多余的费用，贷款人可以自由选择合适的人与之进行借款交易。而 P2P 网络贷款平台则是为二者提供信息咨询服务的交易平台，是中间人的性质。

在我国，很多 P2P 网络贷款平台已经开始直接介入双方交易，不是单纯的资金转接中介，平台的性质有了根本性的变化。

中国人民银行副行长刘士余曾经说过，"P2P 有两个底线是不能碰的，或者说是不能击穿的，一个是非法吸收公共存款，一个是非法集资"，在不触碰这两条底线的前提下，P2P 网络借贷在人们的生活中发挥了不小的作用。

人人聚财网的 CEO 许建文认为："P2P 资产恰恰是为数不多的优质资产，是值得普通百姓重点配置的资产。如果将主要业务投向国内的三四线城市和中西部，这些地方金融环境恶劣，几乎没有任何机构帮助小微企业，唯一可以解决金融需求的就是'民间高利贷'。当正规的 P2P 公司进入以后，会极大缓解当地的小微金融需求抑制的问题。从商业角度看，因为几乎没有竞争，这里成为一片巨大的蓝海，而且借款客户实际非常优质，风险定价非常好把控，逾期率很低，在一些三四线城市纯信用借款客户的违约率不到 0.5%。"[1]

但 P2P 借贷平台的风险仍然存在，并且不容小觑，P2P 网贷数据监测平台海树网创始人潘瑾健认为："大量互联网金融公司本身以业务为重，没有太多的互联网技术精英进行系统维护，在系统的技术和安全性方面存在很多问题。许多平台的系统是外包给别的公司，因此，很多平台的模板是一样的。所以一旦一个平台出现问题的话，就会导致一大片的问题。平台被黑之后不能取现，对投资人的信心会有很大的打击，他们会认为平台遭到黑客攻击之后没有做好应对，这个平台是缺乏实力的，投资人就会闻风而动进行提现，这样一来，许多进行拆标的平台就会出现资金链断裂，这会影响这家平台的正常提现情况，进而导致这家平台可能倒闭。"[2]

而电贷网的 CEO 谭畅如则从自身的从业经验出发，看到了平台所能给风险控制带来的承诺，"P2P 网贷平台应该扮演把关者（风控）的角色，筛选优质的业务资产，给相信平台的投资用户一个实实在在的保障。这样，平台才能吸引更优质的用户，形成良性闭环"[3]。

---

① 人人聚财许建文：P2P 的风险到底有多大？. 2014 - 09 - 28. 中国经济网. http：//kfq. ce. cn/kfqsy/qujj/201409/28/t20140928_ 1956855. shtml.

② 纪佳鹏. P2P 网贷业务存三大风险. 2013 - 08 - 26. http：//www. 21so. com/HTML/21cbhnews/2013/08 - 26 -262641. html.

③ P2P 行业风险收益双刃剑，如何谨慎选择优质平台？. 2015 - 01 - 16. 中华网，http：//industry. caijing. com. cn/20151016/ 3985850. shtml.

四、新媒体之"新"

网贷 P2P 这种新型网络借款放款模式的兴起，成为异军突起的理财投资新平台。世界上第一家网贷平台 Zopa，如今的业务已扩至意大利、美国和日本，平均每天线上的投资额达 200 多万英镑。

作为最早的 P2P 平台，Zopa 的运作模式已经非常成熟，在 Zopa 网站上，投资者可列出金额、利率和想要借出款项的时间，而借款者则根据用途、金额搜索适合的贷款产品，Zopa 则向借贷双方收取一定的手续费，而非赚取利息。目前世界上最大的 P2P 网络借贷平台 Prosper 成立于 2006 年，如今拥有超过 98 万会员，超过 2 亿的借贷发生额。

P2P 网络借贷平台在英美等发达国家的发展已相对完善，网络的普及和社交应用在生活中的蔓延，大大提升了大众对互联网的信任程度。这种新型的理财模式也逐渐被大众接受。一方面，资产出借人实现了资产的受益增值；另一方面，借款人可以方便快捷地满足自己的资金需求。

五、国内外对比

过去十年间，P2P 借贷服务行业已经在世界各地蓬勃发展。伴随着互联网的浪潮，互联网金融的发展势头强劲，第一家 P2P 借贷平台英国的 Zopa 自 2005 年创立以来，已经成为欧洲最大的 P2P 机构，Zopa 从 2010 年到 2014 年在 Moneywise 杂志被消费者评为最受信赖的贷款提供者，到 2012 年底促成了约 2.9 亿英镑的贷款，到 2014 年底已经借出 8 亿英镑以上的资金。

Zopa 的正式用户均为年满 18 岁并且拥有至少 3 年信用记录的英国公民。Zopa 在整个交易中代替银行成为中间人，责任包括接借贷交易相关法律文件的提供、借款人的信用认证、利率制定、借贷双方匹配和雇佣代理机构为出借人追讨欠账等。

而美国的 P2P 网贷领导者，成立于 2006 年的 Lending Club 则在 2014 年 4 月完成最后一笔股权融资，估值涨至 37.6 亿美元，注资购买股票的公司包括黑石公司、RowePrice 集团、Sands 资本公司以及威灵顿管理公司，交易规模四倍于主要竞争对手 Prosper。[①]

---

① 认识一下即将上市的全球最大的 P2P 网贷公司 Lending Club. 2014 – 09 – 01. 虎嗅网. http：//www.huxiu.com/article/41472/1.html.

Lending Club 中文名字叫贷款俱乐部，在 2006 年 Facebook 的首批应用中出现，2007 年融资后定位为更加严谨的金融服务公司。它看中社交网络平台的传播效果与朋友之间的信任关系，通过 Facebook 应用平台和其他社区网络及在线社区将出借人和借款人集合。

在这种交易模式中，出借人实际上将成为 Lending Club 公司的无担保债权人，而兑付情况取决于出借人所投资的借款客户的还款情况。当借款客户发生违约时，Lending Club 并不会对出借人给予补偿，客户将独自承担投资的全部损失。

Prosper 和 Lending Club 相比，促成的金额相对较小，其成立于 2006 年，是美国繁荣市场公司的简称，拥有约 130 万注册会员，成功贷款金额已经超过 4 亿美元。拥有真实社保账号以及个人信用评分大于 520 分的美国公民可以注册成为平台的正式用户。

Prosper 的信用评级是根据借款人的个人经历、朋友评价和社会机构的从属关系来进行判断的。相比庞大的 Lending Club，Prosper 有灵活便捷的优势。

我们可以以表格的形式对三家公司作简单的对比。

公司	Zopa	Prosper	Lending Club
创立时间	2005 年	2006 年	2007 年
盈利模式	对投资者收取每年 0.5% 的管理费；对借贷者收取 0～190 英镑的固定费用	对投资者收取每年 1% 的管理费；对借贷这收取一次性的 0.5%～4.5% 的手续费	Lending Club 的利润主要来自对贷款人收取的手续费和对投资者的管理费，前者会因为贷款者个人条件的不同而有所起伏，一般为贷款总额的 1.1%～5%；后者则是统一对投资者收取 1% 的管理费
牌照	英国金融服务管理局资质认证	美国证券交易委员会资质认证	美国证券交易委员会资质认证

（续上表）

公司	Zopa	Prosper	Lending Club
创立时间	2005 年	2006 年	2007 年
融资	种子基金首轮融资 100 万美元，目前全部共融资 3 390 万美元；C 轮融资，正在进行风险投资中	2005 年 1 月 4 日种子基金首轮融资 750 万美元；结束了 E 轮融资之后，目前私募已介入	种子基金首轮融资 1 000 万美元；目前准备 IPO 上市；刚刚完成一轮 1.25 亿美元的融资
到 2014 年累计总贷款金额	7.13 亿英镑	15 亿美元	43 亿美元
借款人年利率	5.1% 起	6.38% 起	5.59% 起
年回报率	15% ~ 30%	5.5% ~ 13.29%	6.03% ~ 27.49%
特色	Zopa 成立之初就被英国媒体将其置于与 eBay（贸易）和 BetFair（博彩）等知名的 P2P 平台相当的地位，尤其是在金融危机和伦敦奥运会之后，英国金融家雅各布—罗斯柴尔德于 2012 年 12 月展开了对 Zopa 平台的投资，同时，英国政府也宣布其有计划以用户的身份加入 Zopa 作为投资者推进 Zopa 的业务	Prosper 的盈利模式相对灵活，部分介入二级市场，并且为各种级别的用户提供了极为灵活的交易平台，对于普通借贷者和投资者都很容易上手	特别重视用户的信用记录，平均只有 10% 的申请可通过信用记录审核。这是其能吸引到很多大的投资客户，并且风险控制和利润都取得长远进步的主要原因。由于其管理层的背景是多位金融和政界传奇人物，所以首轮融资即得到 1 000 万美元

（数据来源：虎嗅网）

　　综合以上可以看出，"Zopa 做得更多的是采取措施降低出借人的违约风险；Prosper 是典型的借贷中介平台，在这里借贷交易的完成完全凭借出借人和借款人的自主意愿和自主选择；而 Lending Club 的主要特点在于根据借款人的不同信用评级采用不同的利率，并充分利用社交网络平台数据"①。

总体来说，十年内，P2P 平台已经发生了很多改变。这些改变整体上能更适合未来的发展：一是 P2P 平台在未来可以享受到来自个人投资者和机构投资者双重增长带来的好处；二是二级交易平台的建立，增加了信用凭证的流动性；三是 P2P 平台能够吸引到更多的风险投资。国外的模式对国内 P2P 的发展有借鉴作用。

六、总结与反思

P2P 已经成为高风险高收益的一种金融形态，尽管平台增量巨大，但市场混乱，存在许多内部监管和秩序问题，也有很多法律擦边球问题。

第一，道德风险问题。理论上说，网贷公司只是平台中介，不承担违约风险，因此他们并不对借贷和出借双方的信用背书，当前的网贷公司也不允许承诺收益或者刚性兑付，因此一旦出现"跑路"的情况，损失非常大。

第二，担保环节薄弱。因为不需要保证金，公司只需要很少的注册资本就可以运行，一旦出现大规模违规，公司将难以承受相应的损失。

第三，信息不对称。信息不对称严重影响了市场的健康发展，资金可能会进入不应得到支持的高风险、低效率领域，从而降低市场的资源配置效率。同时，当借款困难，出借人的资金又没有得到合理的匹配，风险一旦发生，会大大提升坏账率。即使是 Prosper 这种基于个人社会网络来进行信用评级的机构，也面临着严重的信息不对称问题。

目前我国的个人信用体系不健全，"线上模式"和"线下模式"相结合，一定程度上已经违背了互联网小额贷款的初衷：低成本、高效率、无媒介、无抵押，而向着另一种金融行业机构的形态发展。②

因此，P2P 的大洗牌，首先是要在行业运作中提升平台自身的管理能力和风险控制能力，包括资金风险、技术风险。其次，要强调信息的公开透明，完善社会的信用体系建设。最重要的是，要统一行业标准，通过同行的评价体系对不同的信贷机构进行信用评价，降低风险。这些都有待市场这只"看不见的手"去调控。

---

① 2014 年 P2P 网贷的国外发展状况 . 2014 - 11 - 25. 安心网 . http：//study. anxin. com/learn/knowledge/wangdai - 406. html.

② 冯果，蒋莎莎 . 论我国 P2P 网络贷款平台的异化及其监管 . 法商研究，2013（9）.

网络安全：抵御最隐蔽的敌人

　　2014 年是互联网迅猛发展的一年，随着移动 4G 网络在国内的普及，手机行业迎来爆发期。然而，随之而来的则是互联网安全问题，越来越多的用户开始尝试着把个人资产放在网络中进行保管，网络安全也随之被提到了一个关键位置。

一、总体概况与发展态势

　　面对如丛林般的互联网世界，网络安全开始成为各方关注的焦点。最新发布的《2014 年度互联网安全报告》（以下简称《报告》）根据对腾讯安全数亿用户的调研，描绘了容易中毒的"高危人群"画像，男人的中毒风险是女人的 4 倍，60 岁以上老人最容易受骗，月收入低于 1 500 元的网民属易中毒高危群体。

　　数据显示，被调查用户中男性群体对互联网安全的整体社会感知度为 62.8，女性为 62.2，显示当前社会民众对互联网安全的整体感知刚刚达到及格水平，未来必须提升相关安全意识才能促进社会整体的网络安全感。主要特征如下：

　　1. 手机端病毒渐趋活跃

　　电脑病毒依然是网络安全的最大隐患，腾讯反病毒实验室在 2014 年全年新发现电脑病毒数为 1.35 亿个，较 2013 年增加了 31.9%，较 2012 年增加了 49.4%。无论是从绝对值还是变化数来看，电脑病毒都呈不断更新、持续增长的态势。

　　在手机端，截至 2014 年年底，腾讯手机管家四年来公布的安卓病毒包总数为 193.49 万个，其中 2014 年新增病毒包总数 100.33 万个，较 2013 年增长 31.4%，较 2012 年增长 5.3 倍。

　　手机端感染最多的病毒类型为：资费消耗、隐私获取、恶意扣费、流氓行为、诱骗欺诈、远程控制、恶意传播和系统破坏等。资费消耗类病毒被报告频次最高，占到了病毒总数的 54.5%。

2. 男性比女性更易"中招"

《报告》显示，男性在互联网安全防护方面行动力比女性更高，男性安装了杀毒软件的比例为 92.5%，高于女性的 90.5%；在线支付安全的防护行为方面，62% 的男性会提前检查网址，谨防欺诈，但仅有 49% 的女性付诸行动；在垃圾短信、垃圾邮件的处理问题上，女性更倾向于不理会或看完删除，而男性更倾向于立即删除，以防止病毒，或设置垃圾邮件过滤并删除。

不过，根据腾讯反病毒实验室和腾讯移动安全实验室数据，电脑端中毒用户中 81% 都是男性，手机端受害用户中 75% 都是男性。有分析称，很多病毒均是以色情信息、应用程序等伪装的形式而传播的，而男性多喜欢以上新鲜刺激的信息和技术网站，更加容易感染相关病毒，并因此受到伤害。

3. 电脑手机中毒城市区域性明显：城市越发达，病毒越高发

《报告》显示，腾讯安全在 2014 年新发现 1.35 亿个电脑病毒，较 2013 年增加了 31.9%；手机端上新发现的新增病毒包总数也有 100.33 万个，较 2013 年增长 31.4%；这意味着无论在电脑上还是手机上，网民们面临的病毒威胁有增无减。

《报告》分析，电脑感染病毒发生最高十大省份多为我国的经济大省，其中广东省占比最高，达到 12.94%。对比 2014 和 2013 年中毒用户地域集中度总体保持不变。

从全国城市的区域分析来看，东部省会城市、计划单列市等较为中心的城市的电脑中毒情况相对严重，主要是这些城市经济发达，电脑和网络普及率都较高，网络通用的基数本身越大，越容易中毒。成都、深圳、杭州、广州、郑州、长沙、西安、合肥、青岛、苏州 10 个城市是电脑中毒最为严重的城市，这些城市中的年轻群体网络购物行为相对活跃，木马等恶意代码横行，因此发生中毒的概率相对较高。

4. 2014 年度网络安全应对

2014 年是多个严重漏洞集中爆发的一年，心脏滴血、贵宾犬、破壳等重大漏洞先后曝光。影响的网站、操作系统、硬件设备范围之广，闻所未闻。

心脏滴血漏洞实际存在已经超过两年时间，虽然全世界各地的机构和企业都在"心脏滴血"漏洞公布后第一时间开始修复工作，但在这个漏洞未曝光之前，根本无法统计有多少敏感信息因此而被窃取。

早在 2011 年，工信发布的《物联网"十二五"规划》中，把包括海量数据存储、数据挖掘、图像视频智能分析等信息处理技术作为 4 项关键技术创新工程之一。随着大数据市场的升温，国内的阿里、腾讯、百度、360 等科技巨头，以及大型安全厂商纷纷开始进行大数据安全的布局。

阿里的大数据智能分析定位疑似风险账户和疑似犯罪分子，支付宝风险系统对海量在线交易进行风险扫描和合理管控；百度云安全可以防护包括十多种黑客渗透攻击和多种 DDoS 攻击；腾讯免费开放 Open Data、云分析、云推送三大产品，把长期积累的丰富安全经验开放给腾讯云服务用户；早在几年前就推出云服务的 360，今年更是推出了贴近企业真实需求的个性化云知识库——"私有云"。

二、社会影响

随着计算机网络技术的飞速发展，信息网络已经成为社会发展的重要保证。信息网络涉及政府、军事、文教等诸多领域，存储、传输和处理的许多信息是政府宏观调控决策、商业经济、银行资金转账、股票证券、能源资源数据、科研数据等重要的信息。其中有很多是敏感信息，甚至是国家机密，所以难免会吸引来自世界各地的各种人为攻击（例如信息泄漏、信息窃取、数据篡改、数据删添、计算机病毒等）。

利用计算机犯罪很难留下犯罪证据，这也大大刺激了计算机高技术犯罪案件的发生。计算机犯罪率的迅速增加，使各国的计算机系统特别是网络系统面临着很大的威胁，并成为严重的社会问题之一。

网络信息安全是一个关系国家安全和主权、社会稳定、民族文化继承和发扬的重要问题。其重要性正随着全球信息化步伐的加快而变得愈加重要。网络信息安全是一门涉及计算机科学、网络技术、通信技术、密码技术、信息安全技术、应用数学、数论、信息论等的综合性学科。它主要是指网络系统的硬件、软件及其系统中的数据受到保护，不受偶然的或者恶意的原因而遭到破坏、更改、泄露，系统连续可靠正常地运行，网络服务不中断。[1]

电子商务向手机端转移和手机支付功能的兴起，手机病毒引起的资金损失将成为一个更加严峻的问题。[2] 保障用户的资金安全，将成为手机安全的重中之重。

---

[1] 信息安全的意义. 2014 - 07 - 17. 果壳网. http://www.guokr.com/blog/774134/.
[2] 马春梅. 计算机远程控制系统的设计与实现. 天津：天津大学，2005.

三、学界与业界的评价

经济之声认为，根据数据显示，中国网络安全形势不容乐观，2014 年国家互联网应急中心通报的漏洞事件达 9 068 起，比 2013 年增长 3 倍。苹果手机软件库事件爆发后，其潜在后果是，有可能导致用户的银行卡等隐私信息泄漏，从而对用户的财产造成重大损失。

西部证券高级投资顾问马征认为，随着互联网的运用越来越广泛，安全问题也呈现出一个爆炸性发展的趋势，根据统计，全球网络犯罪每年带来大概 4 000 美元到 5 000 亿美元左右的经济损失，其中主要经济体比如美国、中国、日本、德国等的损失占相当大的部分，从中国的情况来看，随着近些年来互联网应用的快速增长，安全问题也带来了非常巨大的损失，未来还会呈现进一步发展的态势。[1]

中国科学院计算所研究员倪光南："信息主权的概念，政府要提倡信息安全是对的，信息被别人掌握了，还有什么主权？美国很清楚，网络的基础设施关系到国家的安全。我们国家还没有把信息安全提高到这种高度。"

中国计算机学会常务理事潘柱廷："中国需要注意网络安全，需要向美国学习，把网络安全提升到信息主权、国家安全的战略层面。网络安全对中国的现实问题不是要不要管，而是怎么管的问题。"[2]

四、新媒体之"新"

网络安全问题在互联网进一步发展的背景下日益突出，移动互联网将网络安全问题带入网络用户生活的方方面面。信息化的发展趋势也是国家战略的重要部分，如何从技术上以及制度上确保网络安全成为互联网的重要思考方向。

1. 新型安全业务与技术

新型安全业务将迅速发展，包括云计算安全、大数据、移动安全（移动 APP 安全检测、安全手机等），这些新型安全业务也将是国内各家安全厂家和服务商发力的重点，而且未来几年将逐渐改变国内网络信息安全市

---

① 中国网络安全形势不容乐观　相关行业机遇与挑战并存 . 2015 – 09 – 23. 央广网 . http：// money. 163. com/15/0923/15/B4 77A76E00254TI5. html.

② 华为中兴事件不能忽略美国网络战的大背景 . 2012 – 10 – 29. 博客中国 . http：// shaosanbai. blogchina. com/1377997. html.

场的格局。

当前，利用大数据提供安全分析、预判、处置已经成为新型安全防护的热点，从大数据做安全态势的感知和研判，未来将逐步出现政府与企业内部的安全应用模式，并且一些利用大数据提供安全产品与服务的公司将崭露头角。

目前，基于大数据分析的安全产品除了结合统计分析算法以外，还将结合可视化技术形成新的安全产品与业务模式。①

2. 网络安全发展新趋势

一是向安全智能化方向演进。全球各地区的安全厂商由于专注的技术领域不同，产品功能的差异化还是很明显，但整体的技术发展态势都在向安全智能化演进。

二是威胁情报共享的壁垒难卸。中国企业的环境与国外企业有很大的差异，在威胁情报共享方面可能还面临诸多类似政商关系不够协调有序、企业间高度不信任等情况，这个领域的国内厂商还需要更多的投入和努力。

三是跨域结盟实现快速反应。合作关系将保护用户、应用和数据之间的交互。新的信息安全策略将以云安全、移动应用声誉分析、威胁信息分析和事件响应等为主要技术手段，不同于"老派"的边界防御反病毒做法。

以云计算、大数据为核心的新的企业安全技术正在颠覆传统企业安全技术，同时，信息安全人才的培养，安全意识的提升，也是未来信息安全发展过程当中举足轻重的问题。②

3. 法律规划

2014 年 4 月 17 日，全国人大公布 2014 年立法计划，将制定《网络安全法》。党的十八届四中全会提出，为使我国社会在深刻变革中既生机勃勃又井然有序，实现我国和平发展的战略目标，必须更好地发挥法治的引领和规范作用。

因此，在当今世界各国高度重视网络安全，注重依法维护和保障本国网络安全的情形下，我国作为网络大国更应与时俱进，走在维护网络安全的前列，准确发现挖掘网络安全领域面临的重大问题，依法应对，用法治

---

① 2015 年安全新技术将高速发展　撬动产业升级 . 2015 - 01 - 27. 通信世界网 . http：//www. cww. net. cn/tech/html/2015/1/27/2015127154354837. html.

② 从 RSAConference2015 看网络安全技术发展趋势 . 2015 - 06 - 04. 九江新闻网 . http：//www. jjxw. cn/2015/0604/194148. shtml.

方式为网络安全运行保驾护航。①

《网络安全法》的出台，将正式把我国公民个人信息保护纳入法律正轨。不仅拓展了公民个人信息的保护范围，同时明确了公民个人信息的保护要求，也划定了公民个人信息的保护责任。②

五、国内外对比

1. 美国：重视网络文化公共基础设施建设，并对其服务进行规范

一方面，美国重视电子政务等网络公共文化基础设施建设。早在 20 世纪 80 年代末美国就开始电子政务建设，要求各级政府建立网站并将政务信息在网上公开，以方便网民查阅。同时建立了纽约公共网络图书馆、旧金山公共网络图书馆、芝加哥公共网络图书馆等众多网络公共图书馆以及网络公共博物馆等。

另一方面，通过法律法规来规范网络文化公共服务，对网络文化公共服务主体的职责、服务标准、负责对象等内容作出规定，以保障公民享有此项服务的权利。

2. 欧盟：网络文化建设的主要做法是制定法律法规

早在 1995 年至 1999 年期间，欧盟就陆续出台了《关于合法拦截电子通讯的决议》《关于打击计算机犯罪协议的共同宣言（1999/364/JHA）》等文件，为欧盟介入互联网管制，杜绝种族歧视、分裂主义等非法和有害信息提供法律依据。其次是加强社交网站的监管。

2008 年 6 月，欧洲网络与信息安全署（ENISA）建议欧盟严密检查 Facebook 和 Myspace 等社交网站，有效应对多文化产品网络倾销。面对强势的美国视听产业在欧盟的推广，各国都采取了相应措施。其中，以法国提出的"文化例外"原则为代表，强调文化产品不同于其他商品，主张政府介入文化管理事务，以保障广大民众持续拥有和分享丰富多样的文化生活的权利。

3. 俄罗斯：监管和教育相结合，净化网络空间环境

一是完善监管机制，健全监管机构。2008 年起，俄罗斯政府先后在联邦安全总局、联邦媒体与文化管理局和内务部成立了专门的网络监管机构，"各司其职"有针对性地进行网络监管。

---

① 孙佑海. 论我国网络安全面临的十大问题和立法对策. 2014 - 10 - 28. http://theory. people. com. cn/n/2014/1028/c386964 - 25921991. html.

② 《网络安全法草案》彰显国家意志. 2015 - 08 - 07. 中国网络传播杂志. http://news. china. com. cn/2015 - 08/07/content_ 36250929. html.

　　二是加强对新兴媒体的管理。俄罗斯政府始终将网络互动平台作为重点，借助技术手段及时甄别，避免网络谣言的广泛传播。2008 年，俄罗斯制定《外国投资俄罗斯国防和国家安全战略意义的企业的管理办法》，在法律上提高了外国资本控股俄罗斯网络公司的门槛，加强对外资控股网络平台的监管。

　　三是加强对青少年的引导教育。2010 年底，俄罗斯国家杜马通过了《保护青少年免受对其健康和发展有害的信息干扰法》。该法要求，俄罗斯境内所有网吧强制安装有害信息过滤系统，并进行网站分级。①

　　4. 中国：2014 年正式着手网络安全立法

　　中国政府的基本互联网政策是：积极利用、科学发展、依法管理、确保安全。但是中国的网络立法相对滞后，直到 2014 年才提出立法。2015年 6 月，第十二届全国人大常委会第十五次会议才初审《中华人民共和国网络安全法（草案）》。7 月 6 日，中国人大网将网络安全法（草案）全文公布，向社会公开征求意见，这意味着我国网络空间将进入"法治时代"。

六、总结与反思

　　网络信息安全已经成为"21 世纪的世界十大热门课题"之一，并已引起社会广泛关注。网络安全是个系统工程，计算机网络安全已经成为网络建设的重要任务。网络安全技术涉及法律法规、政策、策略、规范、标准、机制、措施、管理和技术等方面，是网络安全的重要保障。②

　　信息、物资、能源已经成为人类社会赖以生存与发展的三大支柱和重要保障，信息技术的快速发展为人类社会带来了深刻的变革。随着计算机网络技术的快速发展，我国在网络化建设方面取得了令人瞩目的成就，电子银行、电子商务和电子政务的广泛应用，使计算机网络已经深入国家的政治、经济、文化和国防建设的各个领域，遍布现代信息化社会工作和生活的各个层面，"数字化经济"和全球电子交易一体化正在形成。

　　计算机网络安全不仅关系到国计民生，还与国家安全密切相关，不仅涉及国家政治、军事和经济等各个方面，而且影响到国家的安全和主权。随着计算机网络的广泛应用，网络安全的重要性尤为突出。因此，网络技术中最关键也最容易被忽视的安全问题，正在危及网络的健康发展和应用，网络安全技术及应用越来越受到世界的关注。

---

　　①　国外网络文化建设现状及经验启示 . 2014－11－27. 新华网 . http：//news. xinhuanet. com/olitics/2014－11/27/c_ 1113432490. html.

　　②　李林瑛 . 网络远程监控与控制系统的研究与应用 . 成都：成都理工大学，2006.

阿里巴巴变身虚拟运营商

2014 年，阿里通信已获得中国联通、中国电信、中国移动三家运营商的转售资格。阿里通信会使用 170 号段，其中 1700 号段为中国电信，1705 号段为中国移动，1709 号段为中国联通。除了阿里通信官方门户外，消费者可在淘宝和天猫的平台上享受在线选号入网、充值缴费、阿里合约计划等一站式服务。自此，阿里巴巴开始开发属于自己的虚拟运营商产品。

围绕电子商务生态和互联网服务链条，以及阿里巴巴多年积累的云计算和大数据优势，阿里巴巴成为 2014 年虚拟运营商中颇具发展势头的代表。

一、总体概况与发展态势

2014 年 2 月 13 日，阿里巴巴集团官方表示，将开展虚拟运营商相关业务，具体的产品在加速开发中，相关业务推出时间可能在 2014 年 6 月 1 日前。阿里巴巴集团希望不仅仅要做转售业务，同时还希望通过创新方式满足用户需求。

从 2014 年 5 月 7 日起，阿里巴巴虚拟运营商阿里通信 170 号段开始接受用户公测，首批在北京、浙江、广东三地发放 300 个号码，6~7 月进行公测的用户每月享受 100 元话费减免。阿里通信根据首批用户公测和反馈的情况，优化了阿里通信 170 号段的使用规则，完善了产品的最终形态。

2014 年 5 月 12 日，在各大虚拟运营商品牌相继发布之后，阿里巴巴旗下的阿里通信正式发布了虚拟运营商品牌"亲心"。

2014 年 6 月 3 日，阿里通信正式公布了 170 号段号码的资费方案。与传统电信运营商相比，有了很大的革新：

首先，全部业务以流量来计价，实际用户使用的就是一个完全自由套餐，任何人可以有任意的流量、通话和短信的组合。一方面，运营商没必要再去做那么多套餐来迎合不同的细分市场；另一方面，对用户来说也简单，不用费劲选套餐。

其次，实现了计费自动升挡。有了以流量统一定价的基础，阿里提供了按流量费的阶梯价格策略：0~37元间，每使用5M流量计费1元；37~77元间，每6M计费1元；77~127元间，每7M计费1元；127元以上，每8M计费1元。

再次，提供移动互联网化的自助服务。包括提供专属APP，可以实时查看账户余额，以及通话、上网和短信明细等，并可结合淘宝、天猫、支付宝的会员等级和消费情况提供信用透支额度。

2014年10月15日，阿里通信推出一款主打隐私保护的APP"亲心小号"。用户无须再买一部手机或更换双卡双待手机抑或再买新的SIM卡，便可在同一部手机上隐藏真实号码，额外使用一个新号码，这个号码不仅可正常接打电话、收发短信，还可独立设置使用时长、开关机状态、勿扰时间等。

二、社会影响

虚拟运营商的市场进入给基础运营商带来了重大影响，这些影响存在于以下方面。

（1）抢夺存量用户。

目前获得牌照的虚拟运营商都是能接触大量用户群体的公司，从类别来看，它们当中既有渠道商、零售企业，也有互联网公司，这些企业的服务特征可能会导致一部分基础运营商的存量用户流失。

虚拟运营商经营移动转售业务的目的，在于给自身所接触的用户提供通信服务，增加用户黏性，然后通过后续的增值服务获取更高的收益。虚拟运营商可以联合产业链上包括芯片、终端、网络服务等在内的合作伙伴，采取各种优惠补贴手段，将部分利润回馈给消费者。

在运营初期，虚拟运营商通常以优惠手段吸纳用户，这也决定了虚拟运营商对价格敏感型用户的吸引力更强，会聚集大量对价格敏感的用户，这部分用户虽然通信单价值不一定最高，却是零售、互联网内最庞大、最基础的用户群，甚至是互联网内单价值高的用户。

（2）颠覆资费体系。

虚拟运营商的出现可能会导致基础运营商原有的产品资费体系被颠覆。一方面是流量经营模式的突破，虚拟运营商大肆宣传并推出各类"流量月底不清零"套餐，迫使基础运营商做出改变。另一方面是用互联网思维做移动转售产品，以吸引用户，比如，虚拟运营商所谓的"免费"是指用免费的通信业务吸引用户以及增加用户黏性，而以核心应用业务实现盈利。

"互动"是虚拟运营商的另一特色，比如阿里通信在放号前就通过微博造势，未有产品先夺眼球，让广大用户参与其产品和套餐设计。这些虚拟运营商的产品及资费新模式，有别于传统的产品及资费模式，更能迎合互联网用户的需求，对基础运营商的产品及资费模式提出了挑战。

（3）降低价格水平。

从国外的经验来看，虚拟运营商进入电信行业参与竞争，有可能导致整个行业市场价格水平的下降。国内虚拟运营商经营移动转售业务，其目的不只是增加通信领域的收入，更重要的是抢占移动互联网入口、创建新的商业模式。

从目前已经公布的虚拟运营商的资费来看，大部分在移动转售业务上打超低资费甚至免费牌。虚拟运营商低价或免费赠送基础移动通信产品的普遍做法，给整个电信行业的价格水平增加了很大的下行压力。

三、学界与业界的评价

中国虚拟运营商产业联盟秘书长邹学勇评价："虚拟运营商当前阶段属于'170 号码用户体验'，还没有大规模放号。相比基础电信运营商用户的动辄上亿，虚拟运营商用户数量不值一提。虚拟运营商盲目追求规模用户是'找死'，盈利模式没有确定，服务质量跟不上，用户越多越麻烦。"[1]

苏宁互联副总经理王帅："2014 年作为虚拟运营商元年，一些服务和产品在上市之初难免有些瑕疵和不足，如部分银行短信通知、网络角标显示等。目前确实存在广大用户对'虚拟运营商''增益通信产品'的了解不够，接受选择需要过程等问题。"[2]

分享通信董事长蒋志祥评论："未来随着电信市场的竞争，会有部分虚拟运营商退出市场，同时也会有新的虚拟运营商不断进入，这是一个健康市场的正常现象。国内电信市场足够大，新的市场需求也会不断出现。虚拟运营商一定要坚持精耕自己的细分市场，坚持创新优势，相信会有相当数量的虚拟运营商在激烈的市场竞争中生存下来，并且发展壮大。"[3]

独立通信分析师付亮："到目前为止，虚拟运营商用户发展很不理想，

---

① 虚拟运营商这半年过得怎么样？高管们这样说 . 2014 – 09 – 26. 搜狐科技 . http：//it. sohu. com/20140926/n404663392. shtml.

② 郭晓峰 . 虚拟运营商：2015 定生死 . 2014 – 01 – 04. http：//tech. qq. com/a/20150104/003576. html.

③ 郭晓峰 . 虚拟运营商：2015 定生死 . 2014 – 01 – 04. http：//tech. qq. com/a/20150104/003576. html.

只有区区的几十万户。而且此前虚商宣传的'月底流量不清零、可共享、低资费'，要么没有出现，要么已经被基础运营商使用。诸如验证码和短消息等'不互联互通'问题，以及政策壁垒，不公平竞争等因素，是造成虚拟运营商用户增长缓慢的原因。"①

四、新媒体之"新"

对比传统的基础运营商，阿里通信有其自身优势，这便是阿里通信的"新"意所在。

第一，用户基础不同：阿里的整体用户资源不输于传统运营商。传统运营商虽然用户数量庞大，但实际上其所谓的用户就是号码，号码一旦更换，用户的生命周期就戛然而止，缺乏号码之外的真正用户经营，这是让运营商焦虑的核心软肋之一。

而阿里的用户经营更胜一筹，淘宝网和支付宝实名制用户高达几亿，更重要的是，阿里的用户是相对稳定的（一般实名用户不会取消注册或更换用户），所以经营的潜力大得多，因为用户中有支付宝、淘宝等的长期记录。

第二，运营模式不同：移动互联网时代带来的产品转机。流量已经成为这个时代的核心产品，短信在逐步消亡，语音也在 4G 中逐步走向 VoIP 的模式，过去众多的增值业务也将被更丰富的移动互联网替代。

阿里提出的流量单一定价模式，实际是一种既迎合时代，又化繁为简的解决之道，传统运营商原有的复杂套餐体系可能也被迫朝着简单的单一资费模式演进，虽然传统运营商仍具有价格优势，但是此种模式势必进一步压缩利润空间。阿里也放言"未来一旦争取到更低的批发价，将参照现有的模式同步下调新老用户每一档的资费"。这对基础运营商来说不可谓压力不大。

第三，传播模式不同：阿里具有基于互联网模式的用户服务体验优势。由于基础运营商庞大的总部—省—市—县组织体系，再加上业务线繁杂，经过多年的积累，包袱相当重：一是流程效率低下，要做点调整时间周期相当长；二是整合难度巨大，要上全国统一的业务，时间更是不可预估；三是产品缺乏用户体验，长期以来基础运营商的对外产品界面往往是以自我规则为中心，这在互联网时代令人匪夷所思。

---

① 虚拟运营商缺乏"杀手级"产品　京东 5 个月获客 5 万 . 2014 – 10 – 24. 网易新闻 . http：// news. 163. com/14/1023/04/A97E35SJ00014AEE. html.

相比之下，作为互联网血统的阿里，本来就有账户管理的开发经验，并且基因中就强调用户体验，再加上没有历史包袱轻装上阵，在产品能力上相较于运营商的优势是非常明显的，这一点特别类似支付宝的体验之于各家银行的电子银行体验。

第四，文化价值：经过半年多发展，数十家虚拟运营商截至目前累计发展用户不到 200 万户，其中多以联通转售业务为主，其次是电信，而移动预计今年第一季度陆续放号。从用户规模来看，用户及市场对虚拟运营商所持态度远不及企业宣传那样。[①]

尽管虚拟运营商的实际市场规模小，不过其改革象征意义大。

近年来，国内三大运营商饱受诟病，除了资费过高的指责外，套餐流量到期清零更是众矢之的。基于此，虚拟运营商无一例外拿流量做文章，以"搅局者"的姿态出现，显然是有备而来。

虚拟运营商租用基础电信运营商的网络服务，奢望"代理商"挑战"供应商"的价格，显然有些勉强。然而，虽然优惠幅度有限，但以国内手机用户数量之庞大，叠加起来的效果不容小觑，更为重要的是，这样的"鲇鱼效应"不失为刺激通信市场改革竞争的第一步。[②]

五、国内外对比

对比中国，国外虚拟运营商目前早已发展成熟。国外成功的经验可以为中国移动虚拟运营商产品提供借鉴。

首先是运营模式。传统的移动运营商对移动业务的经营采用的都是从网络到客户的垂直整合模式。移动虚拟运营不需要自建网络，根据产业链覆盖范围的不同，目前全球主流的移动虚拟运营模式主要分为以下三种：

（1）完整的 MVNO 模式：这种模式仅借用了基础运营商的实体网络，其他经营需要的包括交换设备、网络管理系统、计费系统、客户管理系统等均为自建。通过和单个的支撑管理系统提供商、移动数据平台提供商合作，自己建设和管理所有室内的非网络元素。这种模式的风险、技术门槛在所有模式中是最高的，但是经营规模和潜在收益也是最大的。

（2）MVNE 模式：这种模式拥有自己的业务平台，采用自己的计费系

---

① 虚拟运营商今年定生死：用户才这么点 . 2015 – 01 – 04. 腾讯科技 . http：//news. mydrivers. com/1/364/364466. htm.

② 评论：虚拟运营商的现实意义 . 2014 – 05 – 06. 新民晚报 . http：//www. chinanews. com/sh/2014/05 – 06/6140029. shtml.

统和客户管理系统，但是不拥有自己的交换设备。他们尽可能地使用基础运营商的交换设备，以降低投资。采用这种模式的企业更注重增值服务。

（3）MVNA 模式：这种模式采用自己的计费系统和用户管理系统提供业务，相比前两者，不需要建设移动通信网络中的许多元素，投资相对较少。经营方向更注重在客户管理和销售上。[①]

其次，从用户发展策略上看，相比基础网络运营商，虚拟运营商更加注重细分市场战略。他们往往更倾向于针对特定用户拓展服务，实施"精耕细作"的方式提升用户价值。

迄今为止，全球范围内 MVNO 已覆盖了各类颇具特色的用户群体——青年人、企业用户、体育迷、少数民族、低消费群体等。这种拓展策略使虚拟运营商避开同强势运营商的正面交锋。

例如，Lebara Mobile 是一家在欧洲多个国家运营的通信公司，它将新移民视为自己的目标客户，包括移民、外派员工、留学生等，这些客户需要经常拨打国际电话。它以低廉的国际通话费为主要卖点。由于目标群体明确，促销手段明确，Lebara 在少数群体中拥有较高的支持度和客户忠诚度。

从资费上看，以优惠低廉的价格迅速切入市场，以灵活资费结构提升用户感知，这是虚拟运营商较擅长的做法。由于高价值客户往往已经被传统运营商所占据，低价值客户便成为虚拟运营商首先争夺的对象。

例如，南非 Hello Mobile 的撒手锏就是超低价，甚至包括国际通话。事实上，南非的移动普及率已经超过 100%，属于发达电信市场，但 Hello Mobile 依然通过单纯提供可低价拨打国际电话的 SIM 卡获得了大量用户的青睐。在非洲，由于国际通话（尤其是和欧洲国家间）的费用较为昂贵，以低价为卖点的 MVNO 业务颇有市场。

从服务和产品角度上看，个性化服务是虚拟运营商们打出来的差异化王牌。除了发展用户，利用个性化的服务加载各类增值业务进行创收也是目的。

例如，Virgin Mobile 充分利用维珍集团的品牌优势，与母集团旗下的其他品牌进行深入合作，为自身的客户提供特色化的服务。维珍在推广中强调将"一种新的生活方式"概念销售给年轻人，如将预设的配置装在手机里，只要打个特定的号码，有关的商品就可以送到顾客手中。

---

① 虚拟运营商运营模式初探. 2013 – 09 – 08. 虎嗅网. http：//www. huxiu. com/article/19777/1. html.

六、总结与反思

虚拟运营商的到来会对传统运营商造成一定冲击，这是肯定的。那么，传统基础运营商应该如何应对呢？这是需要进行反思的重要问题。

短期内虚拟运营商对传统基础运营商的冲击并不会很明显，受制于传统运营商网络资源分配和网间结算等因素，虚拟运营商业务开展会显得有些束手束脚。这是虚拟运营业务起步的必经阶段。

就目前而言，虚拟运营商主要策略的难点在于处理好与基础网络运营商的关系，以合作者的姿态出现，避免让基础运营商感到威胁。

事实上，虚拟运营商的到来对基础运营商来说未必不是好事。基础运营商应以合作共赢的态度来应对虚拟运营商的到来。

首先，虚拟运营商为基础运营商提供了直接拓展特定客户群的途径，这些客户群包括青少年、少数民族、大学生等。相比基础运营商，虚拟运营商更加关注此类细分市场。虚拟运营商利用自身的特殊渠道和资源，能有效开发这类用户群体。再者，虚拟运营商能帮助基础运营商使用非传统渠道接近潜在用户。渠道的多样性对基础运营商来说正是需要的。

其次，虚拟运营商比基础运营商更能促进移动数据业务的开发和推广。虚拟运营商能针对各种类型的客户群体开发出有特色的移动数据内容和应用业务，能在不改变大众市场喜好的情况下吸引更多的新用户。

目前随着移动互联网时代的到来，语音、短信等传统电信业务正在被数据业务侵蚀，基础运营商遭受着 OTT 企业崛起所带来的冲击。虚拟运营商的加入，或许能帮助基础运营商抵抗这类冲击。

最后，虚拟运营商一般都是以"补缺者"或与基础运营商合作进入电信市场的。这种定位意味着与传统运营商应该是互补共进退的。虚拟运营商可为固网运营商提供移动业务，或为移动运营商进入新市场开辟新的道路。英国电信和美国 Qwest 就是通过虚拟进行全业务经营的典型案例。如果虚拟运营商和基础运营商合作，则会为中国移动的市场拓展带来不小希望。

未来之争的因素还很多，阿里通信能用到阿里自身的多少资源还是个未知数。不过，阿里的优势在于互联网产品基因、在于对用户体验的把握能力、在于庞大的存量用户群，这几条就足够让其成为虚拟运营商中最具有挑战巨头能力的旗手了。

3Q 大战与互联网垄断

"115 页、7 万多字",这是 2014 年最高人民法院对 3Q 大战中腾讯被诉"滥用市场支配地位"一案的终审判决书。

不管双方内心是否接受,这场耗时 4 年之久的"互联网反垄断"第一案终于落下帷幕。最高人民法院(以下简称"最高院")在终审判决中指出,腾讯在 3Q 大战中的做法("二选一"及"捆绑 QQ 电脑管家升级")不构成反垄断法所禁止的滥用市场支配地位行为,故驳回上诉,维持原判。

一、总体概况与发展态势

2010 年 9 月 27 日,360 发布了其新开发的"隐私保护器",专门搜集 QQ 软件是否侵犯用户隐私。随后,QQ 立即指出 360 浏览器涉嫌借黄色网站推销其软件。

2012 年 11 月 3 日,腾讯宣布在装有 360 软件的电脑上停止运行 QQ 软件,用户必须卸载 360 软件才可登录 QQ,强迫用户"二选一"。双方为了各自的利益,从 2010 年到 2014 年,两家公司上演了一系列互联网之战,并走上了诉讼之路。

双方互诉三场,其中奇虎 360 诉腾讯公司垄断案尤为引人注目,2014 年 10 月 16 日上午,最高人民法院判定:认定腾讯旗下的 QQ 并不具备市场支配地位,驳回奇虎 360 的上诉,维持一审法院判决。该判决为互联网领域垄断案树立了司法标杆。

二、社会影响

在中国的众多反垄断案例中,大多以对巨头操纵价格的调查为主,在高科技尤其在"免费为王"的互联网领域,这种反垄断调查很难入手。也就是说,中国已经有《反垄断法》,但在互联网界还没有一个真实的案例。

正因如此，360 诉腾讯滥用市场支配地位，被誉为"中国互联网反垄断第一案"，立即成为业界瞩目的焦点，这也形成了互联网正能量的一个磁场。虽然 360 没有取得最终的胜诉，但通过反垄断诉讼的几年，中国创业者被巨头以"抄袭"和"捆绑"扼杀的现象正逐步减少，互联网反垄断的积极影响已经开始显现。

由此，互联网也出现了进化的火花，正能量的萌芽开始绽放。虽然我国反垄断事业还处在起步阶段，但此案对互联网产业的创新与发展意义重大。

垄断对中国整个产业的发展，特别是互联网公司创业是一个非常巨大的伤害。虽然中国已是全世界互联网大国，但因为"滥用市场支配地位"的存在，使得市场价值、用户价值最后只转换为几家大公司的价格，并没有在产业发展、行业发展和很多年轻人的成长中体现出来。

不可否认，没有反垄断，巨头在行业中的行为必将肆无忌惮。其实反垄断过程比结果更重要。国际上众多反垄断实践也证明了这一点。美国司法部门开出的反垄断调查决定，也是远远多于实质的反垄断罚单，依据反垄断法拆解的公司更是少之又少。

以遭受美国政府长达 15 年反垄断调查的微软公司为例，反垄断更像是悬在寡头企业头上的达摩克利斯之剑，使其不敢跨越雷池一步，为中小创业者的发展赢得空间，促使美国诞生了谷歌、脸谱、推特等一批又一批创新企业。

"免费至上"的互联网模式可行吗？互联网上免费的商业模式，都是把自身的价值链延长，在其他公司收费的地方免费了，就要想办法创造出新的价值链来收费。

互联网上的产品虽然千变万化，但挣钱的模式只有三个：

第一个是电子商务。利用互联网为平台，做传统的销售服务，但也需要发挥互联网的特点，就是网聚人的力量。

第二个是在线广告，就是当你的服务不能赚钱的时候，如果你有足够多的用户，就可以向他们推荐一些其他的产品和服务。就跟免费看电视，而电视里有广告的概念一样。

还有一种模式是以网游为典型的增值服务模式，用户可以向某些用户收取提供特殊服务的增值服务费。

三、学界与业界的评价

《京华时报》：最高法对 3Q 大战的终审判决，也是一种干预，属司法层面的干预。尽管相对 3Q 大战的时间晚了一些，但既给了企业自行调整的时间，同时也补充了 3Q 大战带来的制度空白，为互联网领域的"市场支配问题"划下了一道清晰界线。判决表明，互联网领域也有反垄断，要反的不是充分竞争形成的垄断，而是限制竞争形成的垄断。就此而言，"3Q 大战"的演进过程，以及最高法院的终审，是一次对互联网伪竞争的判决。①

北京大学法学院教授盛杰民等专家认为，这次终审判决对于国内互联网的未来发展秩序起到了重要的标杆意义。盛杰民表示，这次判决给"什么是滥用市场支配地位"提供了一个标准，为业内的各种竞争乱象进一步划定了清晰的法律界线。他表示，法律本身并不反对企业通过竞争获得市场支配地位，而是反对滥用市场支配地位排除、限制竞争行为。②

《工人日报》要闻部主任石述思认为，无论最高法院最终如何判决，都影响到未来我国互联网的立法方向。并期待能从真正维护消费者权益、维护正常的市场竞争秩序的角度，真正依法厘清政府、企业和社会的边界，推动整个行业监管体制的完善。③

四、新媒体之"新"

奇虎 360 诉腾讯滥用市场支配地位一案于 2014 年 10 月 16 日在最高人民法院终审宣判。这是最高人民法院审理的第一起互联网反垄断案件，终审判决意味着"3Q 大战"4 年长跑落幕。这场"3Q 大战"给中国互联网格局带来了一些新的变化。

1. 迫使巨头放弃"模仿 + 捆绑"的模式

"3Q 大战"引发的"腾讯垄断案"前后历经四年，这四年恰逢 3G 技术、智能手机、云计算、大数据的普及。针对腾讯的反垄断调查，客观上迫使巨头放弃了"模仿 + 捆绑"的模式，为中国互联网创业、创新营造了更为良好的环境，也让中国移动互联网的发展出现了勃勃生机。反垄断带来公平竞争、促进互联网回归创新本质正是该案产生的积极意义。

---

① "3Q 大战"是一次对伪竞争的判决 . 2014 - 10 - 17. 京华时报 . http：//www. chinanews. com/sh/2014/10 - 17/6688350. shtml.

② 专家解读"3Q 大战"结局：鼓励技术竞争取得优势 . 2014 - 10 - 16. 新华网 . http：//finance. ifeng. com/a/20141016/13191892_ 0. shtml.

③ 石述思. 3Q 大战真正的输家. 2013 - 12 - 05. http：//business. sohu. com/20131205/n391283345. shtml.

2. 反垄断的典范

反垄断像是悬在寡头企业头上的达摩克利斯之剑，使得企业保持敬畏心，避免挤压中小创业者的发展空间。美国正是充分利用反垄断和反不正当竞争的调节作用，使得中小企业能够坚持创新并获得发展，进而相继诞生了谷歌、脸谱、推特等世界互联网巨头。

通过这场激烈的商业竞争，腾讯开始反思过去的商业模式，逐渐由自建网络帝国的模式，过渡为通过收购、投资和兼并方式构建以腾讯为核心的产业生态圈这一商业模式。此后，阿里、新浪等众多中国互联网公司纷纷宣布实施开放平台策略，2011 年因而被誉为中国互联网的"开放元年"。①

互联网应该具备的超越精神和社会创新引领者的责任不应该被股东回报所彻底湮灭，IT 产业本应该比其他行业承担更多，社会的创新资源和造富回报给予了这一行业更多的关注。

人们期望百度、阿里巴巴以及新浪、网易、搜狐、腾讯这四大门户的互联网企业能够在赚钱效应之外，焕发出真正的创新精神，而不是等待采摘创新小公司的果实。这便是此次"3Q 大战"留给人们的思考。

五、国内外对比

其实在中外 IT 业都存在类似的情况，那就是小公司更容易创新，而大公司则更有"创新惰性"，而且大公司很容易扼杀小公司的创新成果，这在中国更为严重。

以谷歌为例，它开始搜索引擎技术开发晚于雅虎等厂商，但其凭借更专注的开发和技术创新，实现超越，五年内就垄断了世界上大部分的搜索引擎市场。但在做大之后，谷歌的创新能力却不再耀眼。其社交网站、微博平台等最新应用几经努力仍无法超越后起之秀，如 Facebook、Twitter 等。

但谷歌的创新尝试并不少，比如数字图书馆计划、开发 Google TV 等。相比之下，中国互联网创新的尝试和动力仍旧不足。几大互联网巨头都在借平台之利，不断尝试已经存在的业务进行横向竞争。比如网易、搜狐和腾讯都进入网游、团购和微博，不断进行同质化竞争。

而腾讯受到的责难正随着这种对比而来。腾讯进入网游市场并在几年内做到了第一，这并未被业界非议。并且，腾讯的微博、社交乃至各种客

---

① "3Q 大战"给中国互联网带来了什么？. 2014 – 10 – 16. 新华网. http://news.chinaso.com/detail/20141016/1000200003269961413465366663776218_1.html.

户端，已经是"第三层"乃至"第四层"创新。

此前，美国已经产生一些新模式，中国小网站开始本地化模仿为第二波，大网站再针对小网站的探索情况也进行模仿为第三波，腾讯此时最后跟随，则让此前布局的网站都十分郁闷。

业界普遍认为，这么大的平台公司，选择在创业公司身后"扣动扳机"，而不是在市场一开始兴起时就加入战斗，缺少"竞技风范"。而制衡互联网大公司垄断的唯一方式就是创新。用户的需求是一个黑洞，需要创业者不断摸索着去满足。

美国的创业公司也面临大公司的绞杀，但由于美国用户的成熟，以及市场对创新的保护，Facebook 和 Twitter 等一大批公司仍能不断成长，但中国用户更容易被大平台所吸引乃至被"操纵"，加之腾讯选择切入时机的眼光越来越准，这让许多创业者和投资人感到寒意。至于用户只是口头上反感"垄断"，但其使用习惯却站在大平台一边。

六、总结与反思

历时四年，3Q 大战终于落幕，对于这次纠结的判决，一方面，我们要尊重最高院终审判决的权威性；另一方面，我们也深切感受到最高院的判决还有一些"遗憾"。

遗憾之一：即时通信领域的竞争尚不充分。

移动即时通信发展迅猛，新的移动即时通信服务经营者不断进入，为即时通信产业带来了新的推动力。即时通信领域的竞争呈现出创新竞争、动态竞争的显著特征，平台化竞争日趋白热化。可见，即时通信领域的市场竞争比较充分。

但令人遗憾的是，在移动即时通信领域，腾讯凭借在 PC 端 QQ 上积累的用户优势，尤其是基于用户身份关系的人身依附优势，促使其旗下移动即时通信工具——微信，在智能手机领域快速发展壮大。

遗憾之二：腾讯对商品价格、数量或者其他交易条件的控制能力依然羸弱。

最高法院认为，首先，由于即时通信领域的竞争具有高度创新、动态竞争的显著特征且用户对于服务质量、用户体验等极为敏感。其次，由于功能用途差异不明显，即时通信产品的替代性较高，即时通信服务的经营者通常不敢轻易拒绝提供服务或者变更交易条件。因此，腾讯控制商品价格、质量、数量或者其他交易条件的能力较弱。

遗憾之三：用户对 QQ 依赖程度过强。

最高法院认为，腾讯 QQ 软件并非用户使用即时通信服务的必需品。用户可选择的即时通信软件种类较多，且获取即时通信软件和服务的成本很低，不存在妨碍用户选择和转换即时通信服务的显著经济和技术障碍。

但是用户在使用中，自觉或不自觉依托 QQ 建立了复杂而全面的社会关系网络，使得用户对其依赖性非常之高，有一定的人身依附性。而这种依赖性强弱与获取类似软件的难易以及成本高低没有直接关系。

遗憾之四：其他经营者进入相关市场依然是难上加难。

对此，最高院认为，首先，对于认定是否具有市场支配地位而言，重要的是市场进入以及扩大市场占有率的难易程度。低市场份额并不意味着较弱的市场竞争约束力，只要能够迅速进入并有效扩大市场，其就足以对在位竞争者形成有效的竞争约束。

简单来说，其他经营者进入相关市场的难易程度，应该重点关注其他经营者在相关市场的成长或发展的上限何在，也就是"天花板"到底在哪。如果有人用，就算进入，那么，任何领域都难以奢谈"垄断"或"滥用市场支配地位"了。

遗憾之五："捆绑升级"是否足以构成反垄断法所禁止的搭售行为？

最高法院认为，首先，本案没有可靠的证据表明被诉搭售行为使得被上诉人将其在即时通信市场上的领先地位延伸到安全软件市场。其次，QQ即时通信软件与 QQ 软件管理打包安装具有一定的合理性。

其中，对于"QQ 即时通信软件与 QQ 软件管理打包安装具有一定的合理性"的判断，令人费解。如果说基于提升用户体验捆绑具有合理性，那么，QQ 即时通信软件可以捆绑任何它想要捆绑的相关软件。

当然终审判决还有很多令人称赞的地方，比如"本案相关地域市场应为中国大陆地区市场"，"既包括个人电脑端即时通信服务，又包括移动端即时通信服务；既包括综合性即时通信服务，又包括文字、音频以及视频等非综合性即时通信服务"，纠正了一审判决将地域市场限定为全球范围。

此外，我们必须看到，反垄断，尤其是互联网反垄断，在中国应该算是"新生事物"，相信每一个人都很难想象一旦腾讯被认定构成"滥用市场支配地位"将会给中国互联网带来多大的冲击，也会给互联网市场格局带来多大影响。

该案作为"互联网反垄断"第一案，整个过程，既让围观者深入学习了反垄断相关知识，也让围观者意识到反垄断认定之难。法院秉持审慎的态度，以双方提交的证据作为审判的依据，在既有证据的前提下，难以认定腾讯构成"滥用市场支配地位"，只能说明在互联网反垄断领域，收集或形成相应的证据非常之难。

可以说，360 的最终败诉主要还是败在了证据上，而对于中国互联网领域的反垄断纠纷，该案既开创了审判先河，也拉开了互联网领域相关诉讼的大幕。

三网融合：客厅革命下的利益博弈

"三网融合"曾是寄托了一代广电人梦想的热词。由于政府规制和技术演进等多方面原因，多年过去，全国的广电网络依然是一盘散沙，"三网融合"的提法已被学界和业界冷落数年。2014 年国家有线即将挂牌的利好消息传来，广电总局宣布了国网的领导，广电人的三网融合梦重启。

一、总体概况与发展态势

对三网融合的理解，最早的片面理解是"三网合一"，也就是三张网在网络物理层面的统一；再后来，三网融合被解释为业务的融合，也就是广电和电信运营商的相互进入，形成应用层面的融合；21 世纪的第二个十年，进入移动互联网时代，"多屏分发"和 OTT 成为关键词，广电和电信运营商都开始被管道化，融合也增加了新的含义和解释①。其实这就是现在的三网融合，它正在发生，而且来得很猛烈，这种融合最明显的表现是在人的融合和跨界。

20 世纪末产生的 PC 互联网，影响的主要是书房，而发端于 21 世纪第二个十年的移动互联网时代，则是移动革命和客厅的革命。客厅革命发端于传输渠道的多元化，也就是视频的"泛在"，主要分为两个阶段：

第一个阶段是 IPTV 的普及。以上海百视通为代表的广电运营商推出的 IPTV 首先对有线网的客厅垄断地位构成了挑战。IPTV 的快速发展成就了上海百视通在资本市场上的成功上市，并成为全国性的广电新媒体公司；与此同时，IPTV 使得地方广电集团和总台被迫在传输渠道方面进行左右手互博，形成了传输渠道的"竞合"格局。②

第二个阶段是 OTT TV 的出现。从互联网的特性来说，IPTV 具有过渡性质，而互联网电视 OTT TV 必将取代 IPTV。OTT TV 的出现，彻底打破了电视传输渠道的垄断性，使得电视行业开始从封闭的花园走向互联网的蓝

---

① 胡瑜熙，郑毅．三网融合发展现状探讨．电讯技术，2008（5）．
② 温建伟，王厚芹．国际三网融合进程评价与启示．电视技术，2010（6）．

海。伴随着 OTT 的一路高歌，客厅革命真正到来。

如果把上述三种传输管道和电信做个比较，DVB 就是当年的有线固定电话、IPTV 好比 2G 和 3G 移动电话，OTT 就是 4G。视频的"泛在"是大势所趋，视频传输管道的产业格局必将面临重构。未来，概念之争逐渐淡化，在监管博弈下的相互融合和生态重构将成为关键。

客厅革命的主要特征就是"跨界融合"。这种跨界和融合主要体现在产业参与者的融合：原有的封闭产业链被打破，通信、电视机制造，终端生产商、视频网站纷纷进入电视行业。尽管广电总局通过牌照进行管理，但开放的大门已经打开。

二、社会影响

回顾 2014 年，全球传媒行业最流行的热词，一是在广电行业的 OTT 互联网电视，第二个就是报纸，即报纸的停刊、关闭以及重组。

互联网对电视传输渠道带来的最大冲击就是管道化，即 OTT。有线网的管道化趋势是不争的事实，电视机终端面临着多种传输渠道的选择。国家有线的挂牌，必将重启广电网的跨地域整合，也将加强 IPTV 和 OTT 等视频业务的行业垄断和议价能力，对行业生态的影响也不能低估。

互联网颠覆了传统电视的生态链。传统电视的生态链是由内容生产商、播出机构电视台、传输渠道有线网络和广告公司构成的封闭产业链，而互联网的发展颠覆了这个生态链，主要表现在重构了产业链，新的参与者进入，以及延伸出新的商业模式。

2014 年，也必将是视频传输管道的生态重构之年，有以下几点变化：

（1）止跌的有线电视。

深圳天威视讯发布公告，截至 2014 年 12 月 31 日，公司共拥有的有线数字电视用户终端数为 112.34 万个，较 2012 年底减少了 0.87 万个；交互电视用户终端数为 45.83 万个，较 2012 年底增加了 2.39 万个；付费频道用户终端数为 5.44 万个，较 2014 年底增加了 0.06 万个；有线宽频缴费用户数为 21.76 万户，较 2012 年底增加了 2.43 万户。

（2）进入"＋"时代的 IPTV。

在红火的 OTT 面前，IPTV 虽然是技术层面的过渡产品，但定位准确，服务有保证，收费稳定，由此来看，IPTV 的生命周期远没有结束。深圳正在做下一代 IPTV，将集 IPTV 和 OTT 的优势于一身，将是用户体验极好的产品。

北京广电在 2014 年 1 月 8 日也推出了升级版的 IPTV，即"IPTV ＋"。

北京"IPTV＋"，直面竞争对手互联网电视，推出包括定制剧场、优酷专区、HIFI 影院（5.1 环绕声、3D）、深度专题、卡拉 OK、电视挂号、教育在线、生活服务等高清和互动应用。

IPTV 业务原有的商业模式是被电信运营商和宽带业务捆绑，"免费"搭送给用户。这种捆绑模式也有所突破，深圳 IPTV 在 2012 年 5 月取消捆绑，"大跃进时代"结束，但新增用户的发展速度令人鼓舞。

IPTV 没有有线电视官二代的优势，也没有 OTT 富二代的优势，但升级后依然有竞争力。电视当前的主要问题是主要传输手段——有线电视太落后，大多数有线电视依然是单向的，观众被迫转向双向的网络视频，因此高清 IPTV 和高清交互电视仍有能力吸引用户重返客厅。[①]

（3）OTT TV，是否"卖水经济"。

2014 年，最热闹的关键词就是 OTT 和盒子。OTT 与上述两种管道最大的不同在于它的开放性。OTT 有了互联网的特质，原有的"圈块地"和"收过路费"的模式已经失效，由此引发地域和行业被打破，OTT 开始跨界集成。

但是 OTT 还面临盈利模式不清晰，价值链条不封闭，利益相关方众多的问题，目前前景还看不透。唯一看透的是热闹的 OTT 会展经济，还属于"卖水经济"。

OTT 尚待实现的商业模式，可能包括媒体的眼球广告收入、新体验下的用户付费收入以及基于开放平台的增值业务，但这些都还处于用户培育期。未来，一切都由市场说了算。

（4）爆发增长的 4G。

2014 年元旦之后，中国移动宣布在 2014 年发力 4G，建成全球规模最大的 4G 网络。全年预计建成 4G 基站 50 万个，销售 4G 终端 1 亿部以上。中国移动即将普及的 4G，必将带来移动视频业务的大发展，与此相关的视频业务和应用必将开始爆发增长。

三、学界与业界的评价

易观国际分析师指出："未来互联网企业绝对是三网融合中的最大受益者。"因为互联网业务的开放性，互联网企业的进入门槛很低，甚至个人也可以经营网站。而且，互联网业务往往具有跨地域的特征，所以这个

---

① 殷继国．论我国电信业不对称规制法律制度的完善——以第三次重组和三网融合为背景．北京邮电大学学报，2010（4）．

行业竞争最为激烈，也最为充分，造就了互联网企业灵活的生存能力。[①]

优酷网 CEO 古永锵就曾表示三网融合对网络视频影响很大，内容和平台企业之间如展开更深入的合作，市场就会越来越大。"三网融合"将整合各种骨干网络，对于业务应用将从网络上做到手机、电视和电脑屏幕之间无缝衔接，而这将会为互联网公司所用，通过"云计算"支撑各种终端业务应用。[②]

香港科技大学商学院副院长徐岩表示，内地政府并未尽力去推动三网融合，"最关键的融合不在于终端、网络、业务，最关键的应该是监管，如果监管出现了问题，三网融合的推动过程是非常困难的"[③]。

四、新媒体之"新"

传输管道是为内容服务的，便利性、体验度、内容质量是三个关键。对用户来说，关心的是业务体验，对运营者来说，关心的是商业模式。

OTT 带来的互联网思维，使得传统广电的商业模式面临转型，机遇和挑战并存。

机遇方面，互联网使得这个行业开始从封闭的夕阳产业开始朝阳化。具有互联网特征的 OTT，带来了新的商业模式和运作模式，使得传统广电机构有可能成功转型为具有互联网基因的全国性新媒体公司。典型的如上海 SMG、杭州华数、湖南广电的芒果 TV 都有可能胜出。

但对于大多数广电机构来说，可能面临的挑战大于机遇。首先是各地有线运营商被管道化后面临的业务转型；此外在内容生产方面，开始面临视频网站等新进入者的竞争，国内几个大的视频网站在内容自制和内容版权方面，已经开始对电视台的传统强项构成威胁；在商业模式方面，传统的 4A 公司、数据公司和电视台的铁三角关系将被打破，电视台广告很难持续增长；在终端和用户方面，"观众"开始成为"用户"。OTT 盒子的大量出现，开始抢夺传统观众。传统电视一旦丧失用户和终端，将失去对电视产业链下游的控制，彻底沦为内容生产商。[④]

三网融合也给互联网企业带来四方面新的优势：

① 一周观察——纵观两会提案 2014 "三网融合"有戏 . 2014 – 03 – 10. 流媒体网 . http：// iptv. lmtw. com/IPro/201403/101826. html201403/10.

② 专访古永锵：网络视频内容和平台之间应更深入合作 . 2010 – 08 – 18. 新华网 . http：// news. xinhuanet. com/eworld/2010 – 08/18/c_ 12456834. html.

③ 香港学者：不解决监管体制三网融合搞不成 . 2011 – 11 – 18. C114 中国通信网 . http：// www. c114. net/swrh/1995/a655509. html.

④ 韦乐平 . 三网融合的思考 . 电信科学，2010（3）.

一是电信行业和广电行业实现充分竞争，将弱化电信运营商和广电运营商的行业垄断性；二是电信和广电思维对本行业转型形成阻力，互联网企业将保持在应用服务领域的领先优势；三是三网融合促进服务模式由以业务运营为中心向以用户为中心的方向发展；四是互联网企业精准把握用户需求，具备控制用户桌面和用户体验的竞争优势。[①]

五、国内外对比

1. 美国

美国 FCC 就是融合了对电信和广电进行监管的职能部门。1996 年联邦《通信法》第 621 条 C 款特别提出："由于有线电视网传输的是有线电视服务，因此不能将其等同于电信公司进行管理。"亚太地区的一些国家，也开始对本国电信法的内容和适用范围等加以调整。随后，各国通信业也出现了大量"三网融合"的企业兼并重组案例。

2. 欧盟

欧盟 1999 年《电信、媒体与信息技术绿皮书》中明确指出："融合指不同的网络平台能够传输基本相同种类的服务，或者指电话、电视和个人电脑等用户端设备的一体化。"

2001 年又颁布了新的"管制框架"，原"电信服务和网络"一词被"信息通信"所取代，新框架涵盖了所有的信息通信网络，包括广播业务所使用的网络，其管制的对象是各种传输方式，而不是通信内容。目的是简化管制程序，适应各种电子通信手段融合的需要。德、法、西班牙等国先后颁发"关于电信公司可以从事双向视频服务的规定"。

3. 英国

英国从 2001 年开始，用了近三年的时间，对电信和广电的管制机构进行重组，逐步将原先的 OFTEL、ITC（独立的电视委员会）与广播标准委员会以及负责无线频谱的英国无线通信局等九个机构的职能进行整合，至2003 年成立新的通信管制机构"OFCOM（通信管制局）"，并将现行的《广播电视法》《电信法》《公平竞争法》等法律中的有关条款组合而成一部汇编性法律——英国《通信法》（共计 900 页），同时还出台了《电信公司可以从事视频服务》等规定。

4. 日本和韩国

日本和韩国在通信业方面尤其是移动多媒体业务方面发展较快。韩国

---

① 一周观察——纵观两会提案 2014 "三网融合"有戏 . 2014 – 03 – 10. 流媒体网 . http：//iptv. lmtw. com/IPro/201403/101826. html.

的多媒体直播新业务，由传统的电信运营商（如 SKT 和 KTF）和广播电视运营商共同提供，他们分别采用各自不同的技术提供业务服务，而且接收终端可以是车载的，也可以是手机。如今，韩国已经出现了同时存放 DMB（数字媒体广播）和移动通信的两种接入芯片的手机，用户可边打电话边收看电视。①

5. 中国

早在 2000 年 10 月，"十一五计划"明确提出，"抓紧发展和完善国家高速宽带传输网络，加快用户接入网建设，扩大利用互联网，促进电信、电视、计算机三网融合"——这是"三网融合"首次于国家规划中得到确认。

但是直到 2010 年，中国才迎来"三网融合"元年。广电、电信、互联网纷纷针对"三网融合"提出远景规划并付诸实施。

中国对于三网融合有很前卫的认知，但是在落实上却相对滞后，错过了发展的黄金时期。在如今移动互联网兴起的时代下，三网融合的实际意义有待重新考量，而把握当下的机会，中国的互联网发展仍然大有可为。

六、总结与反思

从广电的举措来看，不论是对开放的互联网业还是相对开放的电信业，广电业均选择了对抗。

这恰恰反映了封闭的广电在三网融合过程中无法有效地转变自己的身份，首先完成自身内部关系的调整。从而让人看到的是更多地借助其独特的行政力量来进行压制。

相比广电而言，由于电信网与互联网是天然联系在一起的，同时由于相对较弱的行政力量，所以自然而然地走上了一条积极拥抱互联网的道路，尤其是都在进一步深化改革的背景下，加大了引入互联网企业来进行混合所有制的举措。

尽管在具体业务和自身体制、机制方面都存在很多与互联网不协调的东西。从这个意义上来看，电信业又是值得肯定的。

从广电的表现来看，当初提出三网融合方案的时候，留给相对较弱、调整更难的广电预留的时间太短了。② 但实际上是广电的封闭以及面对发展变化表现出来的对封闭的固执，对三网融合的推进造成了极大的延误。

---

① 国外三网融合运行状况解读. 2014 - 12 - 17. 中国产业洞察网. http：//fiber. ofweek. com/2014 - 12/ART - 210022 - 8130 - 28914026_ 3. html.

② 韦乐平. 三网融合的思考. 电信科学，2010（3）.

新媒体技术不断发展，推动跨屏观看、多屏互动成为行业趋势，但在很多情况下，由于各终端部门的独立，各部门往往采用独立的数据分析系统，数据处于孤岛状态，数据统计方式不统一，造成数据间的误差。

这在多数情况下会带来一个问题：孤立地去看用户在各个终端的行为，而没有将一个用户在多终端之间的行为串联起来。这对数据分析的客观结果是有很大影响的。

除了体验优化，打破跨屏数据藩篱对于提升新媒体营销也大有必要。从两个方面来看这个必要性：

第一，用户收看渠道正从单一媒体到多终端整合。目前，较多电视台的品牌节目都发现一个问题，由于这些节目会被放到自己的 PC、移动互联网、IPTV 和 OTT 等平台进行播放，而冠名商广告费还仅仅按照传统媒体的收视率进行计算。因此，很多客户都提出对新媒体平台的传播价值进行评估的需求。

第二，用户接收从固定接收到无缝传播。传统的接收模式下，人们被要求在固定的时间接收固定的内容。但在终端化的新模式下，人们可以在任意时间接触任意内容，这就形成了多终端的无缝传播模式。

由于受众的信息接触和分享模式变化，广告主和媒体决定营销时间和地点的传统营销模式也随之改变。广告投放不再限于固定时段、固定位置，而是与受众出现的时间、位置、终端相匹配。

因此，新媒体多终端数据必须整合，才能进一步优化用户体验，从而最大化新媒体平台的价值。而良好的多屏互动为大数据分析提供了坚实的数据基础，数据来源和维度更加丰富，相同用户在不同终端、不同用户在相同终端上的行为分析，对于用户体验优化、提升媒体商业价值来说都至关重要。[①]

三网融合可以预计在 2015 年的阶段性目标难以实现，尤其是所谓的适度竞争关系和新型监督管理关系更是一个长远的任务，这个过程中，广电还需要付出更多的努力。

总之，从目前的情况来看，广电因为关键利益问题，无论是与互联网还是电信业大战正酣，但是可以预计，最终的结果是逼迫封闭的系统走向更加开放，即开放战胜封闭。[②] 在这个过程中，广电是继续扮演积极改革者的角色，还是保守者的角色，也许到了该好好考虑的时候了。

---

① 赵照. 基于 IP－软交换技术的数字广电运营平台. 电视技术，2005（1）.
② 王小伟，刘世栋. 软交换——三网融合的关键技术. 电视技术，2003（12）.

优酷土豆首次盈利：视频网站的曙光？

视频网站，即以视频发布、管理和分享为主要内容的网站。视频网站基于流媒体的技术，通过文字、图像、声音、影像四种方式的结合，实现在线传播，这种连续的影音传播的方式要比以前任何的单一形式的传播更直观、更吸引人，传播优势更加明显。

视频网站自出现以来，如何将庞大的流量变现一直是国内外各大视频网站的"顽疾所在"，原因在于视频网站既没有如电视一般丰厚的广告收入，也没固定的盈利窗口和模式。而优酷土豆这次盈利可以说是代表了国内整个网络视频行业，其走势被看好。

一、总体概况与发展态势

中国的网络视频已经覆盖了超过 80% 的互联网用户，和资讯、邮箱、IM 等一样成为互联网的基础应用，领先的专业网络视频网站流量已经逼近各大门户网站。艾瑞统计数据显示，2014 年中国网络视频用户规模已超过 5 亿，市场规模达到 103.2 亿元，网络视频已经成为中国互联网经济的重要组成部分，并于 2014 年首次实现盈利。

2012 年 3 月，国内两大视频网站优酷与土豆合并的消息，曾一度令业内震惊。然而合并以后的优酷土豆并没有因此而从亏损的泥潭中走出来，持续的亏损导致视频网站的盈利能力不被看好。

此次首次实现盈利，虽然整体看来，优酷土豆依旧亏损数亿，可是给了视频网站一点希望的光芒。至少证明视频网站已经渐渐找到了自己的盈利点，并说明未来发展的方向逐渐清晰。

视频网站开始从以培养用户为主向注重商业模式转化。从网络视频诞生的 2004 年到 2012 年，网络视频行业还普遍处于一个"圈地"的情形，各家企业注重的是流量、影响力和用户数，因此近乎无限制地添加服务器和带宽，以增加视频数量和提高访问速度，提升用户体验。而对于盈利模式的探索和营收，则放在了完全次要的位置。一些领先的网络视频厂商，甚至到 2012 年年底都没有成立销售团队。支持他们这么做的动力，则是身后的投资机构，大家都希望先在占有率上击败竞争对手，然后在相对垄断的市场格局下开始考虑盈利。

众多视频企业从 2013 年起，开始逐渐将盈利放在了最重要的地位。购买版权来吸引广告主、减带宽以降低成本、大肆招募销售人员，成为众多视频企业 2013 年以来的主要市场举动。

事物的发展从来就不是一帆风顺的，视频网站面临着融资、牌照、模式同质化，商业模式和带宽等问题的困扰，以及版权等问题的争论和探讨。在这些问题的探讨争论和解决中，视频网站将逐步走向成熟，并以更加健康和稳健的步伐实现自身的发展。

二、社会影响

视频网站逐步明确自己的内容定位，打造各具特色的网站模式。如优酷网以打造国内最大的娱乐视频分享平台为目标，逐渐成为像搜狐一样的视频资讯平台，土豆网把自己打造成为网上影院的模式。此外，与电视台、影视机构和唱片公司的合作就是一个很好的获取优质内容的有效渠道。

"上述方式的资源整合不仅使资源得到最大利用，而且还部分解决了视频网站的侵权问题。在内容方面的探索，为准确把握用户需求，进而形成此用户的持续黏性和忠诚度起到很大的积极作用。"①

优酷土豆合并终于盈利，其多元盈利模式、着重打造自制剧的举措也让众多视频网站看到了盈利的希望。随着网络视频业 UGC（用户生成内容）运营模式的呼声再次高涨，合并一周年仍然亏损的优酷土豆也回归创业本旨，打起 UGC 的牌，推出创作者广告分成计划。

搜狐董事局主席张朝阳曾对记者表示，2014 年将成为搜狐的自制元年。

爱奇艺也将在 2014 年实施"综艺独播年"的战略，并且斥资 2 亿元购买了包括湖南卫视《爸爸去哪儿》在内的 6 大热门综艺节目的独家版权，并表示不再进行分销。

除此之外，爱奇艺还将全资成立一家影视制作公司，并以工作室的形式吸纳影视制作人才进驻。龚宇曾表示，2014 年视频行业在移动终端会迎

---

① 视频网站数量缩水，无线领域寻求新模式 . 2011 – 06 – 25. 信息通信导报 . http：// b2b. toocle. com/detail – – 5820691. html.

来货币化的爆发期，电视屏的爆发期将出现在 2016 年。

此外，摆在视频网站面前的严峻现实是：当互联网与电视媒体的竞争越发激烈，电视媒体随时有可能切断和视频网站的联系或者自建平台。这个时候能救网络视频的看似只有一条路：自媒体。

自媒体时代的来临，让视频网站似乎找到了一个可以与电视台进行差异化竞争的内容生产模式，即通过签约具有影响力的大 V 或自媒体人，围绕其进行节目的制作，通过自媒体人的影响力和视频网站的播放平台绑定，让节目具有更强的传播力。①

从目前的新媒体发展趋势看，无论是微博、微信公众号，还是虎嗅、钛媒体这样的科技类网站，自媒体人已经是最重要的内容生产者，而视频网站也正在朝着这个方向发展。

然而，视频网站作为一种新媒体网站，行业之间的竞争最终会沦为内容的竞争，甚至还将演变成为对自媒体人的竞争。而有影响力的微博大 V 或其他能够生产独特优质的视频内容的自媒体也将会在视频网站上扮演越来越重要的作用。

三、学界与业界的评价

爱奇艺 CEO 龚宇则认为，现在说视频网站就此结束烧钱时代仍为时过早，行业的真正稳定盈利还任重而道远。在一个高速成长的市场里，一定要尽快抢占市场份额，而不是考虑收入，互联网经济早就证明了只要你有足够的市场份额，盈利只不过是一个早晚的问题，所以必须要扩大规模，他也是根据这个策略来考虑预算的分配的。

《第一财经日报》也报道表示，当竞争对手爱奇艺、搜狐视频纷纷抢独家综艺、买美剧，烧钱抢市场份额时，优酷看上去是用规模的扩大和成本控制在此时实现盈利。

易观智库分析师庞亿明认为，优酷土豆是启动了保证实现盈利的理性模式，"自制的优势在于成本小，投资回报率高，也能体现出内容的差异化。而优酷土豆在此之前的自制内容已经形成一定的品牌知名度，得到广告商的逐步认可"。

《21 世纪经济报道》对此报道表示，事实上，整个视频网站行业还处于"烧钱"跑马圈地的局面。由于行业竞争仍然十分激烈，视频网站内容

---

① 陈佳贵，李杨，等 . 2012 年中国经济形势分析与预测 . 北京：社会科学文献出版社，2011.

的质量参差不齐、带宽成本一直居高不下。目前，贴片广告则成为视频行业的主要盈利方式，因此盈利模式还较为单一，广告收入仍是盈利的主要来源，但越来越长的广告时间对用户体验来说，无疑是一个值得诟病的因素。①

言下之意，优酷土豆凭借更多的广告收入实现盈利并不是一个可以长久的方法，因为这极有可能引起用户的不满，从而失去盈利基础。

四、新媒体之"新"

视频网站的商业模式一直是业界极其关心的话题，虽然目前广告已经成为网络视频最主流的盈利模式，但是厂商们一直在探索其他的模式。特别是当用户规模越来越大、网络视频影响力越来越大、与其他领域的结合越来越紧密的时候，任何新的模式在未来都有可能出现，其盈利模式的创新点主要体现在以下方面：

1. 深挖视频广告潜力

目前，视频网站上的广告还是以硬广告为主，与其他 1.0 网站（如新浪）的竞争比较同质化。随着视频广告不断为广告主所接受，可以和广告主开展一些更深层次的合作，如与企业开展活动式互动营销、用视频为企业开展口碑营销等。

2. 优质内容的付费观看

随着网络视频的用户规模不断扩大，用户的需求必然由于差异性而产生分化。而在内容方面由于市场的成熟，版权问题基本得到解决，不会出现内容被恶意盗播以争夺客户的情况。因此，网站对于一部分对视频质量、及时性有很高要求的 VIP 客户，可以提供付费观看服务，VIP 客户可以享受到最新的高清片源，并且有专门带宽保证 VIP 客户的观看体验。

3. 挖掘社区互动潜力

网络视频，尤其是视频分享网站具备明显的社区特性，在精准营销、口碑营销方面有自己独特的优势，抓住社区互动的特点展开互动类营销则是网络视频区别于其他传统媒体的独特优势。

同时，社区互动还存在着道具增值、电子商务等方面的发展方向，如我乐网已经在这方面有所涉足（发行虚拟，用户使用 56 币可以参与视频

---

① 优酷土豆实现盈利 视频行业烧钱时代结束了吗？. 2014 - 03 - 03. 中国经营网. http：// www. cb. com. cn/index. php？m = content&c = index&a = show&catid = 22&id = 1041156&all.

美女交友和欣赏优酷在线的精彩视频)①。

4. 结合 4G 手机服务的付费视频下载及无线视频营销

根据 CNNIC 历年发布的调查数据来看，中国通过移动终端上网的网民持续增加。随着 4G 牌照的发放，移动互联网将成为未来热点。当移动上网成为一种趋势，尤其是随着 4G 时代的到来，通过手机观看视频将满足众多手机用户的多样化需求。于是，6 亿手机用户成为视频分享的潜在用户，相对于 2.9 亿网民而言，无疑将大大扩展视频分享网站的用户发展空间。

5. 网络视频厂商向上游内容链条渗透

目前，网络视频厂商已经开始联合一些制作机构，自主制作一些影视内容，向产业链的上游渗透，希望可以加强在产业链中的话语权。随着网络视频厂商对于内容环节的渗透，一些优质内容的版权转让、与传统媒体的合作可以成为新的盈利点。

6. 与其他网络服务形式的结合

网络视频的表现力强于普通的图文，因此和其他网络服务（如网络招聘、电子商务）形式的结合，存在着发展潜力。如优酷网与淘宝网的合作，成为视频网站涉足电子商务的经典案例。

经过多年的发展和积淀，视频网站逐渐从稚嫩走向成熟。在经历了成本、资金和政策的洗礼之后，行业群雄混战的局面已经结束。视频网站行业的发展态势渐趋明朗，步伐更见稳健。目前主要形成了以下两家实力较强的视频网站：优酷土豆和爱奇艺 PPS。

五、国内外对比

视频网站不断尝试通过自媒体进行节目自制，有很大部分是看重自媒体人的影响力及其生产内容的能力。事实上，视频网站还有一个更大的诉求，就是希望借此获得更多的盈利想象空间。

一般来说，自制节目比起购买版权引进的剧集在广告植入的处理上更加灵活。购买的剧集一般只能做播放前的贴片广告②，而自制节目不但可以做前贴片广告，还可以在节目当中进行更多的软性植入尝试，如节目中的道具、台词以及片头片尾等。对广告进行艺术化的处理，从而在不影响节目品质和观看体验的情况下，获得更多的收入回报。

---

① 上海国家会计学院. 企业并购与重组. 北京：经济科学出版社，2011.
② 李东楼. 自媒体解救视频网. 北京晨报，2014 - 05 - 14.

这些可以在以往视频网站播出的自制剧中找到端倪，比如优酷推出的《万万没想到》，还有搜狐视频推出的《屌丝男士》，这两个节目都进行了广告软植入，但并没有影响到观众的观看体验，而且都在市场上赢得了良好的口碑。

此外，广告主也可以根据自制节目的内容来更加精准地进行广告投放，甚至可以根据自制节目的受众、方向及调性进行投放。如《陆琪来了》这样一档女性情感自制节目，其受众多为女性，广告主就可以针对性地投放女性产品，如化妆品、日用卫生品、服装首饰等。显然，这种精准的投放比粗放式的投放效果更为可期。

毫无疑问，对于视频网站来说，与自媒体人合作进行自制节目的尝试才刚刚开始，之后将有越来越多的自媒体人会被"招安"到视频网站的门下，而关于自制节目的广告植入及营销探索，视频网站倒是可以借鉴电视台的经验①。

从内容来源渠道上看，中美视频网站区别不大，主要通过以下三种渠道构成：一是 UGC，即用户生成内容；二是依托内容供应商的资源；三是视频网站自制内容。在采购内容的选择上，中美视频网站存在一定区别。

网络视频的发展不是由网站单方面决定的，而是网络环境、用户习惯等多方面因素相互作用的结果。网络环境的差异造成视频网站建设模式的不同。在美国，版权意识相对成熟，所以才会存在 Netflix 这种完全靠内容收费而发展起来的网站②；而在中国，版权保护相关法律法规有待健全，原创内容没有应得的安全感，因此在很大程度上依旧依赖广告收入实现利润诉求。

六、总结与反思

1. 视频网站的新媒体属性

对视频网站而言，媒体的属性越强，广告客户的认同也越强。有业内人士认为，雄厚的财力是视频网站生存的基础，已经有超过 90% 的视频网站倒在了黎明前最黑暗的时刻，胜出者将不足 10 家。为此，在转型期到来的时候，视频网站必将再次掀起融资高潮。无论是外部融资，还是内部输血，只有获得资本支持，才能成为最终的赢家。

除了资本的支持，视频网站内容细分化也必须得到更为合理的规划。

---

① 于立，吴绪亮. 出台反垄断法：该急还是该缓. 经济时报，2006 - 02 - 24.
② 黄京华，章慧. 中外视频网站的若干比较. 当代电视，2013（11）.

一是无线，虽然移动运营商的政策可能对这个领域产生一定影响，但是不管如何，能生存下来的视频网站肯定有一个最后会依托于此。

二是媒体，现在电视台的节目越来越多样，观众的口味也趋于多变。而电视台的做法却因为长久的时间积累而逐渐固化，如何抓住观众的口味，并通过电视这个传统渠道进行发散，将成为视频网站的另一个机会。

三是关联产业的融合，例如和网络游戏相结合，视频网站可以进行游戏攻略、技术、演示。其实目前很多产业都需要视频网站的辅助，比如教育、旅游。

2. 整合趋势阻碍行业发展

既然创业门槛会变得越来越高，那么在没有新生命力的注入下，网络视频的发展必然会受到较大的影响。因为整合并购资源之后，整合的资源会需要有一个更加妥善的管理方式，而这样的管理方式如果效仿此前市场上已经存在的某些管理方法的话，所冒的风险会很大。那么这个时候，很多整合后的资源就会选择按照别人的方式整合资源，哪怕在后续的发展上做出了些许创新改进，那也是不够明显的。

这种情况，和一个处在发展期，一个又一个新鲜的生命力开始加入，纷纷试图要在一个新的领域中创新求异，找出一条不同寻常却又比较现实的发展之路是明显不一样的。

所以按照这种整合趋势发展的话，已经发展了多年的网络视频将走上传统化的同质之路，几大主流网络视频不仅在资源上相对，哪怕是在业务、管理、运营上也都相差无几，这样，一年过去也看不出行业明显的发展改变。

3. 视频网站的现状与未来

在网络视频领域，没有一个实力强大的后台是难以占据有利位置的。网络视频行业是互联网行业中极为"烧钱"的一个领域，很多时候都只是花钱赚名声赢地位，无法在抛却成本的情况下获得收入，这样在网络视频势力不断整合、不断集中的情况下，谁能够坚持到最后谁才能够在这次长久的竞争中取得胜利。

根据中国社科院最新发布的《中国新媒体发展报告》，我们能够了解到曾经在创业巅峰时期达到的 300 余家网络视频网站在经过近两年的并购淘汰之后，只留下了大小 20 多家。

随着这些网络视频网站资源的进一步整合，没有强大的后备资源，是无法在后续的竞争中处于优势的，因为网络视频领域的创业门槛会随着资源整合计划的不断实施而变得更高①。

因此，在网络视频领域全面进入整合期之后，网络视频整合必然会对网络视频行业的发展造成较大影响。但在整个网络视频行业整合定型之后，网络视频服务方在以整合为主的发展中，将自己的地位在网络视频产业链中明显提升之后，是有可能再度进入一段较长时间的网络视频新发展时期的。但在 2015 年，网络视频整合趋势必然将大过发展态势。

---

① 林平．中国企业兼并的反垄断控制//王晓晔．经济全球化下竞争法的新发展．北京：社会科学文献出版社，2005.

2014 中国大数据产业：以 BAT 为例

大数据，是指无法在一定时间内用常规软件工具对其内容进行抓取、管理和处理的数据集合。大数据技术，是指从各种类型的数据中，快速获得有价值信息的能力。

适用于大数据的技术，包括大规模并行处理（MPP）数据库、数据挖掘电网，分布式文件系统、分布式数据库、云计算平台、互联网和可扩展的存储系统。2014 年是中国大数据产业快速发展的一年，各大互联网巨头和国家机构纷纷注资大数据，试图早早拿到利润。

一、总体概况与发展态势

实际上，对于大数据究竟是什么，业界并无共识。大数据并不是什么新鲜事物。信息革命带来的除了信息的更高效的生产、流通和消费外，还带来数据的爆炸式增长。"引爆点"到来之后，人们发现原有的零散地对数据的利用造成了巨大的浪费。

移动互联网浪潮下，数据的产生速度前所未有地加快。人类达成共识开始系统性地对数据进行挖掘。这是大数据的初心。数据积累的同时，数据挖掘需要的计算理论、实时的数据收集和流通通道、数据挖掘过程需要使用的软硬件环境都在成熟。

概念、模式、理论都很重要，但在最具实干精神的互联网领域，行动才是最好的答案。国内互联网三巨头 BAT（按顺序依次为百度、阿里巴巴、腾讯）坐拥数据金矿，已陆续踏上了大数据掘金之路。

数据如同蕴藏能量的煤矿。煤炭按照性质有焦煤、无烟煤、肥煤、贫煤等分类，而露天煤矿、深山煤矿的挖掘成本又不一样。与此类似，大数据并不在"大"，而在于"有用"。① 其中，价值含量、挖掘成本比数量更为重要。

---

① 维克托·迈尔—舍恩伯格，肖尼斯·库克耶. 大数据时代——生活、工作与思维的大变革. 周涛，译. 杭州：浙江人民出版社，2012.

百度拥有两种类型的大数据：用户搜索表征的需求数据；爬虫和阿拉丁获取的公共 Web 数据。

阿里巴巴拥有交易数据和信用数据。这两种数据更容易变现，挖掘出商业价值。除此之外，阿里巴巴还通过投资等方式掌握了部分社交数据、移动数据，如微博和高德。

腾讯拥有用户关系数据和基于此产生的社交数据。这些数据可以分析人们的生活和行为，从里面挖掘出政治、社会、文化、商业、健康等领域的信息，甚至预测未来。

公司	数据	技术	人才	方向
百度	公共数据 需求数据	数据聚合、语义理解、深度学习	高价+用心挖相关领域高端人才	注重研究与实用性结合，仍然围绕搜索
阿里	电商数据 信用数据	底层系统、并发处理	系统级别人才，例如Linux Kernal、数据库、服务器	完善底层系统，做分享平台
腾讯	关系数据 社交数据	技术低调、执行力强、封闭开发、集体加班、重金激励	很早便挖人，不过走了。缺技术带头人。但技术执行力强，同时注重高校合作	先将产品补全，形成稳定生态圈。面向产品的挖掘

BAT 大数据对比[①]

1. 百度

百度含着数据出生且拥有挖掘技术，研究和实用结合。搜索巨头百度围绕数据而生。它对网页数据的爬取，网页内容的组织和解析，通过语义分析对搜索需求的精准理解进而从海量数据中找准结果，以及精准的搜索引擎关键字广告，实质上就是一个数据的获取、组织、分析和挖掘的过程。

除了网页外，百度还通过阿拉丁计划吸收第三方数据，通过业务手段与药监局等部门合作拿到封闭的数据。但是，尽管百度拥有核心技术和数据矿山，却还没有发挥出最大潜力[②]。百度指数、百度统计等产品算是对

---

① 罗超. BAT 三巨头开挖大数据. 2013 – 05 – 31. http：//www. huxiu. com/article/20130531/15251/1. html.

② 崔保国. 中国传媒产业发展报告蓝皮书（2014）. 北京：社会科学文献出版社，2014.

数据挖掘的一些初级应用，与 Google 相比，百度在社交数据、实时数据的收集和由数据流通到数据挖掘转换上有很大潜力，在前进的路上还有很多事情要做。

搜索引擎在大数据时代面临的挑战有：更多的暗网数据，更多的 Web 化但是没有结构化的数据，更多的 Web 化、结构化但是封闭的数据。这几个挑战使得数据正在远离传统搜索引擎。不过，搜索引擎在大数据上毕竟具备技术沉淀以及优势。

接下来，百度会向企业提供更多的数据服务。前期百度与宝洁、平安等公司合作，为其提供消费者行为分析和挖掘服务，通过数据结论指导企业推出产品，是一种典型的基于大数据的 C2B 模式。

百度还会利用大数据完成移动互联网进化，核心攻关技术便是深度学习。基于大数据的机器学习将改善多媒体搜索效果和智能搜索，如语音搜索、视觉搜索和自然语言搜索，这将催生移动互联网的革命性产品的出现。

尽管百度已经出发，但其在大数据上可做的事情还有很多。

在数据收集方面，百度需要聚合更多高价值的交易、社交和实时数据。例如，加强贴吧、知道的社交能力，尽快让地图服务与 O2O 结合进而掌握交易数据，以及推进移动 APP、穿戴式设备等数据收集系统。

在数据处理技术上，百度成立深度学习研究院加强自己在人工智能领域的探索，在多媒体和中文自然语言处理领域已经有一些进展；云存储、云计算的基础设施建设也在逐步完善。但深度学习仍然是一个巨大的挑战，百度等探索者还有很多有待解决的问题，如无监督式学习和立体图像识别。

在数据变现方面，百度需将数据挖掘能力、数据内容聚合和提取等形成标准化的服务和产品，进而开拓大数据领域的企业和开发者市场。而不仅仅是颇为个性化、定制化地为大型企业提供服务。

百度的优势体现在海量的数据、沉淀十多年的用户行为数据、自然语言处理能力和深度学习领域的前沿研究上。在技术人才方面，百度是聚集国内最多大数据相关领域顶尖人才的公司。

总体来看，百度拥有大数据也具备大数据挖掘的能力，并且正在进行积极的准备和探索。在加强面向未来的研究和人才布局的同时，也注重实用性的技术产出。

2. 腾讯

腾讯的数据为产品所用，自产自销。1999 年，腾讯公司刚刚成立不久，天使投资人刘晓松决定向其注资的一个主要原因就是他发现，"当时虽然他们的公司还很小，但已经有用户运营的理念，后台对于用户的每一个动作都有记录和分析"。而另一个投资人却因为马化腾在公司很小时就花钱在数据上表示不满。此后，腾讯的产品生产及运营、腾讯游戏的崛起都离不开对数据的重视。

腾讯大数据目前释放的价值更多是在改进产品方面。据腾讯 Q1（第一季度）财报，增值服务占总收入的 78.7%；电子商务业务占 14.1%；网络广告收入占 6.3%。从广告收入比例可以看出腾讯的大数据在精准营销领域暂时还未大量释放出价值。

腾讯的思路主要是补齐产品，注重打通 QZONE（即 QQ 空间）、微信、电商等产品的后端数据。例如，最近腾讯微博利用"大数据技术"实现好友关系自动分组、低质量信息自动过滤、优质信息分类阅读等智能化功能，明显是用数据改进产品的思路。

在人才方面，腾讯很早便开始重金挖人。尤其是 2010 年在 Google 宣布退出中国后，Google 图片搜索创始人朱会灿、Google 中国工程研究院副院长颜伟鹏、Google 中日韩文搜索算法的主要设计者，《浪潮之巅》及《数学之美》的作者吴军相继加入腾讯。搜搜花了很多钱，但被认定为一款无法承载腾讯重托的产品，最后这些人才大都回 Google 了。

腾讯在大数据领域也缺少技术带头人，它对公关也不重视。更不会像百度、阿里那样主动包装宣传技术人才。其在技术上虽然"低调"，但执行力很强。配套的重金激励之下必有勇夫，腾讯用制度保障技术产出。另外腾讯在高校合作领先一步，在 2010 年便与清华大学合作成立了清华腾讯联合实验室。

总体来看，腾讯目前的大数据策略是先将产品补全，产品后台数据打通，形成稳定生态圈。本阶段先利用大数据挖掘改进自己的产品。后期有成熟的模式与合适的产品，则利用自家的社交及关系数据，开展对大数据的进一步挖掘。

3. 阿里巴巴

阿里巴巴坐拥金数据，尝试做面向未来的数据集市。阿里巴巴是 B2B 出身，在外贸蓬勃的大环境下，依靠服务中小企业发家。淘宝、支付宝等 B2C 的产品出生之前，阿里并不依赖也不擅长技术，故业界普遍认为阿里没有技术基因。

直到淘宝、支付宝以及天猫三个产品产生后，对海量用户大并发量交易、海量货架数据的管理、安全性等方面的严苛要求，阿里完成进化，在电商技术上取得不菲的成绩。在一段时期阿里仍然浪费了手里掌握的大量数据，而这些数据还是"最值钱"的金数据。

数据挖掘无非是从原始数据提取价值。阿里现有的数据产品，例如数据魔方、量词统计、推荐系统、排行榜以及时光倒流相对来说是比较简单的 BI（商业智能），还没到大数据的阶段。

"大数据"浪潮袭来，阿里提出"数据、金融和平台"战略。前所未有地重视起对数据的收集、挖掘和共享。阿里现 CEO 陆兆禧曾做过 CDO（首席数据官）。为了用数据来驱动阿里电商帝国，阿里还成立了横跨各大事业部的"数据委员会"。

阿里的各项投资也显示其整合、利用和完善数据的野心：新浪微博的社交及媒体数据、高德的地图数据和线下数据以及友盟的移动应用数据，都是其数据及平台战略的一部分。数据战略正在首席人工智能官（CBO）车品觉的领头下逐步落地，王坚的云为其提供基础设施、基础技术支撑。

马云曾经说过他对大数据的思考，大致意思是：现在从信息时代进入数据时代了，区别是信息时代更多的是精英玩的游戏——"我"比别人聪明，"我"能提取出信息；而数据时代，别人比"我"聪明，将数据开放给更聪明的人处理，数据即资产，分析即服务。

计算机发展的过程是从象牙塔到平民或草根。大数据也是这样，一开始在象牙塔阶段，少数精英公司才能玩；但到后面只要有数据就有价值。数据也有所有权，产生数据、流通数据、挖掘数据的都会获得相应的价值。

而阿里擅长的便是"建立市场"，建立一个数据交易市场。届时任何个人和企业都可以将数据和挖掘服务拿上去交易，有数据的人，拿上去卖，或者让别人分析，分析即服务。没有数据的人，既可以去买，也可以去帮别人挖掘，做矿工。

阿里并不是技术驱动，而是业务驱动的。因此在技术层面我们看到，基于前面提到的阿里大数据思路，其技术重心主要在系统层面。阿里拥有 LVS（Linux Virtual Server，Linux 虚拟服务器）开源软件创始人章文嵩，系 Linux Kernal、文件系统、大牛 DBA 等领域的高级人才。

从人才布局可以看到阿里擅长的技术领域，体现在对于并发访问、电信级别的电商业务支撑方面的得心应手。在 2014 年"双十一"期间，支撑了单日过亿的订单量。

总体来看，阿里更多是在搭建数据的流通、收集和分享的底层架构，自己并不擅长似乎也不会着重来做数据挖掘的活儿，而是将自己擅长的"交易"生意扩展到数据，让天下没有难做的"数据生意"。[①]

---

① BAT 三巨头开挖大数据 . 2014 - 04 - 11. 36 大数据. http://www.36dsj.com/archives/20140411/7158.html.

二、社会影响

当用户在不同的网站上注册了个人信息后，这些信息可能已经被扩散出去了，当用户莫名其妙地接到各种邮件、电话、短信的滋扰时，不会想到自己的电话号码、邮箱、生日、购买记录、收入水平、家庭住址、亲朋好友等私人信息早就被各种商业机构非法存储或贱卖给其他任何有需要的企业或个人了。①

更可怕的是，这些信息你永远无法删除，它们永远存在于互联网的某些你不知道的角落。除非你更换掉自己的所有信息，但是这代价太大了。

用户隐私问题一直是大数据应用难以绕开的一个问题，如被央视曝光过的分众无线、罗维邓白氏以及网易邮箱都涉及侵犯用户隐私的问题。目前，中国并没有专门的法律法规来界定用户隐私，且处理相关问题时多采用其他相关法规条例来解释。但随着民众隐私意识的日益增强，合法合规地获取数据、分析数据和应用数据，是进行大数据分析时必须遵循的原则。②

当很多互联网企业意识到隐私对于用户的重要性时，为了继续得到用户的信任，他们采取了很多办法，比如 Google 承诺仅保留用户的搜索记录 9 个月，浏览器厂商提供无痕冲浪模式，社交网站拒绝公共搜索引擎的爬虫进入，并将提供出去的数据全部采取匿名方式处理等。

在这种复杂的环境里面，很多人依然没有建立对于信息隐私的保护意识，让自己一直处于被滋扰、被精心设计、被利用、被监视的处境中。

个人隐私数据已经无法由自己掌控了。因此对于 BAT 来说，如何在利用大数据做好产品服务数据营销的同时，不可忽视的就是做好用户数据的保密工作。用户将个人数据交给某个平台的基点就是这个平台具有可信赖性。

目前大数据技术已经在制造业、零售业、智能电网、现代物流等多个产业取得了规模化运用，伴随着大数据研究与专业领域的不断交叉融合，将给更多产业带来新的发展机遇。③

---

① Bill Franks. 驾驭大数据. 黄海，等译. 北京：人民邮电出版社，2013.
② 评论：互联网走入大数据时代. 2013 – 06 – 19. 新华网. http：//news. xinhuanet. com/info/ 2013 –06/19/c_ 1324670l7. html.
③ 专家：大数据技术将迎来大规模产业化运用. 2015 – 06 – 07. 新华网. http：// www. bj. xinhuanet. com/bjyw/2015 –06/07/c_ 1115536150. html.

三、学界与业界的评价

Talking Data 首席金融行业布道师鲍忠铁认为，中国大数据产业处于极度分散状态，优秀的人才分布在不同企业，很难形成人才合力。各家企业规模小，很难在企业做深做大，很难利用大数据帮助企业实现业务提升。大多数企业的工具和数据很难满足企业整体的数据要求，中国的数据挖掘和分析产品也很难和国外的产品进行竞争。①

新华网：大数据产业最具想象空间之处在于能够将不同行业的各类数据整合起来，提供全方位的立体数据绘图，力求从系统的角度了解并重塑用户模型，因此，数据的"开放性"和"流动性"成为数据掘金的关键。②

钛媒体：大数据行业市场潜力巨大，未来的增长率将达 37% 左右。但是在中国，目前尚未出现一家如 Palantir、FICO 这样垄断性质的大数据企业。BAT 企业的大数据商业模式都是"2C + 2B"的模式，我们可以简称为复合型的商业模式，因为他们服务的用户有企业用户也有个人用户。这样的模式是最健康的模式，形成了一个商业闭环。③

《中国证券报》：广义上说，我们今天津津乐道的互联网服务提供商三巨头 BAT，其核心价值都是压缩这些泛滥的信息，把大数据变小而易于客户应用。④

四、新媒体之"新"

新媒体传播多中心、数据化、在兼顾社群化的同时强调个性化等特点在大数据开发的背景下被进一步凸显，并出现了许多新的变化：

（1）技术上：从技术上看，大数据与云计算的关系就像一枚硬币的正反面一样密不可分。大数据必然无法用单台的计算机进行处理，必须采用分布式架构。它的特色在于对海量数据进行分布式数据挖掘，但它必须依

---

① 认清现实吧　中国大数据产业的痛点和困难. 2015 – 09 – 22.36 大数据 . http：// www. 36dsj. com/archives/33520.

② 揭秘大数据交易的真正意义 . 2015 – 05 – 05. 新华网. http：//www. chinadaily. com. cn/ hqcj/xfly/2015 – 05 – 05/content_ 13650903. html.

③ IT 时代：看大数据潜力如何？. 2015 – 09 – 22. 钛媒体. http：//smartgrids. ofweek. com/ 2015 – 09/ART – 290003 – 8440 – 29006707. html.

④ 许维鸿 . 把大数据变小. 2014 – 08 – 18. 中国证券报. http：//www. thebigdata. cn/Ye-JieDongTai/11462. html.

托云计算的分布式处理、分布式数据库和云存储、虚拟化技术。

（2）盈利模式上："云计算"进一步挖掘新媒体应用。建立在一定的数据转化、传输、挖掘、处理技术之上的新媒体，因大数据的云计算能力而得到进一步挖掘。

云计算意味着计算能力也可作为一种商品通过互联网进行流通，把计算能力作为一种像水和电一样的公用事业提供给用户。[①] 这意味着，互联网产品无论是广告投放还是内容呈现，都能根据用户的相关数据做到更加精准，从而满足广告主和用户的需求，实现共赢。

（3）传播上：构建用户体验分散传统传播中心，传播层面上的多中心化趋势更加明显。相对于传统的媒体传播来说，新媒体有去中心化、去权威化的趋势，在大数据的背景下，这种趋势得以放大，正是因为大数据技术的支持，各种终端、平台才会层出不穷，使用户在意见的表达和信息的发布中开始占据一席之地，分散了传统的传播中心。

正是"大数据"技术的出现，才使传受双方身份的转变成为可能，同时完成了传播组织的组建。如最常见的应用平台微信，在微信应用中，用户可以通过朋友圈、公众平台将自己经历到的或看到的信息直接分享到其他用户手中，成为传播中心之一。

（4）文化价值上：在整合"社群化"的同时更加重视"个性化"。新媒体所强调的"社群化"进一步整合，大数据技术能够根据用户留下的"蛛丝马迹"得出每个用户的爱好、兴趣，为他们推荐适合自己的社群，正是因为大数据的出现，各种社区、自由论坛将受众连接在一起，形成牢固的人际互动网络。

大数据成为新媒体发展的基础。大数据时代数据成为新闻的核心资源，数据不仅成为新闻报道的内容，也成为了解受众的依据，通过数据对受众的心理、需求以及行为习惯等进行分析，可以提供更符合受众需要的新闻报道，个性化的新闻信息服务最终因大数据成为可能。

五、国内外对比

在市场前景方面，根据易观智库 7 月 30 号发布的中国大数据应用行业的报告显示，2015—2018 年中国大数据市场营销规模达到 258.6 亿元人民币。环比增长率为 37.2%。

在全球范围内，大数据的市场规模同样巨大，根据 IDC 发布的最新研

---

① 林军青，林锦贤. 面向云计算的服务性能模型研究. 电子设计工程，2011（19）.

究结果，预测 2018 年全球大数据技术和服务市场的 2018 年的复合年增长率将达到 26.4%，规模达到 415 亿美元，是整个 IT 市场增幅的 6 倍。

在大数据隐私保护方面，在美国有隐私法案，而且美国与欧盟之间还签署了安全港、隐私声明等。而在中国，目前的立法是非常模糊的，属于灰色地带。① 因此，数据的安全性很大程度上依靠相关从业者的自律和技术保障。

欧洲各国在开放数据、数据共享标准建设等方面开展了大量的工作。2012 年，英国建立了世界首个"开放数据研究所"，随后，英国商务、创新和技能部发布了《英国数据能力发展战略规划》，2014 年英国政府又资助了 55 个政府数据分析项目。法国 2013 年发布了《数字化路线图》，大数据是其大力支持的战略性高新技术之一。②

日本面临着由于长期经济低迷导致的国际地位下降、人口老龄化以及日益增大的社会保险费用和社会基础设施老化等诸多问题。为了扭转这一现状，日本政府决定通过大力发展 IT 产业，特别是大数据及开发数据和云计算。③

六、总结与反思

大数据是与自然资源、人力资源一样重要的战略资源，是一个国家数字主权的体现。在大数据领域的落后，意味着数字主权和产业战略制高点的失守，会给国家安全带来隐患。

大数据意味着大机遇，也意味着工程技术、管理政策、人才培养等方面的大挑战。只有解决了这些挑战，才能充分利用这个大机遇，从而充分挖掘和获取大数据的大价值。④

移动互联网浪潮下，现实世界正在加速数字化，每个人、每个物体、每件事情、每一个时间节点，都在向网上映射。⑤ 空间和时间两个维度的联网，使得数字世界正在一步步模拟现实世界。

历史、现在和未来都会映射到网上，对大数据的挖掘正是对世界的二次发现和感知，BAT 三巨头已经出发。

---

① IT 时代：看大数据潜力如何？. 2015 – 09 – 22. 钛媒体 . http：// smartgrids. ofweek. com/ 2015 – 09/ART – 290003 – 8440 – 29006707. html.

② 房俊民，田倩飞，徐婧，等. 全球大数据产业发展现状、前景及对我国的启示. 中国科技信息，2015（10）.

③ 刘小刚. 国外大数据产业的发展及启示. 金融经济，2013（18）.

④ 赵照. 基于 IP – 软交换技术的数字广电运营平台. 电视技术，2005（1）.

⑤ 王君超. 全媒体时代报网融合大发展. 人民日报，2010 – 11 – 29.

互联网地图：网络巨头的新战场

Google 地图在 2005 年震撼推出，成为地图服务从专业领域走向大众服务的里程碑。不过在 iPhone 和 Android 出世前的 PC 互联网时代，地图对普通用户的功能相对单一纯粹：比如提供出门前的路线规划，或好玩的服务项目。

移动互联网的出现，使得地图服务正在发生巨大变化。例如先后推出的 Google 地球、月球、火星和街景服务。

一、总体概况与发展态势

自国内移动互联网快速发展以来，地图业务即被各家巨头确立为核心项目。原因在于，随着国内私家车的普及，网络运营商流量资费的降低都导致手机地图 APP 的使用率大大提高。阿里巴巴投资高德地图，百度、腾讯发力自家地图，大有瓜分天下之势。

1. 高德地图：互联网自我革命待续，与阿里整合空间极大

纳斯达克上市公司高德地图作为老牌地图运营商，与四维图新一起占据了中国 90% 的地图数据市场，数据也是其核心资产。起步于企业市场的高德在企业地图数据服务、定位服务上，在车载导航市场上均具备显著优势。

相比四维图新等更老牌的地图公司，高德地图是较早觉悟并拥抱移动互联网的。在 2010 年第四季度高德便决定向 2C 转型，2011 年便推出免费版高德地图。

高德在 C 端市场取得不菲成绩。除了 2C 产品例如高德导航后期成为其重要收入来源外，易观国际统计数据显示，2013 年第一季度，高德地图占据中国手机客户端市场 29.8% 的份额，位居第一。

此外，根据高德公布的截至 3 月 31 日的 2013 财年第一季度财报，高德软件的免费移动地图应用的用户总数达到了 1.61 亿人，每月活跃用户超过 5 600 万人。

阿里巴巴收购高德后，给高德带来的不仅仅是现金和50%的溢价，更带来资源和未来，阿里控股可以加快它的互联网转型，并且成为阿里在移动端不可或缺的一环。

在移动端本地生活服务是阿里的重点，此前阿里已投资丁丁地图、美团网、陌陌、快的打车和新浪微博等 O2O 相关产品，自己还拥有聚划算、口碑网等本地生活服务产品，现在还有一个卖菜的"淘点点"，但所有这些缺少一个有效的整合点，而这个整合点，最合适的莫过于地图。

在本地生活服务方面，百度地图拥有领先优势，而阿里移动支付有先发优势。高德的难题在于如何转型，如何自我革命，而阿里要解决的难题便是如何整合。

2. 百度地图：与搜索、应用分发和本地生活服务齐平的入口

百度地图在各个图层上已经有不少积累。将底图数据收集的活儿交给第三方来做，如四维图新和灵图，自身专注于 POI 数据的收集。例如鼓励连锁店和中小企业去百度地图标注，百度截至 2014 年 6 月已拥有超过 500 万的商户信息。

作为在移动端重点部署的产品，百度地图自然获得不少资源支持，已积攒 2 亿用户。在对用户的吸引上，百度并没有模仿 Google 一步步推出地球、月球、火星、星空、街景甚至宇宙等"酷"产品。而是将实用性功能一步步做精，例如极度依赖算法的路径规划。

在开放策略上，百度地图拥有超过 15 大类免费 API，涵盖定位、搜索、数据和地图四个方面。在室内定位、3D 全景上也有一些前沿探索。

作为百度开放平台的一部分，百度地图 API 可以与其他百度云例如 BAE（百度应用引擎）、云存储、移动云等结合，已经吸引了近 40 万开发者。开发者作为实体企业与互联网的中间角色，帮助百度收集了更丰富的数据。百度迁徙能够成功，正是得益于百度地图贡献的 LBS 数据。

百度已协议全资收购糯米网，2013 年 9 月导航免费剑指高德，可以看出其正在 O2O 领域进行重点布局。现在百度地图已经成为与搜索、应用分发齐平的本地生活服务入口。在用户数量、市场份额等指标上已经呈现领先趋势。

当然，百度地图只是打好了基础，本地生活服务上百度还有很多事情要做，例如第二环：移动支付。百度高调进入互联网金融，就是为了做支付。

3. 腾讯：地图和支付奋起直追，最大变数

腾讯与高德还有不少渊源，2010 年推出的搜搜地图数据便使用的是高

德地图。但已经成为历史的搜搜没做起来，搜搜地图的份额也很低迷。

搜搜街景一度是腾讯地图的重点，2013 年年底该业务覆盖全国 100 个城市。马化腾曾经说过街景服务也将开放给开发者，搜搜街景 slogan 为"足不出户看天下"，这显然已经无法满足移动互联网时代的需求。"走出去，移动起来"才是地图的未来。

搜搜与搜狗合并，内容不包括地图业务，地图成为腾讯 MIG（移动业务事业群）的重点业务。腾讯移动端商业化实行两条腿走路，线上是游戏和广告，线下则是本地生活服务，而 O2O 的"左手"和"右手"分别是地图和支付。

微信 5.0 商业化起步，推出了微信支付。一些公众号在收到用户位置信息后便可推送周边门店。腾讯其他部门还有微生活、微购物等。在本地生活服务方面不可谓布局不全。微信支付用新年红包等方式取得的不俗成绩显示了移动社交的威力，"一站式生活"似乎明天就要实现。

腾讯地图除了需丰富底层和 POI 层数据外，还会利用社交优势充实最上层的 LBS 应用数据建设，例如照片分享、签到、位置微博等。微信目前已经推出"微信路况"，便是一种社会化的地图数据。在开发者的吸引方面，腾讯云今年已经推出并开始发力，后期地图 API 可能会成为其一部分。

二、社会影响

移动互联网与 PC 互联网一大不同之处在于，它是真实世界的建模。人和物、时间和空间这些世界核心要素正在被更加充分地映射到数字世界：手机和物联网使得人和物互相连接，时时刻刻产生信息流以及空间维度的位置数据。微信映射真实关系，朋友圈和微博是信息流，地图则承载映射空间的使命。

某个时刻产生的所有网络数据，可以算世界的快照，就像"百度快照"的意义一样。地图聚合数据的形式是图层。底层是地理物理位置以及相关数据，往上一层是一些专业图层，再上一层是 POI（Point of Interest），这些数据就是"本地生活服务"依赖最多的商家、银行、医院的位置信息，最上一层则是基于 POI 产生的社会化数据。

地图以图层的形式囊括越来越多的数据，逼近真实世界的空间状态。第一层和第二层数据并无明显的移动端属性，但 POI 数据和 LBS 应用数据愈加丰富，正是得益于移动互联网。移动互联网时代的特征是 SoLoMo（社会化、本地化和移动化），这也是地图数据的特征。

导航与位置服务产业在国际上已成为继互联网、移动通信之后发展最快的新兴信息产业之一，近年来持续保持 50% 以上的年增长速度。基于地图服务良好的投资前景，即使在当前阶段，地图服务仍然没有实现盈利，被视为"烧钱"的一种业务，国内几大互联网巨头仍然乐此不疲地投入巨额资金。

据赛迪顾问预测，2014 年中国地理信息产业规模将达到 2 310.3 亿元，未来两年年复合增长率达到 22.4%。

地图服务对人们的生活产生了重大的影响，如果没有地图服务的支持，很难想象专车会得到如此迅速的发展。专车虽然产生了一些社会问题，但主要是在管理方面存在一些瑕疵，不过谁也不能否认专车对于出租车市场洗牌的积极作用，它撼动了长久以来一直为特定机构把持的出租车市场，推动了社会的进步。其中，地图服务的进步功不可没。

三、学界与业界的评价

《通信信息报》：目前手机地图市场仍面临诸多问题，与智能手机的同质化发展倾向一样，手机地图应用也出现同质化的发展趋势，未来谁能够实现差异化创新应用，为用户提供更流畅、更丰富的服务内容将成为决胜市场的关键。[1]

北京金百镕投资管理有限公司研究部副总监崔墨男："如果与智慧城市融合，GIS 已成为开展智慧城市的底层支撑；与移动互联网融合，产生更多的创新商业模式，增强现实的各种创新应用必将会与地理信息碰撞出新的火花。地理信息产业链延伸空间巨大，与新事物、新热点不断融合创新，有利于打开新的市场空间。"[2]

钛媒体刊文认为，底层数据之争将成为腾讯、高德、百度三家地图巨头新的竞争点。腾讯前段发力较缓仍待补足，高德拥有前后端能力相对稳妥，百度则需要迅速补足底层数据短板并找到地图 O2O 的新模式。

未来的地图市场不会再出现过度激烈的竞争，在 BAT 分别对地图布局完成后，相互之间实际上保持了相当的距离。而在这一竞争过程中，曾经

① IT 巨头加速布局手机地图 服务同质化成通病 . 2013 – 05 – 27. 通信信息报 . http：//market. c114. net/187/a769002. html.

② 地理信息酝酿 8000 亿金矿 产业概念迎爆发 . 2014 – 08 – 06. 人民网 . http：//homea. people. com. cn/n/2014/0806/c41390 – 25411538. html.

的众多中小地图厂商则纷纷倒下，老虎地图内部的彻底转型似乎预示地图市场格局已定，很难再给其他厂商任何机会。①

《光明日报》：基于地理位置的相关服务想象空间非常大。正是这一行业特性，给了电子地图导航实现跨界融合发展的基础，也为新的商业模式的出现提供了可能。图商对数据的积累越来越多，能获得的信息也越来越多。数据也是一种财富，怎么把这些数据运用到下一轮的数据生产里去，谁运用好这些财富，就能决定未来在行业中的地位。②

四、新媒体之"新"

在 2014 年，中国已经彻底走入了移动互联网时代，地图主要迎来了几大变化趋势：

1. 从粗放到精细

过去地图数据主要是室外，一览天下。现在则延伸到室内，例如大型商场、博物馆等。

定位技术从室外擅长的 GPS 和无线基站定位转移到 GPS、无线基站、WiFi 热点、红外、惯性导航、二维码和 RFID 综合定位。过去是经纬度，现在需要精准到"米"甚至"厘米"级别。电子地图是模拟纸质地图的二维，现在已演变为三维、卫星、全景、街景地图的综合形式。

2. 从室内到室外

地图使用场景从室内到室外。

一方面，用户使用地图正在从"出门前"转变为"在路上"。PC 时代需要找台电脑，查路线记录下来。而现在可以不再事前规划，能够边走边查，甚至被推送信息。

另一方面，地图将在移动办公上释放价值。地图服务此前在部分特殊领域的企业中已经得到充分应用，例如中国移动无线基站选址、网络规划、门店管理等均已采用基于 Google 地球和地图的管理软件。移动办公时代，地图将成为连接办公室与外勤的纽带，如企业的 LBS 数据收集、外勤考勤等。

除了运营商，公共安全、气象、建筑规划、交通运输、工商等部门，

---

①　高德 VS 百度地图，互联网地图格局已定 . 2015 – 03 – 17. 钛媒体 . http：//www. tmtpost. com/215118. html.

②　移动互联网下的地图产业：影响每个人生活 . 2014 – 07 – 26. 光明网 . http：//it. gmw. cn/2014 –07/26/content_ 12189127. html.

大型实体企业的办公信息化均已大量应用地图，此后地图作用将在移动办公中得到进一步发挥。

3. 从位置信息到周边服务

导航服务从位置和路线导航，演变为位置、路线、周边的综合导航，从"行"到"吃穿住玩"。CNNIC 数据显示，2012 年中国手机地图用户，使用路线导航和地点查找比例分别为 62.7% 和 45.3%。使用周边生活信息等热点查询比例为 29.2%，签到或位置信息分享比例为 10.4%。这个数据还在上升之中。

实体数据如何更多地上线？用户要有查到数据的需求，第三方或企业才有动力去上传数据，反过来有了数据用户才会去查。解决这类问题需要时间，需要第三方去推动。

4. 用户从消费者变为生产者

此前地图由专业人员采集并呈现给普通用户，用户只充当数据消费者角色，现在，用户正在成为地图的生产者。

使用 UGC 应用创造数据，例如位置签到、位置微博、WAZE 社会化交通。开启定位成为地图信息的一部分。"你在找他们的时候，他们也在找你。"

使用地图的行为会成为地图服务依赖的重要数据。例如移动搜索，位置是一种输入，搜索引擎会参考当前位置、周边信息，以及位移记录、在不同位置的搜索行为等历史数据，给出更"接地气儿"的答案。

五、国内外对比

作为国外两大互联网巨头，谷歌与苹果在地图上均投入不菲，谷歌 2013 年上半年花费 11 亿美元收购国外众包地图 Waze，意在加强用户数据上的布局及广告搜索市场的盈利。苹果公司 5 年内与地图有关的收购项目达 7 项，占总收购数的近四分之一，仅 2011 年 8 月收购一家瑞典 3D 地图公司就花了近 2.7 亿美元。

为改善自身的地图功能，并与谷歌地图展开竞争，苹果公司在 2013 年连续收购了 4 家与地图有关的公司，这些公司主要提供商户地理位置数据（Locationary）和大城市的汽车导航方案（Hop Stop），此外，收购的 WiFi 室内定位初创公司 WiFi Slam、商业地图服务公司 Broad Map。

谷歌则依托 Waze 的用户数据，作为谷歌地图重要的数据更新，同时加强其搜索广告收入。并且致力于将地图与其他的服务对接在一起，2014

年 5 月推出的新谷歌地图应用更紧密集成了 UBER 和 Open Table。这些类似的做法将有利于提升用户体验，聚拢用户。

与此同时，谷歌与微软也开始进行合作。微软 Bing 搜索引擎推广其竞争对手的产品意味着，20% 的搜索引擎用户在 Bing 上搜索地图的时候，会被微软 Bing 引导到谷歌地图上去。①

在技术层面，目前欧美发达国家的电子地图产业已经比较成熟，形成了较为完善的产业链。在技术领域，当前研究的热点有以下几个方面：

1. 室内空间信息模型建模与应用技术

随着位置服务的蓬勃发展与大型建筑的日益增多，人们对室内位置服务的需求不断增加。在应对紧急情况时，室内定位信息显得尤为重要。

2. 地理信息本地搜索技术

移动本地搜索作为互联网搜索技术与移动通信技术相结合的产物，是搜索技术的引申和应用平台的延展，近两年来日益走向成熟，应用前景也十分看好。移动本地搜索服务的最大优势在于打破了利用电脑进行搜索获取信息的终端局限性，让手机用户可以随时、随地通过手机即时获取所需的信息。

3. 快速增量在线更新技术

随着汽车导航应用的普及，行人导航、智能交通系统（ITS）、高级驾驶辅助系统（ADAS）以及实时动态等应用的发展，国际导航最先进技术水平的日本、欧美市场面临的课题主要有：实现增量更新，提高现势性；整合产业链，降低成本；开发高精度、精细化导航电子地图，满足 ADAS、ITS 领域的高级应用需求。

目前国内导航电子地图服务市场模式仍然是以提供离线数据产品为主，在生产工艺、平台建设、服务能力及应用模式等方面与高速增长的卫星导航产业发展需求存在着一定的差距：

（1）整体技术性能与国际水准尚有差距；

（2）缺乏支持导航应用快速开发的标准体系和规范接口，缺乏前后台一体化的解决方案等，应用开发模式落后，开发效率低，应用推广难度大；

（3）缺乏统一的数据标准，无法实现数据可交换的基础数据库；

（4）国内导航软件仍然以单机版应用为主，不具备增量更新能力，无法满足当前市场和客户的时效性要求；

---

① 微软成为谷歌地图的坚定支持者 . 2015 - 09 - 22. http：//www.cnbeta.com/articles/432539.html.

（5）随着移动互联网时代的到来，用户希望导航电子地图能与日常生活中各类动态、深度信息（如即时生活信息、商务信息、动态交通信息等）相融合，从而为普通大众日常出行提供最佳的出行方案，但目前较为传统的导航软件只提供简单的 POI 分类信息，已经无法满足用户对信息内容的多样性需求；

（6）缺少行业自身数据与导航电子地图数据有效融合的技术手段。

六、总结与反思

从高德进入阿里口袋便说明，地图业务依然是 BAT 三巨头的势力范围。地图作为本地生活服务的入口，将与手机支付一起成为接下来几年的巨头交锋重点。由于地图是真实世界的映射，围绕它的创业机会多如牛毛。创业者将会更多地利用地图平台，包括其平台上的用户、流量和数据。

本地生活服务只能是地图的阶段性目标。Google 推出"十万星辰"宇宙地图就彰显了它"仰望星空"的情怀。Google 的终极目标并非本地生活服务，而是模拟这个世界，支持自动驾驶汽车等革命性的产品。模拟世界是地图的本质，眼观地图，心怀天下。

可见，这场战役仍在继续。国内虽是三足鼎立的稳定结构，但不应忽视的是，国外还有谷歌等实力更强的地图厂商。国内地图只有将立足点放在深耕国内用户需求的基础上，做到差异化竞争才是这场战役中决胜的关键。

文化娱乐生活类

互联网医疗

互联网医疗，是互联网在医疗行业的新应用，其包括以互联网为载体和技术手段的健康教育、医疗信息查询、电子健康档案、疾病风险评估、在线疾病咨询、电子处方、远程会诊及远程治疗和康复等多种形式的健康管家服务。

2014 年腾讯以 1 亿美元投资移动医疗项目成为行业热点，之前在业界鲜有耳闻的"挂号网"突然成为行业明星，不过，同为腾讯投资的移动医疗企业丁香园则对挂号网的融资金额提出强烈质疑。如此大手笔地进入互联网医疗领域，腾讯意欲何为？互联网介入医疗，于病人来讲是福是祸？

一、总体概况与发展态势

2014 年 3 月份，好药师网牵手腾讯展开微信购药平台，用户可以通过好药师微信服务账号，发起药急送服务。

同年 6 月中旬，位于广东省韶关市的粤北人民医院宣布成为全国首家微信全流程就诊平台，同样具备挂号、缴费、查询检验检查结果等功能。8 月 28 日，微信支付正式公布"微信智慧生活"全行业解决方案，即以"微信公众号 + 微信支付"为基础，帮助传统行业将原有商业模式"移植"到微信平台，通过移动电商入口、支付结算等形成整套的闭环式移动互联网商业解决方案。

同年 9 月份，腾讯宣布投资 7 000 万美元给医疗健康互联网公司丁香园；10 月份，号称已接入全国 23 个省份超过 900 家重点医院，有 12 万名合作医生、3 700 万实名注册用户的移动医疗平台挂号网宣布获得超过总额 1 亿美元的融资，腾讯便是领投者。

而后，挂号网全新的移动医疗开放平台——"微医平台"将与微信、QQ 打通，为医院和医生提供接口。

而阿里大打电商王牌，2014 年 5 月 27 日，支付宝正式对外公布了"未来医院"的计划，包括账户体系、移动平台、支付及金融解决方案、云计算能力、大数据平台等。

5 月 30 日，广州市妇女儿童医疗中心成为首家入驻支付宝"未来医院"的医疗机构。6 月 25 日，支付宝宣布与药房系统供应商中软国际达成合作，拓展移动支付业务。7 月 10 日，阿里启动"药品安全计划"。

从今年"双十一"的销售数据来看，阿里的医药电商已经初具规模。根据天猫医药馆对外公布的数据显示，除天猫医药馆的保健品、滋补品成交之外，2014 年天猫医药馆的医药类目，"双十一"销售额同比增幅 315%。

从腾讯的投资路径可以看出，之前投资丁香园是为优质医生资源，而现在的投资很明显是为抢夺用户。不难理解，挂号是医疗服务的第一项，所以对于移动医疗市场来讲，挂号意味着入口，所以要想争夺市场主导权，先抢占挂号入口非常关键。

阿里通过支付宝钱包主导的未来医院项目来发展网络挂号和医疗报告等移动医疗服务，腾讯则希望通过投资来快速建立市场优势，很明显，在支付宝钱包的未来医院项目如火如荼的时候，腾讯果断出手抑制阿里在移动医疗市场的增长势头。

事实上，早在 2012 年底，支付宝就与挂号网有过合作，当时移动互联网才刚刚开始，合作更多是在 PC 端，现在在支付宝 PC 端仍能找到由挂号网提供的挂号服务。

进入 2013 年年中，流量更大的淘宝也开始为挂号网提供服务接口，而且在 2012 年时这个话题被炒得很热，不过，在舆论对淘宝挂号的商业运作质疑下引发了有关部门的注意，在北京市卫生局的"叫停令"之后，陆续被各地叫停，最后淘宝与挂号网的合作不了了之。

此后，挂号网几乎消失在舆论视线中，不知何时开始淘宝首页已难觅挂号网踪影了，支付宝 PC 端也并未给优质资源位，支付宝钱包也没接入挂号网，似乎阿里与挂号网的关系断线了。

当挂号网宣布获得腾讯 1 亿美元投资的时候，不少人感到意外。这其实也是情理之中的事，阿里在移动医疗市场下一盘更大的棋，支付宝钱包的未来医院计划，以及阿里投资中信 21 世纪，都是这盘棋的关键。

不过，这盘棋中似乎已经没有挂号网的地位了，所以挂号网需要另外的巨头支持，这个巨头就是对移动医疗同样有着野心的腾讯，而腾讯也更需要挂号网的资源，所以能开出更好的价钱。

二、社会影响

随着互联网的迅猛发展，传统医疗遇上了互联网，新的问诊模式出现了。远程医疗技术是目前国际上发展十分迅速的跨学科高新科技，它的意义在于打破地域界限，既可以使偏远地区的患者享受高水平的医疗服务，又可以提高大城市的医疗服务水平，还可以提高医学自身的水平，更合理地配置医疗资源。[①]

1. 提高医疗机构效率，通过网络实现及时有效的传输

互联网将医生与患者相连接，就医数据相连接，实现查房、输液、诊断、挂号和化验等环节的数据快速共享，目前市场上向医院开发出来的APP 产品已达 2 000 多种。

2. 让患者掌握主动权，利用网络实现远程"求医问药"

我国传统医疗服务具有垄断性、专业性强等特点，医生掌握很强的信息优势。在互联网上，患者可以同时向多位医生咨询，选择回答最为迅速，或最细致耐心的医生，掌握更大的主动权。

3. 全方位采集个人信息，提供个性化服务

通过智能手环等可穿戴设备，人们可以随时随地采集自身体征数据并传输到医疗中心，实现对个人健康状况的不间断监控，从而给予及时的就医指导。例如，百度公司已与智能设备厂商联手推出"北京健康云"，包括智能手环、血压计、心电仪、体重秤、体脂仪等设备，用户可通过这些设备实时监测自身的健康数据。

4. 将优质医疗资源"下沉"至基层

我国医疗资源分布不均衡，老少边穷地区医疗条件仍然落后，网上医疗、远程就诊等方式能快捷地将优质医疗资源覆盖到这些地区。

成都市妇儿中心医院两年前联合市内 20 家医疗机构成立成都妇幼健康联盟，其远程视频会诊系统不仅覆盖到郊区县妇幼保健院，也连接到北京的大医院，使得北京的优质医疗资源及时覆盖到西部基层医疗机构。

三、学界与业界的评价

瑞银证券中国股票研究部医药行业分析师季序我表示："医疗行业相

---

① 互联网对医疗的影响 互联网正在改变传统就医模式 . 2015 – 03 – 13. 39 健康网 . http：// health. 365jia. cn/news/2015 – 03 – 13/82A272858CD0DC9F. html.

对保守，虽然经历几轮改革，却始终没能触碰到行业的核心矛盾。其中'医药分家'一直都是医改的难点。充满想象力的互联网企业，或许会在改革僵局中充当破冰者的角色。"①

申银万国医药行业高级分析师杜舟在一份行业分析报告中指出："处方是处方药的销售凭证，也是医院的核心利益基础。在传统医药流通模式中，我国 80% 的处方药都是通过医院渠道售出的。阿里健康介入以后，打通了患者和药店 O2O 闭环，从而使药店处方药收入增加，倒逼促使医院改革，实现医药分家。"②

北京大学国际医院副院长刘帆认为，"卖药本来就不是医院该做的事。虽然把药房剥离出去会让医院总收入降低，但随着人员减少、成本降低，医院的利润未必会受影响。让更专业的人做更专业的事情，这个趋势我很赞同，更没必要去阻止"③。

四、新媒体之"新"

互联网对医疗领域的作用总结为三点：择优、分享、方便。

1. 择优：寻找合适的医生

互联网的好处就在于联网，当网络上可以查到医生信息的时候，患者就可以足不出户地在家中挑选最合适的医生了。有些软件完全可以做到这一点，它利用医生的空闲时间，帮他们匹配患者就诊；而在患者方面，这种软件帮他们找到靠谱的、附近的医生，帮他们预约挂号。

患者可以在就诊后点评医生的服务态度，医生可以通过软件来为患者解释质疑问题。这类应用是典型的"择优"型创业，帮助医生利用空闲时间，获得更多的患者，同时也帮助患者节省了就诊时间，分享了就医体验。

2. 分享：网络传播经验与案例

在医疗领域，也可以有相同的网络平台或者是移动终端，来将有相同疾病的患者聚集起来，共同分享心得体会、治疗经验等，对于拥有相同心理体验的患者来说，分享类的社区能够获得较高黏性。成功的分享应用绝

---

① 刘砚青. IT 巨头的城市医疗争夺战. 2015 - 01 - 08. http：//www. lwdf. cn/article_909_ 1. html.

② 刘砚青. IT 巨头的城市医疗争夺战. 2015 - 01 - 08. http：//www. lwdf. cn/article_909_ 1. html.

③ 刘砚青. 腾讯再战阿里：IT 巨头能否破冰医疗？. 2015 - 01 - 09. http：//www. bioon. com/trends/news/607944. shtml.

不能局限于分享信息，必须具备情感成分，这样才能增加其黏性。

不仅仅是对患者，也有很多应用和网站是面向医生的。他们可以分享工作中的心情、逸闻趣事，甚至是疑难杂症。这种分享行为，可以集体讨论疾病，分享经验，帮助医生增长经验，实在是非常好的应用。而且，普通患者也可以在网络上看到医生的状态，更多地了解医疗工作者，也将更理解医生的辛苦。

3. 方便：足不出户完成就诊大部分程序

在传统体制中，到医院看病，从挂号开始，初诊、支付、检查、诊断、处方、支付、取药，需要多次排队、多次付款，而且诊断报告不能当天拿到的情况下，还需要后面接着到医院请医生诊断，体验非常之差、时间利用效率极低下。公立医院的这种就诊模式广受诟病。

现在很多移动终端应用的推出，可以用非常简单的技术，连接医院的内部网络，将挂号、付费、排队、获得检查报告等过程简化，帮病人节省大量的时间，同时也优化了医院的内部管理，也大大提升了社会效率。①

腾讯与阿里作为互联网巨头，在国内相关领域拥有无可争议的资源支配能力，它们进入医疗领域对于医疗事业的影响是不可估量的。双方均掌握海量的用户数据，并且拥有丰富的处理数据的经验，以及强大的技术优化能力，必定能够将互联网医疗的潜力充分发掘出来。

五、国内外对比

个人健康数据蕴含着无穷价值，经过分析的数据能有效提高新药研发效率，改善临床治疗手段等。在医疗大数据价值挖掘上，国际在线医疗网站 Patientslikeme 已成为经典案例。

Patientslikeme 成立于 2004 年，至今已经有 10 年的历史。在线问诊汇集了规模庞大的健康消费群，对每日海量医患沟通数据善加利用也有释放出经济价值的潜力。

此外，谷歌公司投资了基因诊断、远程诊断、医疗保健等公司，同时也在收集个人生物信息，名为 Baseline 的项目。苹果公司也推出了名为 Healthkit 的移动健康平台。三星公司推出了 S – Health。

在线问诊模式数据价值挖掘有以下几个关键点：

结构化：经过良好结构化的数据更容易进行分析，价值更高。例如，

---

① 余睿智. 互联网技术给医疗带来了哪些好处？. http：//www. chinadmd. com/file/rceuapzvo-voiar3wroir6xsa_ 1. html.

为了方便用户使用，某些轻问诊平台无须注册也可以提问，然而这个用户如果再进行第二次提问则无法和之前的问题关联在一起。

因此每个问题都处于分散状态，这使进一步提炼分析的难度加大。这也就是为什么许多在线问诊平台开始向用户提供个人健康管理工具，让用户详细填写健康信息，并关联记录每次问诊咨询内容。这些对用户而言有更好的体验，也能使数据结构化。

数据规模：大数据分析基于海量数据，对用户规模、每日数据增量都是越多越好，如果在线平台本身无法达到一定规模的使用量级，也就很难谈得上大数据掘金了，因而对初期建设中的创业公司而言无法很快从数据中获利。

时间积淀：这除了每日数据增量巨大外，还需要一定时间的积累。如果某个病人在 5 年里持续活跃在 Patientslikeme 这个平台上，因此累计下来的历史数据反映了过去 5 年里某个病症的治疗经历，更清晰准确也更具价值。Patientslikeme 的长时间累积孕育了更多的数据价值。对创业中的公司而言恐怕还需耐心等到数据发酵。

数据质量：同样是海量数据，数据质量却可能存在很大差距，这与数据的产生模式有关。例如在免费的轻问诊模式下，用户使用无成本，所提的问题很可能与医疗健康无关，还有可能只是插科打诨。例如在线问答里就有类似"为什么我每周一都觉得头痛，上班没精神"这样的问题。诸如此类，产生了大量干扰数据。而在付费状况下，病人的问题则要严肃真实得多，数据质量也会更高。

热点数据：以 Patientslikeme 为例，因为其汇集了诸多罕见病病友，他们互相交流诊疗方法，填写健康日志，为罕见病新药的研发和诊疗方法改进提供了试验依据。对制药公司来说，罕见病药品开发是当下的重要营收战略，Patientslikeme 的此类数据也因此显得价值颇高。

但不是所有疾病科目的诊疗数据在当下都具有较大的商业利用价值。许多轻问诊平台主要处理的是常见病。在线问诊平台因所针对的患者类别不同，所产生的数据领域也有差别，是否能真正找到愿意在数据上达成合作的制药公司或研究机构还需进行具体考量。

六、总结与反思

互联网医疗的核心难题在于，在线问诊服务通常都打出 7×24 小时全天候服务的承诺，并力图能将对病人的回应速度做到最快，并尽量确保病人对他们的医生感到满意。响应时效、医生素质都是在线问诊模式用户体验的关键因素。

医生的黏性则决定了这个平台的活跃性，因此，尽可能多地掌控优质医生资源成为在线问诊公司的核心竞争力。然而，中国的优质医生资源往往被公立大医院所占有，在院方要求的工作完成之外，才有意愿处理在线问诊平台上的病患请求，想要吸引优质医生资源非常困难。

同时，如何确保医生提供的在线服务能尽职尽责，则需要形成良性的管理机制。在线问诊平台通常的做法是：一方面，采用用户评分模式来监督管理服务品质；另一方面，在线问诊机构会制定一个严格的审核考评流程，从审核医生执业资格，到监控病患响应速度和回复内容。例如，对发现采用重复答案统一模式回复病人提问的医生，将可能被立刻取消在线问诊资格。

然而，许多网站追求医生资源规模，舍不得剔除不够尽职尽责的医生。在对待优质医生资源时，在线问诊平台往往对名医求之不得，对其在线问诊质量究竟如何，平台也根本不敢施加压力。

以上这些矛盾，归根结底在于政策限制下造成的优质医生资源稀缺。在卖方市场下，保证服务品质当然不容易。在线问诊平台唯有增强自身对医生的价值，并与病患的用户体验形成良性促进关系时，才能理顺管理机制。

由于受到政策限制，中国医生如果不在其注册医院行医，则可能遭到处罚，绝大多数医生只能在公立医疗机构行医，接受固定报酬，可以说公立医疗机构对优质医生资源有垄断性。

2009 年起，原卫生部已经在部分地区进行医师多点执业的尝试。2011年又发出通知《扩大医师多点执业试点范围的通知》。2014 年 1 月 26 日，国家卫生计生委发布《关于医师多点执业的若干意见（征求意见稿）》及解读，这些政策的总体方向在于：促进医师合理流动；规范医师多点执业；确保医疗质量和医疗安全。

但是由于身份约束没有真正放开，效果至今仍不理想，无法实现欧美国家所通行的医师资源市场化配置和流转。

2014 年 1 月，北京市卫生局起草了放开医师多点执业的新方案，有望在全国领先多点执业，是目前全国范围内最接近医师自由执业理念的改革方案之一，不再把"原单位的批准"列入医生多点执业审查条件之内。

当下，中国乃至全球的整个医疗体系在人口结构加剧老龄化、医疗成本负担重、医患关系紧张、就医体验差等客观压力下，更具开放性的医疗机构服务体系将获得强大的市场吸引力，得到广泛呼吁。

很现实地说，这些风险是市场开拓者们必须承担的。然而，这并不意味着违规操作是可行的，创业企业应当在对大势有正确判断的基础上，寻求可接受的解决方案，培育市场甚至推动市场，需要等待甚至主动酝酿时机。

在线旅游

2014 年，中国出境游人次过亿，境外消费达 1 500 多亿美元，旅游似乎已经成为人们的生活不可或缺的部分。自 1997 年首个旅游网站上线，我国旅游电子商务已走过 17 年的历程，并保持了持续快速发展的势头。

当乏善可陈的旅游产品再也无法满足人们日益增长的需求，在线旅游公司也在探索新的机会，即朝着更加细分、多元化的方向发力。据公开资料显示，2014 年上半年国内在线旅游融资金额超过 50 亿元。可见，随着新一代信息技术的蓬勃发展和大众旅游时代的来临，我国旅游电子商务将加速发展。

一、总体概况与发展态势

在 2014 年 10 月底，朋友圈有一场"口水战"被疯狂传播。这场"口水战"的起因在于，阿里巴巴在 10 月 28 日为新成立的在线旅游品牌"去啊"打了个广告——"去哪里不重要，重要的是去啊"。

这句广告语很容易令人联想到"去啊"的竞争对手去哪儿网，于是各大在线旅游品牌毫不示弱，纷纷加入之后的营销大战。去哪儿网打出标语："人生的行动不只是鲁莽地'去啊'，沉着冷静地选择'去哪儿'，才是一种成熟态度！"携程："旅行的意义不在于'去哪儿'，也不应该只是一句敷衍的'去啊'，旅行就是要与对的人，携手同行，共享一段精彩旅程。"类似的借势营销案例还有很多，就不一一列举了。

虽然我们难以分清这究竟是一场公关大战还是网友的恶搞，但是这种现象反映了在线旅游行业的竞争之激烈。旅游业作为一个朝阳产业，目前已被列为世界第三大产业。

随着我国人民生活水平的提高，人们对旅游消费的需求也日益提升。在信息时代的背景下，在线旅游发展迅速，每个品牌都想如何提高知名度，提高服务质量，扩大市场占有份额。

百度百科对在线旅游的定义是："依托互联网，以满足旅游消费者信息查询、产品预订及服务评价为核心目的，囊括了航空公司、酒店、景区、租车公司、海内外旅游局等旅游服务供应商及搜索引擎、OTA、电信运营商、旅游资讯及社区网站等在线旅游平台的新产业，正处于快速上升期。该产业主要借助互联网，与传统旅游产业以门店销售的方式形成巨大差异，被旅游从业人士称为'在线旅游'。"

在线旅游打破了地域上的限制，在互联网时代的信息化下节约了渠道成本。我国的在线旅游经过十几年的发展，其市场竞争日益成熟与激烈，互联网巨头纷纷涉足在线旅游领域，并购成为 2014 年在线旅游令人瞩目的事件。

阿里巴巴整合在线搜索品牌，携程和艺龙强化移动端，去哪儿、蚂蜂窝主攻旅游攻略，爱 GO 网推一站式服务等。

中国 OTA 市场四大派系①

派别	在线预订	比价搜索	在线支付	资讯点评	APP
携程系	携程网 途牛网 同程网 台湾易游网 松果网 铁友网 途家网 途风网 订餐小秘书			驴评网 中国古镇网 蝉游记	快捷酒店管家 飞常准
百度系		去哪儿网		百度旅游	
阿里系	淘宝旅行	一淘酒店	支付宝航旅	穷游网	
腾讯系	艺龙网 同程网		财付通航旅	旅人网	

目前在线旅游行业巨头的发展模式有两种：一种是以携程、艺龙为代表的 OTA，即在线旅行社，主要靠完成全国范围内酒店和机票产品的预订来获取代理销售佣金；另一种则是以去哪儿网为代表的旅游垂直搜索引

---

① 2014 年中国在线旅游五大发展趋势. 2014 – 07 – 02. 中国互联网咨询中心. http：//www.199it.com/archives/251625.html.

擎，为用户提供各大在线旅行社相关搜索的具体结果，靠点击和电话时长收费。

携程目前市值超过 63 亿美元，市场份额位居第一。携程同时投资同程和途牛，拉拢同盟来扩大市场份额。同时，携程在 2015 年初收购英国廉价机票网站 Travelfusion，我们可以看出携程打开国际化大门的野心。

去哪儿目前市值超过 32 亿美元，它开放数据接口和资源，拿出 10 亿元支持旅游创业，试图布局自己的在线旅游生态圈。艺龙目前市值为 6.19 亿美元。途牛在 2014 年 5 月于纳斯达克上市，年末获得京东、携程等多方 1.46 亿美元的投资后，目前市值超过 6 亿美元。途牛网本身拥有很强的跟团游业务，因此将其战略布局至二三线城市，通过设立线下门店提高用户的转化率。

同程网还未上市，在 2014 年分别获得了腾讯等 5 亿元、携程 2 亿美金的注资。在 2014 年同程的"1 元门票"活动大大增加了自己移动端下载量。微信接入了同程票务信息，与其展开了合作。同时同程与万达合作，整合万达旗下 11 家旅行社资源，共建 O2O 服务体系。

在线旅游业被赋予了更大使命，国家旅游局局长邵琪伟表示，中国将争取用 10 年左右时间，使旅游企业经营活动全面信息化，基本把旅游业发展成为高信息含量、知识密集的现代服务业，在这个新兴的世界旅游大国初步实现基于信息技术的"智慧旅游"。

二、社会影响

根据艾瑞已发布的《2014 年中国在线旅游 UGC 行业研究报告》，在共享经济时代背景下，中国在线旅游 UGC 行业发展跳过了国外的付费阶段，直接进入免费阶段，并在 2014 年进入高速发展时期。

2014 年中国在线旅游 UGC 市场激活用户规模已达 2.4 亿人，与去年相比增长 128%，从企业数据来看，携程攻略社区用户 8 000 万人，位列行业第一，蚂蜂窝紧随其后，用户为 5 500 万人左右。

1. 倒逼传统旅行社转型

面对自助游时代的来临及互联网时代在线旅游对传统旅游模式的强劲冲击，旅游消费市场结构正在发生明显变化。传统旅行社不得不进行革新，改变其把资源通过固有渠道推向市场的模式，从传统的主导消费转变为以服务为主，以服务和质量取胜，以适应消费者需求生产产品，扩大服务范围。

河南科技大学经济学院院长刘溢海认为："旅行社应适应多元化的市场需求，为客户提供更精细的产品和更精致的服务。比如针对青少年，发展夏令营、冬令营等教育旅游产品；针对老年人，提供专门的银发旅游产品等。"

2. 重点发展移动互联网

终端的移动使得在线旅游业务更为便捷，实现了对信息的随时随地访问。消费者通过智能手机、平板电脑等终端登录在线旅游的客户端，就可随时随地进行相关旅游信息的查询、对旅游产品（住宿、门票、交通）的支付。客户端也可以随时把预订的结果、出行的信息等告知消费者。

近年来，随着智能手机的普及和消费者手机使用习惯的改变，很大程度上扩展了在线旅游业的市场空间。这也成为去哪儿、携程、爱 GO 网等在线旅游企业向移动互联网发力的主要原因，移动互联网在线旅游市场潜力无可限量。①

三、业界的评价

途牛网 CEO 于敦德："2014 年在线休闲旅游行业高速发展，客户体验不断提升；二三线城市新区域高速增长；邮轮、修学游、定制旅游等新品类高速增长；签证政策放宽，目的地越来越丰富；资本市场非常活跃，投融资、兼并购众多；无线服务快速提升；旅游目的地服务商在线服务快速成长。

2015 年在线休闲旅游行业进一步高速发展，市场格局确定：二三线市场进一步高速增长；行业产业链效率进一步提升；消费升级，消费层次划分更加清晰，多样化需求快速增长；在线渗透率进一步提升；行业细分领域继续不断创新，差异化竞争明显；无线服务继续快速增长；行业整合进入新的阶段，市场格局确定。②

6 人游旅行网 CEO 贾建强："度假领域的价格战，只会让整个服务链条都在为在线平台的规模化服务，所有心思都集中到了如何降低价格，而不是产品创新和服务体验的提升。"③

---

① 2014 年在线旅游行业发展趋势 . 2013 - 12 - 16. 旅游网 . http：//www. 51766. com/xinwen/11032/1103257629. html.

② 途牛网 CEO 于敦德：未来两三年在线旅游行业定型 . 2014 - 10 - 30. 经济观察网 . http：//www. eeo. com. cn/2014/1030/267986. shtml.

③ 在线旅游价格战的背后更多是降低服务品质 . 2015 - 03 - 11. 新京报 . http：//epaper. bjnews. com. cn/html/2015 - 03/11/content_ 565737. html？div = - 1.

蚂蜂窝 CEO 陈罡:"2014 年是在线旅游的一个分水岭,行业格局已经到达一个临界点。从外部环境看,有两个重要的标志:一是 2013 年《旅游法》的出台,禁止导游强制游客进店消费;二是假日办的撤销,意味着每个人的休闲时间在逐步脱离计划体制。这背后的根源是市场发生了巨大变化。

以前,提到旅游就是买机票、订酒店,直接跟团走。这是典型的卖方市场特征,卖方市场商品同质化、核心竞争力差,结果只能导向价格战。但是一个成熟的市场应该是个性化、多元化的,用户能够充分地选择。其实用户的需求很早就萌发了,只是整个行业供应链没有很好地承接这种机会。"①

遨游网副总经理、首席品牌官徐晓磊说:"旅游服务归根结底是对人的服务,如果完全迷信技术至上、技术解决一切,肯定是做不好旅游服务的。""有需求存在的地方,服务就会升级。在以出境游为核心市场的旅游度假服务中,除了标准化的订单处理流程外,更需要富有人情味、切合游客需求的服务。"②

四、新媒体之"新"

1. 旅游行业的"新"整合

在线旅游可以利用自己获取信息的便捷性全面整合旅游市场分散的产品资源和商家资源,开发多元化平台。一是在线旅游企业与中上游商家的合作逐渐丰富,中上游旅游企业可以利用网络平台,开发出更为丰富的旅游产品和服务;二是在线旅游企业与门户网站、社交媒体的合作日渐加强,这种与网络媒体的合作能够更有针对性地覆盖有效用户和进行推广。

例如,在线旅游企业芒果网率先推出了以"更多、更快、更省"为主题的旅游产品和服务展示活动,通过对其丰富的线下旅游资源和线上网络平台的整合,让旅游者感受"多选择""多优惠""多体验"的旅游新体验。

2. 消费者预订模式之"新"

从预订产品角度,酒店是目前的竞争焦点,占据了绝大部分的旅行预

---

① 陈罡:2014 年将成在线旅游行业分水岭. 2014 - 08 - 28. 央广网. http://tech.cnr.cn/techhlw/201408/t20140828_ 516314835. shtml.
② 在线旅游价格战的背后更多是降低服务品质. 2015 - 03 - 11. 新京报. http://epaper.bjnews.com.cn/html/2015-03/11/content_ 565737. html? div = -1.

订份额。机票预订在在线旅游的业务中比例下降。以携程为例，其机票预订收入占总营收的比例由 2008 年的 42% 逐步下降至 2014 年的不足 38%。景区门票和租车成为战略增长点。2014 年初，携程正式开启景区门票电商平台，推进与国内景区的合作，并计划投入 2 亿元扩张门票市场。

艾瑞咨询认为，在线旅游预订的模式将进一步丰富，具体而言，随着智能手机的进一步普及，基于 LBS 的更深层次的旅游预订应用必将百花齐放，为消费者提供随时随地、个性化的预订体验。

休闲度假、景区门票是在线旅游行业近两年来出现的新领域，进入门槛较低，但是发展门槛高，需要不断对上游产品供应链进行介入和整合，优化用户的消费体验，以及扩大产品和服务在全国的网络覆盖，提升客户服务能力。

五、国内外对比

i 美股资产管理有限公司分析师吴桑茂说："中国和美国的在线旅游的现状有许多的不同，美国 OTA 专注于做酒店预订，而中国 OTA 机票还占很大的比例；美国在线旅游公司分工较明确，竞争合作比较有序，而中国在线旅游企业争端多、合作少。"

欧美国家的旅游电子商务是集团化发展，海外业绩显著，已然形成全球化市场，国际收入占营业额比例过半。例如，2013 年，Priceline 和 Expedia 分别有 85% 和 44% 的预订量来自国际业务；2013 年第四季度，TripAdvisor 有 51% 的收入来自国际市场。

1. 酒店业务

在美国，酒店预订是在线旅游业务的主要组成部分，市场稳定，增速不快。但酒店业务对中国的在线旅游来说是重要的一块业务，市场仍在扩大。

2. 机票业务

美国航空公司官网销售机票是主流，而中国所有航空公司官网销售的机票量才 10% 多一点，在线旅游所占比例发展空间很大。

3. 度假旅游业务

PCLN 的 booking 和 agoda 上都没有度假旅游业务的入口，priceline. com 上面可查找到度假旅游产品，但也不是重点；Expedia 上面有频道，还有个子网站 classicvacations. com，但度假旅游业务占比也很小，不是重点。

而携程却将度假旅游作为自己的重点发展业务；此外还有驴妈妈、途牛、悠哉等，很多在线旅游企业也是主要做度假旅游，并且发展很快。

从中国在线旅游主要的三块业务——机票、酒店、度假旅游来看，美国的 OTA 基本只做酒店，机票和度假业务只是补充；而中国只有艺龙是专注于酒店的，携程、同程、芒果、淘宝旅行等都是涵盖三块业务的。①

六、总结与反思

在信息大爆炸时代，旅游行业受到互联网的渗透，在线旅游迅速发展。但是，在线旅游发展再火热，其最终目的还是满足消费者需求，给消费者消费带去更好的服务和体验。在线旅游提升了旅游体验，也方便了旅游的管理，是"智慧旅游"的手段之一。

在线旅游公司所考虑的下一步，应该是在继续完善在线平台的基础上，开发出更为丰富、价格更地道的旅游产品（酒店、机票、门票等），满足消费者日益个性化的旅游需求，在线旅游公司，必须要扩展更为丰富的线上和线下资源。线上完成选择、定购和交易，线下提供完善的地面配送和接待服务，才能在旅游市场形成真正的竞争力。

同时，我国旅游电子商务的发展很不平衡，用户覆盖面不广。在线旅游电商的用户大多分布在一二线城市，三线及以下的用户偏少。携程、去哪儿等知名旅游电商，由于其产品形态有限，市场覆盖范围不足，在国内三线以下城市和国际化方面的发展有待扩展。因此，更大的产业布局成为决定企业未来市场地位的重要方面。

---

① 从易．中外在线旅游对比．2012 - 09 - 15. http：//www. huxiu. com/article/3750/1. html？odby = toauthor.

打车 APP

随着城市的发展，城市人口不断增加，在一些人口密集的大城市，上下班期间打车难成了常见事。2014 年，打车软件悄然盛行，2014 年的打车软件市场由快的打车和滴滴打车平分秋色。据统计，两者的用户数量共占据了市场份额的 97% 以上，各大巨头在 2014 年切入打车软件市场，用"补贴"来打响 2014 年这场"出租车之战"。

不管是"打车软件补贴大战"还是一系列关于打车软件"违规"被罚的报道，都让人感叹，一场"打车大战"最后演变成了"公关大战"。数字化时代，革新变革的步伐永远不会停止，打车软件的兴起是互联网颠覆之门打开的先兆。随着打车软件市场的发展，其商业模式也渐渐浮出水面，打车软件的市场竞争正在向生态圈演化，未来市场前景广阔。

一、总体概况与发展态势

根据《新京报》调查统计的数据显示，有 8.48% 的人表示打车很难，通常需等待半小时以上，45.29% 的人表示打车需等待 10～30 分钟，只有占总体比例 11.68% 的人等出租车的时间在 5 分钟以内。随着"后 PC"时代的到来，智能手机用户数量也爆炸式增长，因此为了给人们提供便利，打车 APP 应运而生。

打车软件的使用方法简单。首先在手机上（安卓系统、iOS 系统）安装打车软件，并注册账号。大部分软件使用的是语音叫车。当准备"叫车"时，手机会自动定位，地图上可以看到周边 5 公里内可供选择的出租车，按下"按住说话"键发送自己要去的目的地。

为了吸引司机，乘客在叫车时可选择加价。如果有出租车司机接单，界面会有"订车成功"的提示，紧接着接单的出租车司机会电话联系打车乘客。同时，第三方服务，如广告推送服务、本地信息显示服务（餐饮、酒店等）也在逐渐加入打车软件之中。

打车软件的鼻祖是 2010 年在美国诞生的 Uber。最初的 Uber 只提供高端商务，叫车服务。乘坐 Uber 打到的车到达目的地后，绑定的信用卡将自动根据里程数扣款。同时，Uber 会发送邮件到用户绑定的电子信箱，邮件列明了详细的里程数和收费数，并附上行驶线路图。2011 年，Uber 推出了低价预约出租车的服务。2012 年，Uber 开始提供打车服务。2014 年 Uber 的估值已突破 180 亿美元。

在中国，复制 Uber 成功经验的软件不断涌现。2012 年 3 月，摇摇招车上线。2012 年 8 月，快的打车上线。2012 年 9 月，滴滴打车上线。2013 年 4 月，大黄蜂打车上线⋯⋯

各大互联网巨头都瞄准了打车软件这一市场。目前的打车软件有几百款，最大的是腾讯投资的滴滴打车和阿里巴巴投资的快的打车。

2013 年 4 月，阿里资本宣布投资快的打车。2014 年 1 月，腾讯投资滴滴打车。2014 年 1 月起，快的打车和滴滴打车开始了补贴大战，补贴数总计有 10 亿元。

快的打车新注册用户第一次成功打车会获赠 30 元话费，同时快的打车与支付宝合作，乘客在付款时用支付宝钱包扫描司机的二维码即可支付，另外每次打车还会送积分，用以换取代金券。而滴滴打车用微信支付可以立减 10 元，成功打车后还能获得一次奖品丰厚的抽奖。

2014 年 2 月，Uber 进入中国；12 月，百度投资 Uber，共同拓展亚太市场。2014 年 7 月，快的打车推出专车服务——"一号专车"。2014 年 8 月，滴滴打车推出专车服务，"战火"从打车市场"烧"到了专车市场。

截至 2014 年 3 月份，根据统计数据显示，滴滴打车注册用户 8 260 万，司机 83 万，日均订单数 1 500 万单；快的方面注册用户超过 9 000 万，司机 80 万，日均订单 1 200 万单。2 月 14 日，滴滴打车与快的打车联合发布声明宣布实现战略合并，并表示合并后的新公司将跻身全球重要的移动出行平台。两家公司合并后将占有九成的市场份额。

快的打车和滴滴打车的补贴大战促进了打车 APP 的爆发式增长。自2014 年初起，双方开始展开"烧钱大战"。但是在"烧钱大战"中直接受益最大的还是 APP 的用户们，由此，打车软件的关注度得到了快速增长。

随着微信支付接入滴滴打车、支付宝接入快的打车，以及实行补贴、减免手段的轮番营销后，市场竞争呈现白热化。同时这也是腾讯与阿里巴巴在构建互联网生态圈的线下支付系统的重要扩展。

速途研究院预计，2014 年市场用户使用手机打车软件的习惯将养成，依赖于打车 APP，市场盈利模式明显，较弱者将慢慢退出市场，出现一家独大或者两强相争的格局。

二、社会影响

打车软件打破了传统的租车方式，给消费者带来了更好的服务，也利用了闲置车辆和司机。但打车软件很快就暴露其缺陷：一是人们发现打车软件让老人、病人和短途乘客打车更难；二是安装了打车软件的司机有时会出现挑客和拒载乘客的情况，乘客不得不用"小费"来吸引出租车司机。有人认为这种拼小费打车的模式是一种变相的涨价，并使行业监管出现"灰色地带"；三是司机开车用手机，危及乘客安全。

1．实现司机和打车者的双赢

截至 2013 年 5 月 7 日，安卓平台上 11 家主流应用商店的打车类软件客户端总体下载量已超过百万，用户主要集中在北上广等一线城市。由于出租车司机与打车者之间的信息不对称，导致非高峰时段出租车空载、高峰期和恶劣天气下司机拒载等现象频发，而手机打车软件通过加价等手段，提高了打车成功的概率，实现了司机和打车者的双赢，因而在大城市日益走俏。

2．打乱打车的竞争环境

"手机打车软件由于正处于探索起步阶段，商业模式尚不明确，导致运营成本较高。特别是由于打车市场的不规范，导致加价策略在某种程度上加剧了原有公共交通资源的分配矛盾，打乱了路边打车和应用订车的公平竞争环境，可能会影响此类打车软件的发展前景。"①

我国一些城市已经取消打车软件，2015 年 1 月 10 日《新京报》报道，北京、济南、青岛等 10 个城市叫停了滴滴打车、易到用车、快的打车等公司的专车服务，并把专车定位成"黑车"。12 月 25 日，上海市交通委也宣布查扣多台滴滴专车，并给予罚款。

2014 年 5 月 27 日，交通运输部办公厅发布《关于促进手机软件召车等出租汽车电召服务有序发展的通知（征求意见稿）》。通知指出，各地交通运输主管部门当加强出租汽车电召服务的统一接入和管理，逐步实现人工电话召车、手机软件召车、网络约车等召车需求信息。

上海市委书记韩正在参加上海市政协会议时说："打车软件、互联网金融的出现，是对政府传统管理模式的一种颠覆性挑战，将倒逼政府加快转变观念、深化改革，不断创新管理体制和监管模式。"

———————————

① 张舵，朱东阳．"打车难"催热手机打车软件．2013 – 05 – 23. http：//news. xinhuanet. com/fortune/2013 –05/23/c_ 115885842. html.

三、学界与业界的评价

首都师范大学教授郭海燕："打车软件是一项新生事物，发展有待引导，与其封堵不如介入。应该鼓励打车软件在实践中运用，避免简单禁止、粗暴管理，以达到'三赢'的效果，北京的经验值得借鉴。"[1]

深圳大学交通经济学教授韩彪："打车软件的功能在于让出租车司机和乘客之间的信息更加'对称'。在软件还没有被规范化以前，为了防止市场和行业的混乱，我认为停止使用是合理的处置。虽然这种软件的发展方向是可以看好的，但问题在于，用什么样的方式去规范它。"[2]

交通运输部部长杨传堂在接受采访时就出租车问题指出："出租车的工作是由各级政府承担管理主体责任，主要是指导责任。要解决好出租车涉及的各种问题先要定位准确，出租车不是公共交通；第二，依然要进行适当管控，'不能太多也不能太少'；第三，出租车的价格需要管控，所有的使用者和经营者都能得到合理的报酬以及保障其利益。政策是鼓励创新，但是操作上也要规范管理。"[3]

新浪科技穆嫒嫒："未来，随着移动互联网和智能化的发展，使用终端协助自身完成生活需求或将越来越主流，而打车软件也在顺应这个潮流，它或将继续存在，只是在其商业模式尚未明确、用户习惯暂未形成的市场大环境下，背靠巨头的'烧钱大战'依然持续。"[4]

四、新媒体之"新"

根据中国社科院新近发布的调查报告，在北京等一些城市，53.77%的人打车需要等 10 分钟以上，另一方面，出租车的空驶率非常高，有时甚至能达到 40%，加剧了城市拥堵。

（1）实现移动的 O2O。打车软件适应了市场的需求，用简单的模式改变了传统打车模式，颠覆了只能在路边招手拦车的概念，缓解了人、车之间信息不对称的矛盾。打车软件提供了信息交流，减少了出租车的空行时

---

[1] 单毅. 天津日均超千人使用打车软件 "加价功能"等需规范. 滨海时报，2013－06－08.

[2] 打车软件挨"打"以后. 广州日报，2013－06－06.

[3] 对于专车，政策是鼓励创新. 2015－03－05. 法制晚报. http：//www. fawan. com/Article/zt-bd/2015qglh/2015/03/05/15438276849. html.

[4] 打车软件为何集体"疯狂"融资. 2014－12－30. 新浪科技. http：//tech. sina. com. cn/i/2014－12－30/12169921402. shtml.

间，提高了空车的利用率，有效地缓解了打车难的问题。打车软件利用互联网的特点，连接乘客和司机，实现从线上到线下的 O2O。

（2）培养国人的移动消费习惯。腾讯早期大规模投入滴滴打车的原因是当时需要培养微信支付这个移动消费习惯，而阿里则使用快的来应对。在移动互联网时代下，这种与人们生活的贴合程度高的软件，引导了用户现代化出行方式、培养了国人的移动支付的习惯。

（3）以场景应用为发展方向。现在移动的特点变得越来越清晰了，从 PC 到移动互联网用户几个显著特点是：

第一，入口第一 VS 习惯至上；第二，路径依赖 VS 场景优先。具体而言，PC 时代更讲究"入口"，有"路径依赖"，如百度、淘宝、导航等，以及由此发展来的联盟、跳转、链接方式。

但移动有去中心化与碎片化的特点，战场更在用户脑中，打车软件也好，电商也好，都需要品牌唤醒，使之成为习惯，并且要覆盖更多的应用场景。移动环境下，用户成了信息孤岛，没有了 PC 时代的链接与跳转机制，对于快的或滴滴这样的打车软件来说，需要的是长线竞赛，植入用户脑海，并且覆盖更多的应用场景与 APP。①

五、国内外对比

打车软件在为司机增加收入、给乘客带来便捷的同时，其合法性和安全性也受到多方质疑。我们可以看到各国政府都为如何监管打车软件而费心思。

打车软件刚进入新西兰不久，就被指责破坏行业秩序而遭到新西兰出租车行业协会的反对。在英国和美国华盛顿、西雅图等地也发生多起出租车司机的抗议活动，指责政府缺乏管理法令，造成不公平竞争。

此外，打车软件由于其保险问题存在灰色地带，也带来了安全问题。在美国旧金山，一位母亲带儿女过马路时被一辆转弯的汽车撞倒，女儿不幸丧生，母亲和儿子受重伤。受害者起诉了 Uber 公司。他们认为，肇事汽车上安装的"Uber"软件让司机开车时精力不集中，导致惨剧发生。但因为事故发生时车上没有载客，也就不在 Uber 公司的保险覆盖范围内。

这起事故发生不久后，Uber 公司把保险的范围扩大到车辆空驶但其打车设备处于开机状态时，并承诺在该时段内发生的车祸，Uber 公司会为受

---

① 谢璞. 打车软件新战局：从出租车到出行生态. 2014 – 10 – 10. http：//tech. sina. com. cn/zl/post/detail/i/2014 – 10 –10/pid_ 8462591. html.

害者提供每人最高 5 万美元，单起事故总额最高 10 万美元的赔偿，不过这种赔偿额度仍远远低于车辆载客时段的保险。

2014 年 12 月 24 日，韩国检察官指控 Uber 违反了韩国国内的交通运输法。在印度，由于 Uber 司机涉嫌性侵，Uber 司机背景的审查流程遭到质疑和指责。

法国政府直接宣布禁止打车服务，因为有关部门无法保证使用打车软件的司机都购买了正式的全额保险，有可能会对乘客构成危险。新加坡陆路交通管理局表示，为了保障乘客的利益和安全，计划在 2015 年第二季度对打车软件服务进行规范管理，首要条件就是所有提供类似服务的司机须持有出租车驾照，且车辆已注册为出租车。

在德国，汉堡和柏林监管部门去年先后发布禁令，以司机没有合法执照、乘客安全无法得到保障为由，禁止 Uber 提供营利性私家车载客服务。在柏林，每违反一次禁令，软件公司将面临约合 18 万元人民币的罚款，没有资质而拉客的司机最高将被罚款约合 14.7 万元人民币。

六、总结与反思

2013 年 11 月《人民日报》曾刊发题为"改革是由问题倒逼而产生的"的文章。文章称"凡一国、一民族之改革，乃大势要改，人心思改，不能不改，是'置之死地而后生'逼出来的"。诸如"专车"等互联网技术下的产物像一面镜子，将传统行业的顽疾和弊病暴露在众目睽睽之下，进而推动行业改革，打破利益垄断。

在打车软件的"补贴大战"结束后，包括所谓的专车等服务升级的打车服务迅速推出，进行社会化营销，将更多有合法牌照的民间汽车租赁公司资源吸纳到这个平台上。

但是，伴随着打车软件兴起更多的是打着监管的擦边球的"非法营运"现象不断曝光。伴随而生的关于打车软件破坏出租车市场秩序，导致"黑车横行"，政府应该出手维护社会稳定，规范市场秩序，打击借助打车软件而生的非法营运行为的呼声也此起彼伏，更在舆论场中呈现"PR 大战"的局面。

无论再多质疑，打车软件对传统出租车行业的颠覆已然势不可挡。打车软件的喷涌而出在一定程度上塑造了乘客的出行习惯，培养了国人的支付习惯。但是，当打车市场进入"零补贴时代"，对于打车软件来说，用户的黏性成为一大考验。

　　补贴福利是临时的，用户服务体验至上才是根本，打车软件的核心是连接人与交通服务，改善人们的出行质量与效率。只有解决了用户打车的核心需求，才能提高用户的忠诚度。

　　移动互联网更高效、便利的模式提升了服务质量和服务效率，这就是未来商业发展的趋势。

2014 年海淘发展新风向

2014 年年初，天猫国际正式上线，"双十一"期间，超过 200 家的海外商户参与天猫国际的"跨境海淘"业务。与此同时，亚马逊发出的大招就是试运营"海外购"的新服务。"海淘"这几年发展很快，但是支付与真伪一直是最大的障碍，这些电商巨头的加入，会将"地球村"变成"地球大市场"。

"海淘"造成的冲击会不会很快到来？按照马云的计划，在 3～5 年之后，阿里巴巴将全面国际化。如果与现在最火爆的话题"双十一"联想，2009 年前，11 月 11 日不过是一个个普普通通的日子，而到 2012 年，却成了一个销售传奇，网络卖家、平台供应商、物流企业的必争之地，在第 5年，已经成为成交金额 571 亿元的庞然大物。

本文将着重介绍 2014 年海淘的概况、影响和相关评论，并对海淘的现状和未来进行反思。①

一、总体概况与发展态势

近几年，随着跨国网络代购这一新商业模式的井喷式发展，"海淘"也随之在国内急剧升温，越来越多的中国人开始加入"海淘大军"，成为"海淘"一族。其中 80 后成为"海淘"主力军。

目前的海淘购物，主要有两种模式，一种是直接连接国外大型购物网站，如 eBay、Amazon、Puritan's Pride 官网、Drugstore.com 等，浏览网站上的产品信息、促销消息和购物。

另一种是国内海淘代购网，如 55 海淘网、走秀网、海淘一线、秀嗨淘、海淘贝、G 海淘等，主要是提供海外购物网站优惠促销打折信息、国际产品价格比较信息、海淘导航服务以及海淘教程和攻略等，还可以获得一定的返利。

---

① "海淘"大潮将至　国际大牌代理商格局将变化 . 2014 - 11 - 14. 中研网 . http：// www. chinairn. com/news/20141114/110232720. shtml.

"海淘族"由网购族变身而来，随着近年来各种支持措施的实行，如各大国外购物网站纷纷开办中文网页，支付宝与众多国外购物网站平台合作，我国第一个购物搜索网站"一淘网"开始引入海外购物网站等，"海淘族"迅速发展壮大，其发展势头甚至惊动了中国海关。支付宝是中国最早支持用户使用人民币"海淘"的第三方支付企业，从 2006 年开始推出境外网购业务。

目前，支付宝的海外商家已达 600 家，覆盖全球 34 个国家和地区。目前"海淘"消费在北上广等一线城市较为活跃，在辽宁、吉林、黑龙江等东北地区，这一消费群也已经悄然诞生，并且保持稳定的增长。

支付宝统计显示，与动辄消费上千元的境内网购族相比，"海淘客"更显淡定，超过八成的"海淘"用户，单笔消费不会超过 500 元人民币；而只有 5% 左右的"海淘"用户，单笔消费在 1 000 元人民币以上，这表明用户"海淘"消费普遍理性。[①] 由于"海淘"消费存在退换货困难及完税清关等风险，因此，许多用户对大额"海淘"消费都较为谨慎。

热衷于网上"海淘"的恰恰是那些注重性价比的城市中产阶级，"品质上趋高，价格上趋低"正是他们海淘的根本原因。与原有的国内购物相比，"海淘"具有价格低、质量高的优势，但同时也有着部分货品购买渠道不正规，商品质量低劣，售后服务和维权有风险的问题。

海淘 2014 年的新态势：

（1）央行上海总部 2014 年 2 月 18 日宣布，在上海自贸区启动支付机构跨境人民币支付业务试点。银联支付、快钱、通联等 5 家支付机构与合作银行对接签约。这意味着以后通过第三方支付机构，消费者就能直接用人民币"海淘"，国内企业也能直接用人民币开展跨境业务。

（2）2014 年 4 月 13 日，兴业银行官方商城联合跨境母婴电商——麦乐购全球精品母婴商城上线了进口母婴用品"海外直购"业务，开始为国内用户提供海外原装进口商品，作为国内银行业在海外电商领域的试水先锋，兴业银行迈出了实质性的一步。

（3）从 2014 年 8 月 1 日海关总署《关于跨境贸易电子商务进出境货物、物品有关监管事宜的公告》正式实施，首次对"海淘"进行了规范和要求，这可能预示着"海淘"的蛮荒时代即将终结。

根据新政策，今后无论是从事海外购物业务的电子商务企业或是个人，都要向海关管理平台传送交易、支付、仓储和物流等数据，并将采取

---

① 李佳珂，卢超阳，文汪艳."海淘"对中国消费者及企业的影响研究.金融经济，2013（16）.

"清单核放"方式，办理电子商务进出境货物报关手续。新政策无疑会对海外购物的环境和渠道起到净化的作用，但另一方面，由此会增加海淘的成本。新政策让"海淘"市场受到很大冲击，今后市场的发展必将更规范、健全。

二、社会影响

1. 对消费者的影响

首先，海淘使消费者可以购买到相比国内售价更便宜的产品。据了解，相比国内售价，海淘来的东西普遍便宜三分之一甚至便宜一半以上，颇具吸引力。海淘可以让消费者买到更有质量优势的产品。对于"海淘族"来说，图"放心"与图"便宜"是两个如影随形的需求，这一点在婴幼儿产品购买上显得格外突出。

随着三聚氰胺事件、婴儿沐浴露含致癌物等各种安全事件不断涌现后，消费者们对国内商品的信赖度逐渐降低，这很大程度地刺激了消费者们转而向国外购物以寻求放心，特别是一些用于婴儿入口和贴身用的商品。

另外，海淘让消费者获得更时尚的消费方式。并非所有消费者看中的都是便宜的价格，很多人也会因为追求最新的时尚潮流而选择海淘。很多时尚品牌新品首先在国外上市，这就吸引了消费者直接去国外"尝鲜"。

同时，"海淘"过程中确实存在很多麻烦和风险。产品质量参差不齐，虽然说国外的商品质量绝大部分好于国内，但是也会出现一些质量不过关的产品。这一点从国家检验局屡屡曝光的进口食品、化妆品批次中可见一斑。

另外，产品的邮寄成本增加，根据海关总署发布的总署公告 2010 年第43 号文的有关规定，个人收到寄自国外的物品每次限值 1 000 元人民币，如果超出规定限值的，就要办理退运手续或根据物品归类补交税费。承接跨国运输业务的快递公司也透露，碰到类似问题的消费者很多，他们往往选择退货。

最后，海淘有较高的被欺诈风险，不少"海淘族"就曾经遭遇过误进黑网站，导致买到假冒伪劣商品，有些不仅购物款被骗，连信用卡也被盗刷。而海外刷卡的习惯不同于国内，只要输入卡号而无须输入密码，因此也增加了用卡风险。

2. 对国内企业的影响

首先，国内企业承受着同类产品价格竞争加剧的风险。海淘的价格优势使我国企业面临强势的降价压力，提高生产效率以达到高效生产迫在眉睫。

其次，我国民族品牌受到消费冲击。国外知名品牌拥有雄厚的资金、方便快捷的商品运输渠道、高速发展的网络信息交流平台、大批专业的宣传营销人才等竞争优势。

与强劲的竞争对手相比，民族企业存在市场发展空间狭小、产品质量检验标准层次较低、资金周转不灵活等问题，虽然海关为国内企业的发展在政策上给予了支持，但是内在的动力不足使得民族品牌难以得到建立与发展。

最后，国内物流业面临着与国际成熟物流业的竞争。从国内的一些物流指标来看，不少已经位居世界前列，但从国际竞争力来看，中国还不是物流强国。具体体现在以下三个方面：

第一，规模化、网络化、集约化、专业化的现代物流服务体系尚未形成。

第二，物流费用占国民生产总值的比重高出发达国家一倍左右。国内物流效率不高，使得工业企业流动资金平均周转速度仅为发达国家的百分之几。

第三，国内领先的物流企业与跨国物流企业相比，无论是规模、品牌、盈利能力、国际市场份额，还是物流提供能力、服务创新能力、运作模式、供应链管理能力等均有很大差距。目前我国物流与经济相比相对滞后，这也在一定程度上制约了经济的发展。

三、学界与业界的评价

中国电子商务研究中心分析师莫岱青："服务和商品质量是未来电商企业竞争的核心，对于'海淘'市场来说也是一样。相信经过近两年飞速的发展，热衷于'海淘'的买卖双方都会更加谨慎。"[1]

上海大学社会学院孟庆宁："由于存在今天西方文化中占支配地位的文化再生产模式，消费文化被作为西方先进的科学技术、先进的商业以及令人艳羡的西方生活方式的代表推销到世界各地，而网络的全球化，使人们的消费场所正以日益普遍化的方式在全世界范围内被连接起来。

就一般意义而言，全球化已经彻底改变了我们的日常生活体验，消费

---

① 石海娥．"海淘"诱惑与陷阱并存．光彩，2014（9）．

社会在欧美国家形成，并在全球化的背景下向外延伸，而中国的消费者通过海外网络购物，与欧美国家的消费者同步消费同样的消费品。这些海外网络消费景观中所体现的是各种商品对所有人都是开放的，任何人都可以在海外网络商城上买到熠熠生辉的物品并且享用娱乐和信息的景观，海外网络购物进一步扩展了消费空间，消费景观已经伴随着网络的全球化而全球化了。"①

《光彩》期刊记者冯晓霞："与电商巨头相比，那些专事'海淘'的小商家们的生存环境显得复杂很多。这些商家多声称自己有特殊渠道，可以将国外的产品带到国内。一些经常出国的代购者将大量境外商品'化整为零'地带入境，并以个人名义申报海关来逃避征税，这种获得利润的做法风险重重。"②

《通信信息报》记者周静："加强对'海淘'市场的监管是管理部门应该尽快考虑的问题，随着'海淘'数量的日益庞大，越来越多的企业将加入这个领域，届时鱼龙混杂的现象将不可避免，等到消费者蒙受更大损失后才出手，将为时已晚。"③

四、新媒体之"新"

海淘区别于以往购物方式的特点在于其盈利模式、文化价值和越来越规范的法律规制上。

1. 盈利模式

在返利模式上，通过国内海淘链接网站给出的链接点入国外网站进行购物后，国外网站会给海淘网佣金，这个佣金就是商家用来宣传的广告费用中的一部分。国内海淘网站可以拿到百分之五的返利。在海淘链接网站中，大部分网站规模不大但都有自己固定的"客户圈"。

此外，海淘网站的另一盈利点是流量广告，但是很多网站太小，还不足以靠流量广告来生存。

2. 文化价值

海外购物将消费从简单的购物、理性的计算转变成为一种个性化的消费活动，其中包括享受的、无限的、自由的购物因素，因而海外购物形成一种新的消费体验，是一种特殊的消费表达。

---

① 孟庆宁. 消费视域下"海淘"现象的社会学分析. 理论界，2013（11）.
② 冯晓霞. "海淘"时代. 光彩，2014（9）.
③ 周静. 全球电商争食海淘蛋糕 跨境购物保障机制待完善. 通信信息报，2014 - 01 - 29.

　　海外购物的出现给人们提供了新的消费空间，对国外异国情调商品拥有欲的满足，畅游在外文标识琳琅满目的商品网站，浏览商品所带来的视觉消费盛宴，体验着在国际范围内进行商品比较和消费的自由选择。

　　海淘满足年青一代消费者对于时尚的追求。时尚从某种意义上说是对新的渴望，追求新奇可以扩散一种渴望体验目前生活所不能提供的"更多事物"的不满足感。海外购物有种种新的体验，国外网站购物相比传统的购物方式具有新奇的意味。

　　海淘呈现着明显的符号化特征。海淘需要一定的文化资本，需要消费者具备一定的英语水平来了解商品信息并进行购买。另外，使用信用卡消费这一行为所指的是具有相当支付能力、有地位人士的消费符号。

　　3. 法律规制

　　为了更好地规范海淘市场，自 2013 年 1 月 1 日起，获国务院关税税则委员会审议并报国务院批准，我国将对进出口关税进行部分调整，对 780 多种进口商品实施低于最惠国税率的年度进口暂定税率。其中，特殊配方婴幼儿奶粉关税为 5%，显著低于最惠国 15% 的待遇，为目前税率的一半。近几年由于市场行情瞬息万变，相关部门推出的政策与时俱进，日臻完善。

　　从 2012 年 3 月 28 日起，海关将执行新的政策，所有境外快递企业不能按照进境邮递物品办理清关手续，而应使用 EMS 清关派送包裹。只有使用经邮政网络承揽的对方国家的邮政企业，按照万国邮联规定单式并交由中国邮政在大陆投递的包裹才可使用。海关总署还发布了海关总署公告。

　　2012 年第 15 号文，重新修订了《中华人民共和国进境物品归类法》及《中华人民共和国进境物品完税价格表》，规定进境旅客仍可免税携带进境价值人民币 5 000 元的自用物品，个人邮寄进境物品免税额度也未作调整。

　　2014 年 8 月 1 日，海关总署正式施行《关于跨境贸易电子商务进出境货物、物品有关监管事宜的公告》，消费者可以根据编码追溯货物的来源，并确定是否通过海关检查和备案。那些化整为零，以自用物品的形式带商品入境的商家也将受到限制。

　　根据海关新规，以这种方式入境的货物累积一定数量，需经过海关报关并缴纳相应税款，否则就涉嫌走私，但海关目前并未给"累积一定数量"做出更加明确和细致的解释。

五、国内外对比

海淘不仅仅在中国火爆，也随着经济全球化通过互联网在今天被解释得更加透彻。"海淘大军"早已成为一股不可忽视的消费力量，国人"海淘"的热情让外国人叹为观止，外国人其实也是如此。

Wish 在美国已经成为一款海淘神器，它的商业模式也很另类。不管是国内电商还是美国亚马逊等电商巨头，都在为提升发货速度花费巨资。Wish 的商家却只承诺在几周内将货物送达，有时甚至会超出截止日期，忠实于"不求最快，但求便宜"的商业信条。有商家表示，通过该网络从中国向美国发货，所需成本并不会比在美国境内发货的成本更高。

Wish 是一个很注重消费者体验的平台。通过海外仓的布局，可快速提升消费者跨境购物的体验。

目前，Wish 平台上已经有将近 1 亿个免费注册账户，相比 2014 年 6 月的注册人数翻了两倍。Wish 母公司 ContextLogic 在最近一轮融资中筹集到约 5 亿美元，投资者是俄罗斯的 DST Global 公司，以及 GGV Capital 和 Founders Fund 等早期投资者。此次融资使该公司的估值大涨达到 30 亿美元，而去年 6 月时的估值仅为 4 亿美元。

Wish 在过去两年的成功具有爆破性，关键因素在于模式上的优势：在移动化的浪潮下，踩了跨境电商的风口，并率先将智能推荐算法技术完全运用到电商中。如今，移动化、跨境电商、智能推荐算法都不时新了，它既需要自我颠覆，又需要完善平台业务。

六、总结与反思

海淘迅速发展，使不少国内企业受到冲击。公司营业额减少，旧产品积压，新产品削减。导致此现象的根本原因在于国内外商品的价差太大，以及消费者对国内品牌缺乏信任，而国外完善的质量监督体系和高昂的造假犯罪成本有效遏制了假冒伪劣商品的出现。

为摆脱困境，国内企业应努力做到：

（1）培育有竞争力的国内品牌。首先是观念创新，形成创新思维。其次，要注重体制创新，通过对经营机制和管理机制的创新，建立符合市场经济要求的现代企业制度，以获得企业同外部环境相适应的可持续发展的能力；最后，要十分注重技术创新，建立起企业内部的科技创新机制，获得企业内在的可持续发展动力。

（2）注重品牌国际化经营，培育民族品牌。

（3）拥有良好的营销网络和稳定的客户资源。这涉及企业营销网络及渠道的管理和控制，运用科学的营销方案，培养优秀的营销队伍，配合各级营销网点，减少流通环节，降低流通成本，有效利用广告效应，将企业的技术优势外化为市场竞争优势。

（4）诚信经营并培养良好的企业文化。首先要坚信企业要生存、要发展需以诚信为第一的原则。诚信是企业最宝贵的无形资本之一，也是企业竞争力中的关键要素之一，与企业的物质资本、人力资本一样是企业生存发展不可或缺的资源。

在线教育，另一片红海

　　2014 年 4 月，新东方官网也推出要发布 APP 的消息通告，虽然具体形态暂时不详，但新东方董事长俞敏洪也同时在微信朋友圈中透露了即将推出新产品的消息。4 月 15 日举行的 2014 年松禾资本春季论坛上，俞敏洪表示，将热烈拥抱互联网和移动互联网时代。但他同时表示："新东方的'地面'力量是如此强大，如果把所有业务全部搬到线上无异于自杀。"①

　　结合新东方集团网络运营部总监祖腾曾在微博上发布的"高薪诚聘APP 推广负责人"，不少业内人士证实，新东方推出的应该是基于移动端的学习产品。

一、总体情况与发展态势

　　在线教育即 e – Learning，或称远程教育、在线学习，现行概念中一般指的是一种基于网络的学习行为，与网络培训概念相似，是以网络为介质的教学方式，通过网络，学员与教师即使相隔万里也可以开展教学活动。

　　此外，借助网络课件，学员还可以随时随地进行学习，真正打破了时间和空间的限制，对于工作繁忙，学习时间不固定的职场人士而言，网络远程教育是最方便不过的学习方式。

　　在线教育的形式较多，比如：环球职业网校、游学网等，新东方网校、中华会计网校、东奥会计在线等是针对在校学生、上网人员进行技术学习，而一些会计网则代替了课堂教育。

　　我国在线教育快速发展。近年来，随着我国信息化程度的不断提高，在线教育市场规模呈现加速增长的态势。2013 年在线教育市场规模为 125 亿元。其中，最大的一块是高等网络教育，约为 60 亿元；其次是各类职业培训，约为 25 亿元；企业在线培训约 15 亿元，K12 在线教育约 10 亿元，

---

　　① 赵陈婷. 新东方"学"免费在线教育：欲推 APP 反击 YY. 每日经济新闻，2014 – 04 – 16.

在线语言培训、平台工具等分别为 12 亿元、3 亿元。①

截至 2014 年年底，在线教育行业迸发了几件标志性事件：百度和阿里巴巴分别推出"百度教育"和"淘宝同学"，腾讯推出"QQ 教育"和"腾讯大学"；网易、新浪、360、金山等互联网企业亦推出自己的在线教育产品。百度、阿里巴巴也试图通过投资的方式分享在线教育行业的成长：百度于 2013 年向传课网投资 350 万美元；TutorGroup 获得的 1 亿美元B 轮融资中，阿里巴巴投资了 5 000 万美元。在线教育呈现出井喷之势。

在线教育做得最好的，目前是网易的云课堂和免费公开课，此外，百度、阿里和腾讯（以下简称"BAT"）三大巨头也一直在布局在线教育领域，新东方的这一举动前景未知。欢聚时代（即语音应用"YY"）在 2014年年初发布了独立教育品牌"100 教育"，其负责人刘豫军更是表示，要"挖到 2 000 个新东方老师加盟"。

在线教育的发展，有以下几方面的趋势：

其一，一方面是资本大量涌入，另一方面是机构盈利模式尚未明晰。据有关统计，2013 年有数十亿资金进入了在线教育行业。然而市场整体上依然规模不大。

据《在线教育前景与热点分析报告》显示，在受访企业中，年收入在1 亿元以下的企业接近八成，这说明在线教育企业中多数为规模较小的中小型企业。企业数量虽大量涌现，但盈利者很少，未来行业竞争将逐步加剧。

其二，O2O 模式被看好，线上互动需要加强，课程内容的趣味性与"干货"依旧非常重要。随着在线教育的不断演进，诸多创新模式被创造应用，其中 O2O（线上线下结合）模式最被看好，这一比例高达 67.26%。

但与此同时，有 76% 的用户认为目前在线课程的内容过于枯燥，超过七成的用户认为现有的在线学习平台体验还不够理想，更多用户的需求还没有被激发。因此，提高在线课程的交互和趣味是当务之急。②

其三，未来趋势关键词：移动化、大数据、智能化、与面授结合。随着在线教育竞争的加剧和功能薄弱环节的凸显，行业盈利着眼点将转向更具有灵活性和便利性的移动设备上，移动化学习将是在线教育的必然选择。据《在线教育前景与热点分析报告》显示，77.88% 的用户认为移动

①　重视在线教育的革命性意义. 2014 – 01 – 06. 重庆高教研究网. http://www.cqjy.com/Item/239.aspx.

②　在线教育前景与热点分析报告. 2014 – 04 – 14. 中国经济网，移动学习资讯网. http://www.x – sing.com/ShowNews – 547.html.

化是在线教育未来的发展趋势，此外，大数据化、智能化也颇受关注。

根据美国教育机构 Ambient Insight Research 最新研究数据，2013 年全球自我驱动 e – Learning 市场规模达到了 427 亿美元，并预测未来 5 年的年增长速度为 4.4%，并将在 2018 年达到 530 亿美元。根据报告，中国的 e – Learning市场规模在 2013 年达到 33 亿美元，未来 5 年的年增长率达到 12.2%，并预计到 2018 年中国的 e – Learning 市场规模将达到 59 亿美元。①新东方是否能在巨大的市场中站稳脚跟，还有待考察。

二、社会影响

在线教育的认可度不断提升，全球在线教育市场将进入新的发展阶段。随着亚马逊、谷歌等互联网巨头相继进入在线教育市场，对该市场的发展所产生的巨大推动作用势必相继"发酵"，使得创业企业、互联网企业、风险投资相继进入。

在线教育行业未来结合在线增值服务、平台佣金、网络广告、软件包月等丰富的盈利模式，利用其直接面对终端消费者的优势，加上新技术应用，各大在线教育企业若能找准定位和收费模式，预计其盈利能力将十分突出。

在线教育持续发力，潜力无限，但终究无法回避"僧多粥少"的局面。尤其当越来越多的创业者涌入后，在线教育竞争变得异常惨烈，市场趋于饱和，除了几个行业大企业能广撒网之外，其他非一线企业根本无力撬动庞大的市场。

在线教育在中国火爆是一个必然的趋势，究其原因，除了国内上网条件成熟以外，还有非常重要的一点，那就是国人对于互联网的认识已经到了能够接受在线教育的程度，特别是 80 后、90 后，他们对于网络付费模式普遍比较能够接受，成了消费主力。

加强对网络在线课程引发的全球教育资源配置对我国基础和高等教育影响与挑战的研究，尽快编制我国网络在线教育发展规划与政策，并以此促进教育公平、提高教育质量、推动教育创新。

大力发展网络在线基础教育，配送优质视频教育资源，促进义务教育的均衡发展，切实缩小校际教育资源差距，特别是缩小城乡和东西部教育资源的差距，满足贫困、边远与农村落后地区青少年接受良好教育的

---

① 2018 年中国 e – Learning 市场规模将达 59 亿美元 . 2014 – 11 – 13. 腾讯教育 . http：// edu. qq. com/a/20141113/028221. html.

要求。

大力促进基于网络在线课程的继续教育发展，成为让国民接受优质教育的主要渠道。构建人人皆学、处处可学、时时能学的学习型社会。加快从教育大国向教育强国、从人力资源大国向人力资源强国迈进。

三、学界与业界的评价

上海交通大学副校长黄震："没有教育的信息化，教育的现代化就无法实现。谁在信息化潮流中落伍，谁就会被时代淘汰，我们要高度重视由信息技术引发的网络在线教育快速发展给教育带来的机遇与挑战。"①

欢聚时代的 CEO 李学凌："外行干掉内行，靠的是什么？不是行业知识，而是用户体验。YY 之所以做教育，就是因为我们不懂教育。我觉得这不是我们的劣势而是我们的优势，很多从事教育多年的人会被惯例影响。"②

新东方董事长俞敏洪："最近谈论在线教育不断升温，有些媒体和公司把新东方描述得好像已经分崩离析，恨不得马上唱衰新东方，迫不及待到了不惜编造谣言。而实际上，新东方一直健康成长。在线教育对于传统面授是一种挑战，却是传统教育的互补而不是取代。"③

阿里淘宝教育负责人裴滨峰："在线教育的关键应该是人与人的连接，而不仅仅是教育资源的'搬运工'。希望未来每个人拿出手机（学习），就好像手机打车。将用户需求与老师资源对接，让老师在空闲的时间随时能为有需要的学生上课，让老师随时随地可以传播知识，充分解放教师的生产力。"④

四、新媒体之"新"

在线教育并不是单纯地将课堂录成视频，然后放在网上观看。不同的教育类型有不同的用户需求。想要"一网打尽"基本是不可能的。要想做

---

① 黄震. 重视在线教育的革命意义. 文汇报，2013 – 05 – 03.

② YY 怎么玩在线教育. 2014 – 03 – 20. IT 时代网. http：//news. ittime. com. cn/news/news_226. shtml.

③ 俞敏洪有什么底气奋而反击. 2014 – 03 – 11. 虎嗅网. http：//www. huxiu. com/article/29480/1. html.

④ 在线教育的革命性意义. 2014 – 11 – 08. 齐鲁周刊. http：//www. qlweekly. com/News/Vientiane/201411/0810310. html.

好用户体验，首先要做好用户细分工作。目前的教育市场主要可以分为四类：基础教育、语言教育、职业教育和学历考证。

1. 基础教育

基础教育是目前传统教育市场中份额最大的一块，市面上大部分教育机构都是针对基础教育的。这类教育产品的特点不仅符合用户的需求，而且符合付款人的要求。

在在线教育领域，由于孩子的自制力不足，许多家长宁愿花钱请人来督促孩子学习，也不愿意让他们泡在网络上。手机的普及给移动端的在线教育带来了曙光，但接触移动设备的时间碎片化趋势明显，因而基础教育的领域效果和受众反应都比较好地主要集中在背词软件和题库上，例如沪江网的开心词场、百词斩、猿题库等。而想在基础领域开辟一片天地，难度较大。

2. 语言教育

语言教育的市场非常大，无论是英语培训还是日语、韩语培训，都是一块宝地，也是众多在线教育移动端所青睐的领域。甚至有沪江网校推出相关的方言课程，例如"粤语学习""沪语学习"等。语言学习的特点就是听课、练习，学习者利用碎片时间进行知识学习，而其他时间则进行练习，或者直接在移动端做相应的练习。

在移动端，在线学习语言会很简单，也是人们乐于接受的一种方式。上班族上下班普遍有许多零碎时间，如果用来在客户端进行相关学习，能够有效提高效率。随着免费 WiFi 的普及，在线的语言课程会越来越受欢迎。

3. 职业教育

在线教育的最大市场无疑是职业教育。职业教育的市场，用户有需求、有时间、有资金，无论是手机移动端还是电脑 PC 端，职业教育都是必争之地。因为并不涉及成果考核，而注重知识质量，虽然这样的特性导致线上教育的门槛较低，但由于时间选择灵活，同时可以节省大量的交通时间与成本，因此职业教育依旧备受欢迎。

以尚德为例，职业资格证书培训设有人力、心理、会计、注会、PMP、建造等培训项目。成立于 2003 年的尚德机构以传统面授服务起家，2014年 6 月，全面转型为互联网教学，不再接受任何线下教学课程订单，也意味着尚德机构将彻底抛弃当初发家的线下主业。这种转型也意味着尚德的战略调整，将未来的发展重心放在了线上的职业教育上。

4. 学历考证

学历教育是在线教育的难点。学历考证势必要和线下的教育机构相结合，但这种结合很难和应用软件有连接。做这种类型的在线教育培训需要政策上的倾斜与合作，同时需要强势的营销策略才能把市场打开，或者借助其他领域的势头带动学历教育的发展，尚德依旧是目前发展最好的案例。

五、国内外对比

近年来随着信息技术的迅速发展，特别是从互联网到移动互联网，创造了跨时空的生活、工作和学习方式，使知识获取的方式发生了根本变化。教与学可以不受时间、空间和地点条件的限制，知识获取渠道变得灵活与多样化。

一位名为萨尔曼·可汗的孟加拉裔美国人在美国创办了可汗学院，可汗一个人制作了有关数学、物理、化学、生物、天文学等科目共 2 300 多部教学视频，利用视频技术改革传统教学手段，向全世界提供免费的高品质教育，创造了一名教师、一台电脑便可招揽上千万学生的"教育神话"。目前全球有 5 600 万中小学生观看他的教学视频，每月有 600 万学生登录网站。

可汗的教学视频突出"学习"的过程，引发"翻转课堂式"的教学模式。传统的教学模式是老师在课堂上讲课，布置作业，让学生回家练习、做家庭作业。"翻转课堂"是学生在家完成可汗教学视频的学习，而课堂变成了老师与学生之间、学生与学生之间互动的场所，包括答疑解惑、知识的运用和团队合作等，从而达到更好的教育效果。

有研究表明，这种个性化的学习方法能够大大提高学生的学习效率。美国加利福尼亚州的两个学校，已在五年级和七年级试用"可汗学院"的教学视频，学生们在家里观看视频自学，老师则在课堂上答疑解惑，辅导学生们完成功课。2013 年可汗学院的课程被美国 20 多所公立学校采用。

在高等教育上，学习者对网络在线学习的需求飞速增长。美国高等院校对在线教育的广泛认同，已成为推动美国在线教育快速发展的重要动力。

斯坦福大学两个教授创立了 Coursera 在线免费课程，目前已有普林斯顿、斯坦福、密西根大学和宾夕法尼亚大学等 33 所一流大学合作共建在线免费课程。它在 2012 年 4 月上线，4 个月后学生人数便突破了 100 万，一年不到，来自世界各国的学生人数已经突破了 234 万，呈现爆发式增长。

2012 年 5 月，麻省理工学院和哈佛大学联手发布 edX 网络在线教学计划，将整合两所名校师资，共建在线课程。麻省理工学院校长苏珊·霍克菲尔德指出，"edX 是提升校园质量的一项挑战，利用网络实现教育，将为全球数百万希望得到学习机会的人们提供崭新的教育途径"①。

edX 对修课学生颁发修课证书和成绩，第一门课"电子和电路"获得了 12 万名学生的注册；2012 年秋，第一批课程的学生人数已经突破了 37 万。可以预见随着信息技术的快速发展，未来大学将变得没有国界。

网络在线课程正如一股洪流以不可逆转之势向我们各级各类教育的各个层面渗透。信息技术发展使学生有了前所未有的选课自由度，可享受到海内外最优质的教育资源。网络在线课程正从过去的辅助性课程逐渐变成学校的主流课程。有人称这将"改革五百年的大学教育"，重塑高等教育版图，是"印刷术发明以来教育上最重要的革命"，"翻转课堂"呈现了"未来教育"的曙光。

六、总结与反思

对拥有 13 亿人口的大国，要缩短与发达国家在经济、教育与文化之间存在的差距，就必须加快提高国民的受教育水平和文化水平。党的十八大提出要在 2020 年基本实现教育现代化，没有教育的信息化，教育的现代化就无法实现。谁在信息化潮流中落伍，谁就会被时代淘汰。我们要高度重视由信息技术引发的网络在线教育快速发展给教育带来的机遇与挑战。

事实上，教育领域的"互联网化"和整个互联网的发展并不同步，在线教育是一块大蛋糕，大家都想来分一块，可是办教育的难度远大于其他 O2O，目前，真正成功的商业模式并不存在。

传统教育的痛点在于师生互动，而在线教育要解决这个问题，可以通过多人视频互动达到。而在老师分成方面，线下教育，一个老师获得的收入大概是整体收入的 30% 到 35%，剩下的 65% 是支撑线下教育的庞大运营成本。

判断一家教育类网站是否真的有用，是否真的对我们的教学有帮助，对孩子的成长有益处，应该首先理解教育行业的特有规律，必须厘清一些基本的要求才能做出正确判断：

（1）基础教育不是普通的一次性消费产品。教学活动有其特有的周期性规律，这需要富有经验的，而且对教育对象有充分了解的施教者才能完

---

① 郑美一 . EDX 计划引领教育新未来 . 2013 - 08 - 12. http：//www. globaltraveler. com. cn/info. aspx? id = 5265&typeid = 15.

成——甭管到什么时候，能教好学生的，只能是那些有充足时间伴随孩子成长，能因材施教的活的老师。

（2）教育本质上是教与学的互动，这中间有较为复杂的往来沟通，涉及多种方式：有师生之间，有学生之间，要有来有往，甚至需要融入丰富的情感表达，绝不是简单的课程展示。

（3）学习能力和成绩的提高，本质上还是积累出来的。其中包括在课堂上的积累，在课下的积累，仅仅依靠一堂课、一次短期培训班，培养不出优秀的学生。

目前一些常见的所谓教育网站，要么实际上仅仅是社会培训机构的宣传媒介，要么是拼凑些课程或课件，用常见的电商网站的营销推广方式对家长和学生们进行狂轰滥炸。另外，还有将成人化的社交媒体工具改装后应用到教学中，美其名曰教学互动。

凡此种种，无一例外粗暴地把教学活动简单化、商品化和功利化，对教学没有真正的帮助，对学生的学习能力提高也少有裨益。

新东方的优势一直是线下的班级面对面教学，属于老牌传统的教育培训机构，技术不可能和互联网公司的技术相提并论。但新东方也和腾讯在谈合作，于 2014 年 12 月推出了移动智能学习 APP "优答"①，由此来看，互联网教育最终谁是王者，还很难说。

---

①　罗亮. 新东方腾讯联手推移动智能学习 APP "优答". 2014 - 12 - 08. http：// tech. sina. com. cn/i/2014 - 12 - 08/doc - icesifvx1833174. shtml.

网络游戏：不老的产业

总体来看，2014 年中国游戏行业发展态势良好，产业规模在发展壮大，各大渠道终端平台都引入了新的竞争产品。同时也展开了和国外厂商的深度合作，强 IP 产品不断涌现。

国内几乎每月都会有重量级端游上线公测。2014 年虽被称为"中国手游元年"，但是端游的发展依然不落下风，产业结构和发展方向上出现了一些新的变化。

一、总体概况与发展态势

第一个变化是游戏娱乐行业不仅仅是单纯发展游戏，而是与泛娱乐领域融合。泛娱乐概念已成为游戏行业和许多互联网公司，甚至影视等传统行业大公司的发展战略，在 2014 年，泛娱乐和 IP 一起成为游戏行业的热词①。腾讯等企业纷纷布局泛娱乐领域，并收到了一定的效果。

第二个变化是随着中国游戏市场规模的进一步扩大，游戏市场更多的跨界合作开始成为趋势。围绕以改编文学名著为游戏剧本的版权（简称 IP）为核心的横跨游戏、文学、音乐、影视、动漫等互动娱乐内容逐渐增多，"明星 IP"成为泛娱乐产业中连接和聚合粉丝情感的核心，以 IP 为核心的泛娱乐布局成为文化娱乐行业的发展趋势②。

第三个变化是在网络类游戏发展速度放慢的同时，游戏行业将更多的 IP 资源倾斜至移动游戏。移动游戏已经是泛娱乐产业的一大战场，但移动游戏市场已经发展到了不能仅靠渠道就能占一席位的阶段，产品精耕细作、经营抢占市场先机已经成为各大厂商的战略重点。各游戏品种的发展具体状况如下：

（1）客户端游戏：在 2014 年的中国游戏市场规模构成中，端游依然占据市场的最大份额，达整个游戏产业的 41% 以上，但增长速度与前几年

① 赵笑苍. 游戏产业链比较. 成都：成都电子科技大学，2008.
② 黄磊. 素质教育在美国. 广州：文化出版社，2007.

相比在下降，经营收入与去年相比略有减少，但减幅不大，这也意味着持续了十几年的中国端游高速发展期已开始进入调整期。

主要原因是端游的技术门槛高、创作难度大、资金投入多，而网页游戏和手机游戏相对要容易一些，一些老牌的端游公司也把目光转向移动游戏领域。预计 2015 年新的客户端游戏或客户端游戏的版本升级只会出现在大中型游戏公司，且会降低游戏上线的频率。取得合法 IP 授权的各大厂商一定会进一步将研发重点放在移动游戏上。

中国的网络文化已经形成巨大的产业链，网络游戏、网络音像以及网络文化产业的发展也带动了相关产业的联动发展，其中，网络游戏产业的发展速度最为惊人。

根据艾瑞咨询集团的研究数据表明，2013 年度我国的网络游戏整体市场规模已经达到 891.6 亿元，同比增长 32.9%，预计到 2014 年年底，中国的网络游戏市场整体规模将会突破 1 000 亿元，其中客户端游戏市场规模预计将超过 600 亿元，市场规模占比超过 55%[①]。

2014 年，中国客户端游戏市场规模增速开始放缓，而网页端以及移动端游戏市场规模则依然保持着一个相对较高的增速。艾瑞分析认为，中国网络游戏市场的综合表现说明了现今中国游戏用户的游戏行为正在逐渐向多元化的方向发展。

一直以来，客户端游戏都占据着中国游戏市场最主要的份额，现今已经形成了一个相对成熟、稳定的市场运作机制，多年的游戏行为培育以及用户的积累形成了高度的用户黏性以及良好的用户付费习惯。

未来，客户端游戏所拥有的市场规模优势将会得以继续保持，近几年来，MOBA、FPS 等节奏更快、单盘时间投入相对较少的客户端游戏开始兴起。艾瑞分析认为，客户端游戏已经进入市场成熟期，整体市场从快速增长步入稳定存量阶段，市场规模将长期保持一个稳定的增速。

从整体发展趋势来看，中国的游戏行业已经走出客户端游戏独大的时期，在游戏产品方面，ACT、MOBA 以及 FPS 等强竞技性的客户端游戏开始进入主流游戏市场；轻度的、休闲的移动游戏逐渐得到主流玩家们的认可。

随着移动互联网的发展，游戏设备也在逐步丰富，除了 PC 以外，平板电脑、智能手机以及电视机等，均可以成为游戏终端，这些设备提供的新玩法与新体验，也对传统网络游戏进行了有效扩充，进而推动了中国网

---

① 数据来源：艾媒咨询. http：//www.iimedia.com.cn/.

络游戏市场规模的扩大。

（2）网页游戏：网页游戏市场方面，较 2013 年略有小幅增长，但涨幅不大。在整个中国游戏产业中，网页游戏占据市场份额约达 16%，网页游戏的增长速度也在逐步放缓，行业集中度不断走高，大型网页游戏企业占据主要的市场份额，网页游戏市场进入收获期和平台期。

网页游戏在行业整体增长速度放慢的情况下，行业的研发必将更加集中。在网页游戏运营平台方面，还是以大平台为主，行业中腾讯平台占据了网页游戏较大的市场份额。

这一领域目前基本处于均衡态势，大型平台的竞争优势明显，新进入者的难度越来越大，未来将更加考验企业的业务协调发展能力，研发、运营并行的企业将更加具有优势。

（3）移动游戏：中国移动游戏市场从 2003 年开始，因受到硬件条件的限制，发展一直不太理想，自从智能手机进入市场，从 2012 年开始已经进入高速成长期，2013 年和 2014 年都是大爆发年，涌现出的新企业和新产品很多，市场规模占到整个游戏产业 17% 的份额，超过网页游戏。

随着网络游戏增长放缓，网页游戏进入平台期，移动游戏的发展规模和发展速度已经成为拉动中国游戏产业增长的重要动力。

（4）游戏主机：中国的游戏机行业受 2012 年的市场整顿，产业急速萎缩，2013 年到谷底，2014 年上半年仍呈现一定萎缩态势，从 2014 年下半年稍微有回暖的迹象。

（5）虚拟交易：2014 年国内市场沿着 2012 年、2013 年的惯性继续下滑，市场继续萎缩，但产品出口普遍向好，虽然国内市场销售下降，但出口却有了较大的增长。部分经营场所转型到开设没有政策风险的儿童游乐场。消费从过去年轻人的个体消费为主转向家庭消费、"合家欢"消费为主，成人消费低迷但儿童消费旺盛。

根据调查统计，2013 年中国虚拟物品交易市场去除点卡交易后的市场规模达 113.3 亿元，超过中国网络游戏整体市场规模的 1/10。从中国虚拟物品交易平台市场份额占比来看，5173 以 49.8% 的市场份额，占据半壁江山，5173 成为业内市场份额第一的交易平台。在虚拟物品交易涉及的游戏数量、物品种类、物品数量以及用户体验、客户服务等方面都有较大优势，并且已经形成较为稳定的市场地位。淘宝和拍拍网分别以 10.5% 和 7.0% 的市场份额分列第二、第三位。除去保持市场领先的这些平台之外，一些专业交易平台在市场上也有着不错的表现，由中小型交易平台组成的尾部市场合计市场份额占比 24.7%。

二、社会影响

移动游戏或将成为中国虚拟物品交易市场的重要增长点。从中国虚拟物品交易市场的游戏交易类型上看，大部分交易还是集中在客户端游戏上，造成目前情况的主要原因有两个：

一是客户端游戏行业起步较早，已经形成了一个相对成熟、稳定的市场运作机制，多年的游戏行为培育以及用户的积累形成了高度的用户黏性以及良好的用户付费习惯，使得客户端游戏市场集中了一大批优质的虚拟物品买卖玩家。

另外则是客户端游戏的制作品质较高，端游在策划之初就会考虑较为全面的游戏系统，如经济系统、社交系统以及战争系统等游戏内系统。当一个游戏市场的可交易物品数量持续上涨，可以满足各种不同类型玩家的游戏需求时，该游戏市场的交易规模自然也就会保持在一个高位之上。①

目前，在市场上表现抢眼的移动游戏都已经取得了亿元级别的月营收规模，说明了移动游戏玩家有着和客户端游戏玩家一样的强消费能力。2014 年、2015 年移动游戏市场上将会诞生大批的中、重度移动游戏——移动游戏端游化。

随着移动游戏玩法的重度化，游戏中可交易的虚拟物品以及账户买卖等可交易内容在数量上将有爆发性的增长，移动游戏的虚拟物品交易规模也将随之水涨船高。届时，移动游戏的虚拟物品交易将成为中国虚拟物品交易市场的一个重要增长点。

网络游戏在技术创新和研发等方面处于产业链的高端环节，是一种高附加值的产业。作为世界经济发展潮流和新型服务业的文化产业，网络游戏产业日益成为中国转变经济增长方式、优化产业结构的重要推动力量。

三、学界与业界的评价

网游厂商要立足于民族文化和时代精神，不断开发有利于青少年成长的游戏软件，内容健康向上、形式活泼生动，避免恐怖、血腥、凶杀等游戏题材；家长更是要为孩子选择适当的网络游戏，积极开发孩子的创新思维和创造意识，让孩子度过快乐幸福的娱乐生活，而不是一味地阻止孩子

---

① 羽民．网游世界．北京：电子工业出版社，2011.

涉足网络游戏。①

中国文化传媒集团监事会主席庹祖海认为："网络游戏作为一种新兴的科技文化相结合的产物，不仅逐步成长为文化产业的重要组成部分，而且也要以其自身的文化内容含量在文化艺术中占有应有的地位。"②

中国文化娱乐行业协会游戏分会副会长李捷："在国际游戏产业中，中国的游戏产业具有非常重要的地位，整个游戏产业规模已经接近美国，目前仍在高速增长，游戏市场的发展态势也是十分健康、积极的。结合整个中国游戏行业市场发展现状来看，移动游戏发展最为快速。"

《青年记者》刊文称："网络游戏是人类的游戏精神在网络上的重生，一批伴随高科技游戏成长起来的新生代玩家群体正在形成，网络游戏正逐渐取代电影成为最受欢迎、最富创新精神的娱乐产品。"③

四、新媒体之"新"

《魔兽世界》一款游戏版本更新的 CG 动画就能换来网络数千万级别的点击量，这在传统媒体时代是不可想象的。在美国"超级碗"比赛之前，播放的十条广告中，除了三大奢侈品的广告之外，全部是游戏广告，这也正说明了游戏产业的发达，同时也表明，游戏不仅可以做成产业，也可以做成文化。

游戏文化的传播与发展正是新媒体发展壮大的过程，在这个过程中，门户网站纷纷注资开设游戏门户网站报道各大游戏资讯。传统媒体，例如电视产业纷纷引入电竞频道也从一个侧面反映了依托游戏产业发展的媒体④。

网络游戏已经从原来完全独立的剧情类发展成了更具观赏性的竞技类，这是未来游戏发展的主潮流，也是未来新媒体发展的重要板块。

相对于 PC 端网络游戏，2014 年又被称为"手游元年"，原因在于手机游戏在这一年迎来了爆发式增长。随着智能手机的普及，移动互联网也逐渐成为新的战场。早在 2010 年，智能手机的出货量就已经超越 PC，这也让 PC 端网络游戏的酣战被手机游戏所取代。

---

① 业内评论中国网络游戏产业的发展前景.2004 - 06 - 14. 腾讯游戏.http://games. qq. com/a/20040614/000054. html.

② 庹祖海. 开展网络游戏评论是行业健康发展的迫切要求.2011 - 10 - 23. http://www. ccmedu. com/bbs20_ 155248. html.

③ 王容美. 网络游戏对艺术创新的意义.青年记者，2014（9）.

④ 季勇勇. 网络游戏品牌竞争力研究.厦门：厦门大学，2006.

五、国内外对比

1. 美国

根据 NPD 的最新统计，2013 年美国主机游戏市场总销售额为 129.7 亿美元，这比 2012 年下降了 2%。

其中硬件销售增长了 5%，达 42.6 亿美元；配件销售增加了 3%，达 26 亿美元，但软件销售下降了 9%，为 61.2 亿美元。

新主机 PS4 和 Xbox One 的发售促进了硬件和配件的销售，但初期对应软件仍不够丰富，2014 年则有望扭转持续数年的主机游戏市场缩小的局面。

NPD 统计的是实体软硬件的销量，而 SuperData 则提供了数字游戏市场的数据。数字游戏市场的总额比 2012 年提升了 10%，为 117 亿美元。其中免费游戏提升 45%，移动游戏提升 29%，而前几年曾经红极一时的社交游戏则下降了 22%。

2. 日本

日本方面，根据 Fami 通的统计，日本国内主机游戏市场总规模为 4 089.7 亿日元，同样已是连续数年萎缩。

无论软件还是硬件，都是任天堂的掌机 3DS 一家独大，硬件占据 59% 的份额，软件包揽最卖座游戏的前 7 位。再加上索尼的掌机 PSV 和 PSP，掌机占硬件的份额接近八成，日本市场日益掌机化。

主机游戏市场之外，根据 JOGA（日本在线游戏协会）的统计数据，2012 年日本网络游戏市场约为 1 420 亿日元，几乎与上年持平。

3. 中国

在 2013 年度中国游戏产业年会上，2013 年度的中国游戏产业报告正式发布。报告显示，我国的游戏用户达到 4.9 亿人，比上年增长 20.7%。游戏实际销售收入达到 831.7 亿，比上年增长 38.0%。

从市场结构来看，手游自从 2010 年以来呈现爆发性增长的态势，2013 年甚至比起 2012 年增加 247%。根据艾瑞的预测，页游在国内游戏市场的比例将会保持稳定，而手游则将继续快速成长到 30% 左右的份额。

至于单机游戏在国内市场已经萎缩至约 0.1%，主机游戏在禁令之下持续为 0，这和全球市场大相径庭。

综合来看，中、美、日三国游戏市场近年来的发展都有一些共同的趋势，例如手游的飞跃成长、免费模式的流行等，但具体情况仍然是各有各的特色。

六、总结与反思

尽管手机游戏的前景让产业链上各方都进行了大量的投入，但整个产业背后的艰难也在日益凸现。

游戏厂商的情况同样不容乐观，有分析指出，手机游戏的开发成本和门槛均比较低，不仅传统网络游戏开发商在手机游戏方面加大投入，诸多初创小团队也加入到竞争中来。而这样的低门槛让整个手机游戏业同质化严重，山寨之风盛行，全行业缺少独立开发的产品，竞争力低下。

此外，国内用户习惯了使用盗版软件和免费软件，大部分人不会花钱购买应用，付费率低使得国内手机游戏厂商规模普遍较小、收入较低，这也让整个行业的生存环境异常恶劣。对产业链上的各环节而言，如何找到成功的商业模式已成当务之急。而解决商务模式的前提，业内普遍的观点是从手机游戏本身出发。

手机游戏的核心以及追求方向是将要开发的游戏是否受人关注，站在用户的角度，良好的体验才是根本。而对开发者来说，手机游戏行业本身进入门槛低，同质化竞争难以避免，如果游戏开发商不了解用户需求，用户的体验无法及时反馈给开发者，后者将很难开发出有竞争力的产品。

山寨横行也正成为整个手机游戏产业之殇，网龙副总裁林欣对此无奈地表示："一旦一款游戏在苹果 APP Store 获得成功，就会在短期内出现一大批山寨品，这样极大地损害了原创者的利益，不利于行业良性发展，对手机游戏产业而言，成熟的商业模式关系到整个行业各个环节，需要包括运营商、产品开发商、渠道商，以及支付商的共同努力。"

在新的市场环境下，网络游戏该如何才能突破现有的发展瓶颈，实现进一步的发展呢？

（1）政府应出台更好的支持动漫游戏业发展的产业政策，如在税收减免、资金扶持、人才扶持、出口扶持等方面，使动漫游戏行业的广大企业家和经营者、从业者都有机会享受到政策扶持带来的利益，提高他们进行科技创新的积极性，为游戏行业的发展发挥更大的作用。

（2）整个行业要解决盗版、抄袭、山寨以及产品同质化问题。企业要提高维权意识，政府要加强打击力度，保护合法的知识产权。

（3）加强行业自律，打击违规行为，禁止低俗营销，企业要守法经营，会员单位要遵守《中国游戏行业自律公约》。让整个行业更加规范、更加阳光，树立游戏娱乐行业领域积极向上的正面形象。

（4）更好地发挥行业协会的作用，行业协会要与政府主管部门紧密配合，为企业办事、为企业服务，解决企业的困难，及时向上反映企业的合理诉求。利用协会的资源，帮助企业维权。

（5）游戏行业要注重创新，发展理念要创新、产品技术要创新、经营模式要创新、游戏题材内容要创新、游戏的玩法和风格要创新。游戏产品要百花争艳，各有特点，这样游戏行业才有生命力，整个行业才能提高质量，增加效益。

技术更新类

阿里巴巴上市

　　阿里巴巴在 2014 年可谓赚足了风头，纳斯达克的上市使其成为市值仅次于谷歌和甲骨文的互联网公司。阿里巴巴上市所带来的影响不仅是市值增长，也意味着中国终于有了自己的国际化公司。

　　之所以将阿里巴巴归类在新媒体，主要在于其旗下的新浪网股份以及已经在与 SMG① 洽谈的第一财经合作项目。这两项内容都是极具新媒体价值的。阿里巴巴未来的发展不可能是单一的电商或者网络平台，而是聚合数据资源，利用合作并购的方式打造互联网平台、媒介平台等全方位的发展。

一、总体概况与发展态势

　　根据阿里 2014 年 Q3 财报显示，阿里集团收入 168.29 亿元，同比增长 53.7%；其中国际零售业务（B2C）收入 4.19 亿元，同比增长 100%，增长主要来自于速卖通交易额的大幅增加。而阿里国际批发（B2B）业务在 2014 年第三季度的收入也达到 11.98 亿元，同比增长 24%。

　　2014 年天猫"双十一"提出"全球化"概念，第一次向其他国家开放购物狂欢节，最后公布的结果显示，在"双十一"当天，共计 217 个国家和地区的人在天猫上产生交易，但具体交易额并未公布。

　　在《央视对话》节目中对海外用户调查显示，大部分消费者更愿意选择亚马逊，而非阿里巴巴。

　　那么，"海淘"就成了阿里国际业务的对内部分。这也迎合了 2014 年跨境电商蓬勃兴起的大背景。而阿里海外建站、建仓、打通支付、通关退税等环节，也都是紧扣跨境电商的业务流程展开的。地域方面，阿里则选

---

　　① SMG 为上海东方传媒集团有限公司的简称。

择亚洲为突破重点，以欧美为典型。

与其他"海淘"对手不同，阿里在与各国政府的关系上优势领先，马云能受到英国首相卡梅伦、韩国总统朴槿惠等国家领导人接见，足以说明这一点。

除了"海淘"或者招徕海外用户，回顾 2014 年阿里在世界各地的动态，无论是支付宝国际化、阿里在美俄建站、投资新加坡邮政等，其实都还是阿里国际业务的基础性建设。

2014 年，阿里国际业务还处于"修路搭桥"阶段，这样的过程还会持续两三年，在这个过程中，阿里电商除了当地建站外，投资并购当地电商龙头企业或创业团队会是主要手段。印度，这个仅次于中国人口数量的国家，会是阿里国际业务的最新看点。①

移动电商层面，阿里面临来自微信小店、拍拍微店、京东微店、口袋购物、口袋通等一系列微商的夹击，尽管后者还未在移动电商领域形成排山倒海之势，但这种基于移动、社交、碎片化的趋势，正在打破阿里电商生态中依赖搜索的中心化结构。

用户的移动购物习惯正发生转变，口碑、分享、推荐疏通了关系链和交易链。一旦这样的用户习惯普遍形成，用户购物体验和海量商品需求比淘宝（天猫）优质时，阿里移动电商的优势地位将不复存在。

当然这些问题阿里早已意识到。投资新浪微博除了看重 1.5 亿的月活用户外，70% 的移动日活颇有吸引力。阿里也试图通过打通淘宝与新浪微博用户数据，推出新浪微博淘宝版等优化阿里的 PC 电商生态，效果却不尽如人意。

同样，阿里在陌陌创立早期就已跟投，但上市后的陌陌已先与 58 同城进行本地信息服务电商的合作，阿里还未出招。不过，从财务层面，新浪微博与陌陌在 2014 年的上市给阿里带来不菲的回报。

反击微信，阿里在 2013 年 10 月推"来往"时，马云曾多次出来站台，时至 2014 年，"来往"在游戏、在线教育上发力一番，却并未突出移动社交的属性。而阿里投美国社交应用 Tango 会是一场移动社交的曲线救国，谋求海外移动社交领域的话语权。

如果细数投资数量，2014 年阿里在移动领域投资案例少于前两年，最大手笔投入在 UC 和高德的两次全资收购上，两者并入阿里后成立新的移动事业群区别于此前阿里的无线事业，移动事业群偏向移动（端）入口的布局。

---

① 陈纪英，吴凡. 阿里巴巴私有化猜想. 中国新闻周刊，2012（7）.

那为什么阿里还要在现象级移动应用进行投资布局？虎嗅的理解是移动入口的布局是为阿里电商、O2O 等业务做基础铺垫，手机淘宝、天猫无线这些 APP 除了交易本身，其产生的附加值是有限的，用户使用频率和时间不足以支撑阿里业务层次的延展①。

二、社会影响

阿里巴巴像中国市场的一条巨大鲶鱼，给经济带来了生气。改革开放 30 多年来，我国经济取得巨大成就，很多公司跻身世界 100 强，但提起伟大公司，我们似乎总有点底气不足，阿里巴巴的上市或许能够给我们带来希望。

在社会影响方面，阿里巴巴上市将深刻影响国内电商的生态圈，上市之后，美国市场的监管有可能打击淘宝上的草根中小卖家。这些卖家以适应性和灵活性强，以及超级敏锐的嗅觉著称，一旦社会上有什么流行，大批的商品就在淘宝上出现，也因之形成了淘宝上一直备受指责的假货仿品问题，多次遭到整顿。

虽然美国将淘宝删除出市场黑名单，但以后一有风吹草动，依然会波及大量小卖家。国内的一些中小卖家要及早做好转型准备，毕竟那不是长久之计。

阿里巴巴高调赴美上市，将加速中国的资本市场改革。根植在中国经济基础之上的中国高科技公司，理应让中国股民分享其利益。在高科技圈里，一流的企业第一选择都是走出国门，除了原始股东的要求之外，国外资本市场的低门槛、开放性也是重要原因。按照创业板现有的规则，这些企业即便有心选择内地上市，第一关就过不了。

证监会前主席肖钢曾撰文表示，改革创业板制度，适当降低财务标准的准入门槛，建立再融资机制；允许尚未盈利但符合一定条件的互联网和科技创新企业在创业板发行上市。

允许有发展前景但暂时亏损的公司上市，还要放开净资产标准，允许拥有高科技人才但并没有太多固定资产的创新公司上市。再进一步地改革，就是放开审批制，推进核准制或者注册制，只要满足条件的公司一律放行。

与此同时，外媒则多将视野集中在阿里巴巴上市对于中国概念股的影

① 陈晓晟. 阿里巴巴在港摘牌退市，转型求变以退为进. 通信信息报，2012 - 06 - 27.

响方面。彭博社的报道指出，阿里巴巴上市可能会使其他中国互联网概念股投资者蒙受损失。据 Blackfriars 资产管理公司称，投资者肯定会出售其他中国互联网概念股股票，获得现金，买进阿里巴巴股票。

若是阿里巴巴的赴美上市最终能够震动到决策层，最终下决心推动中国资本市场大刀阔斧地改革，让这些根植中国土地的公司与国人分享红利，这将是阿里上市带给中国最积极的影响。

三、业界评价

业界对于阿里巴巴上市的观点主要有以下几种：

小米创始人雷军曾表示，自己从阿里巴巴十多年的创业历史中学到了三点："第一，要有一个巨大的市场。任何一个大公司的成功，它的创业背景一定是巨大的市场，如果没有一个巨大的市场需求，想把公司做成是不可能的；第二，要找一群超级靠谱的人；第三，相对同行而言，要有一笔永远也花不完的钱。钱对你所看到的和你有勇气去做的有非常大的帮助，让你有胆量去试一些东西。"

1999 年，出任软银中国基金公司总裁的薛村禾对软银投资阿里起到了关键性作用。薛村禾评价马云时表示："马云定是一个具有特殊领导才能的人。第一，他能够说服大家相信这个大的目标；第二，这个人一定有非常大的胸怀，能够和别人分享，不仅是分享财务上的回报，更重要的是分享梦想，能把大家的梦想都集中在一起，那是一种很了不得的能力。"①

当当网 CEO 李国庆在一次演讲中对阿里进行了评价，他表示很钦佩马云十几年来在打击假冒伪劣上所做的努力，但是售假顽疾不是一朝一夕能够解决的，已成了悬在中国电商业头上的剑，随时可能会发出致命一击。"天猫就是商业地产，不控制供应链，不控制限价，甚至不挣倒扣流水，就挣固定资金，但商业地产有它的软肋。"阿里生态链很难做到中立。

针对阿里巴巴是否能回港第二上市一事，香港金管局官员曾指出，阿里回港第二上市其实行得通，而且不用修改法例。但一位会计师事务所合伙人则提出质疑，阿里在港第二上市的实际作用不大，对港股市值贡献少。他表示，过往港交所授予的豁免主要涉及上市申请人在特定时间内未能满足个别要求，但阿里的个案涉及"同股不同权"的根本性问题，豁免将引起市场极大争议。

---

① 贺骏. 阿里巴巴今日作别港交所，公司称整体上市无计划无时间表. 证券日报，2012 − 06 − 20.

网易科技：回顾阿里 15 年来的成长史，最令人印象深刻的还是被视为"神一样的存在"的灵魂人物——马云，作为战略和营销高手，除翻手为云、覆手为雨的运作能力外，马云对付"资本大佬"更是自有一套战略和方法体系。

阿里成长历史上，孙正义和杨致远代表的"资本大佬"对其影响深远，所以有了 2007 年 B2B 业务在香港的上市。不过，一旦发现依靠"人民运动"式的销售模式无法支撑公司业绩时，马云和他的团队便在 C2C 业务（淘宝）和后来发展出的 B2C（天猫）上安全落地。

从阿里巴巴 B2B 业务到淘宝、天猫再到支付宝，马云的"七十二变法"可以让资本大佬永远保持"饥饿状态"，我们称之为"价值延宕"模式——就像在小狗面前晃着那块诱人的骨头，阿里不断变化着的明星业务永远在吸引着那些追逐"100% 利润"的资本大佬们快速跟进，而马云就像那个魔术师，一边掏东西，一边还在想着下面该出什么招儿了。

四、新媒体之"新"

严格说来阿里巴巴并非媒体，只能是新型或新兴产业。新媒体是一个相对的概念，是报刊、广播、电视等传统媒体以后发展起来的新的媒体形态，包括网络媒体、手机媒体、数字电视等。

新媒体亦是一个宽泛的概念，利用数字技术、网络技术，通过互联网、宽带局域网、无线通信网、卫星等渠道，以及电脑、手机、数字电视机等终端，向用户提供信息和娱乐服务的传播形态。严格地说，新媒体应该称为数字化新媒体。阿里巴巴依据移动互联网开发的手机淘宝、天猫等APP 都在这个范畴之内。

阿里巴巴自开始就是纯平台模式，阿里巴巴并不是传统的电子商务企业，它所运营的"开放性集市"将买卖双方联系起来。无论是 C2C 模式的淘宝，还是后来 B2C 模式的天猫，都是第三方卖家在淘宝或天猫上开店，它所搭建的电子商务平台能帮助小企业像知名制造商一样为消费者所知，但阿里巴巴从不自己生产商品，也从不自己经营销售商品。

在线广告是淘宝的主要收入来源，其广告形式有多种：效果付费（P4P）广告、展示广告、淘宝客推广、店面装饰费（旺铺）等。而天猫可以形象地理解为线上商业地产，收取佣金。因此阿里通过搭建平台，获取了庞大的流量，继而在淘宝和天猫两个不同的平台上变现。

阿里的资本，正如马云自己所说，主要在于庞大的用户数据。阿里巴巴并不销售自己的产品，而是为第三方产品销售提供便利；阿里巴巴不送快递，而是与提供快递服务的第三方公司合作；阿里巴巴帮忙管理库存，但并没有自己的仓库。阿里巴巴不同于亚马逊，也不同于国内主要电商对手京东，后者拥有一整套完备的系统。

但是阿里并不是只有电商，在影视方面，2014 年 6 月 25 日，"文化中国"发布公告确认，阿里巴巴对公司新股认购事项已完成，阿里巴巴将成为第一大股东，持有该公司 60% 的股份，文化中国更名为阿里巴巴影业。

在体育方面，2014 年 6 月 5 日，广州恒大集团与阿里巴巴集团在广州恒大半岛御景酒店召开发布会，正式宣布阿里巴巴向广州恒大俱乐部注资 12 亿。增资扩股后，阿里巴巴将拥有恒大足球俱乐部 50% 的股权。

在金融方面，2014 年 10 月 16 日，阿里小微金融服务集团以蚂蚁金融服务集团的名义正式成立，旗下的业务包括支付宝、支付宝钱包、余额宝、招财宝、蚂蚁小贷和网商银行等。

阿里持续拓展其业务范围，似乎已经超越了传统电商的范畴，形成了一个庞大的生态圈。这与亚马逊，以及曾经压制着阿里的 eBay 有着很大的不同。

五、国内外对比

相对于国外电商巨头，阿里巴巴虽有所长，但亦有所短。在中国，即使论市场份额，阿里也是远远领先于亚马逊。阿里在中国电商的市场份额高达 80%，是无愧的"中国电商之王"。

但这其中的原因和中美商业生态环境有关。我们知道，互联网改造一个传统行业的特点是，如果这个行业越传统，越落后，效率越低，那么互联网的优势就越大，越可能被颠覆。相反，如果一个行业本身已经发达，那么互联网渗透的效应就反而不明显。

这在中美的互联网行业对比中非常显著。比如中国的互联网金融、移动支付发展环境和速度甚至比美国更好，就是因为美国线下传统金融已经非常发达，信用卡支付非常便捷，而中国不是。

而且，中美的电商形态存在较大区别。美国一开始就是自营电商为主。而淘宝作为中国电商的领导者，一开始就是 C2C 的平台模式。美国前十大电商中有很多传统零售商或者商品提供厂家，而中国电商几乎都是清一色的互联网公司。这其中很大原因在于中美两个国家商业生态的区别。

亚马逊公司以自营图书起家，逐渐拓展至媒体、家电 3C。后来引入第三方平台销售，2013 年公司自营销售 60%，第三方占 40%。

亚马逊依靠高效的供应链体系、互联网流量、IT 能力向用户提供良好的购物体验。公司同时提供云计算服务（AWS），收入中 18% 来自服务（毛利率高），82% 来自商品销售。由于贝索斯的低价理念和自营销售模式，公司自营产品销售根本做不到盈利，要盈利就必须靠开放平台和服务。

所以亚马逊和阿里的收入结构中，仅有第三方平台服务是类似的，而亚马逊没有淘宝的广告收入，阿里的云服务收入相比 AWS 还较小，特别是收入所占比例很低。

相比阿里，亚马逊在物流中有较强竞争力。公司在全球运营 101 个物流中心，仓储总面积达 629 万平方米。阿里上市后的三大战略是农村、国际化和数据。其中，两大战略都会跟亚马逊发生竞争。天猫国际、速卖通，亚马逊开通中国直邮，两者的跨境电商业务已经直面开展。数据方面，AWS 已进入中国，阿里云则是阿里巴巴继电商、金融之后的第三大核心支柱。

六、总结与反思

对投资银行来说，日本软银和雅虎是他们的榜样和梦想。早期就能发现阿里巴巴这样的优质公司，是他们追逐的目标。

阿里的成功，会促使投行以及国际投资银行，更多关注有团队、有创新意识的小微团队。这对创业型企业来说毫无疑问是一个福音。

阿里团队中有超过一万名千万富翁，通过逐步兑现他们的股份，他们中的很多人，不管是否离开阿里巴巴去创业，但至少他们所获得的巨额财富，会成为中国投资市场中一股巨大的力量，成为中国投资市场的新鲜血液。

阿里巴巴是在中国市场中成长起来的，是千万家中国企业以及超过 2 亿中国消费者共同扶持起来的公司。到阿里在美国挂牌为止，我国排名居前的互联网公司，如腾讯、阿里巴巴、百度、网易、搜狐、新浪等，却都选择了在海外资本市场上市。

从目前的收入结构来看，与其说阿里巴巴是一家电商公司，还不如说阿里是一家以广告收入为主的广告公司。阿里不断创造或者获取更多的广告位，然后销售给自己平台上的品牌商家们[1]。

---

① 荆林波．阿里巴巴是这样 IPO 的．证券日报，2009 - 04 - 20.

　　阿里巴巴的核心资产（竞争优势）有两项：第一项是平台上的活跃用户。截至 2014 年 6 月，淘宝天猫平台的活跃用户达 1.88 亿，他们养成了在淘宝天猫上购物的习惯，这是阿里目前生存的根基；第二项是 15 年来阿里积累的企业客户和个人客户的大数据。这些大数据是阿里体系未来发展的根基。

　　目前，阿里的上市资产，是囊括了除支付宝和阿里金融以外的整体上市，当我们整理阿里巴巴的收入时，却发现在阿里高成长的背后存在着隐忧。

　　去除报告中让人眼花缭乱的交易数据，按照上市公司的收入数据做分析。归于阿里巴巴上市收入中，包括电子商务零售业务收入、电子商务国内 B2B 收入和国际 B2B 收入、国际 B2C 收入、云计算收入。

阿里上市公司收入数报表

收入项目	二季度收入/亿美元	总收入占比/%	同期增长/%
在线服务	13.67	53.5	29
交易佣金	6.55	25.7	114.14
诚信通会员	1.15	4.5	34.80
国际 B2B	1.8	7.1	18.40
云计算	2.36	9.2	35.63
合计	25.53		46.50

　　从阿里二季度的收入成长部分来说，增长最大的是佣金收入，这部分来自聚划算和天猫交易佣金加上最近几年增长最快的海淘业务的佣金收入。

　　也就是说，上市后的阿里巴巴为了维持高增长，在增长有限的广告收入以外，更多地参与到有收入分配的交易中。

　　这样的结果，一方面对其他电子商务公司，比如京东、苏宁、当当以及唯品会、聚美优品等电子商务公司形成直接的冲击；另一方面，在网络上会给资本充足的品牌商更大的发展机会，而大量曾经支持阿里和淘宝成长的中小卖家，机会则越来越小。[①]

---

　　① 纪亮. 企业退市新活法，以退为进. 中外管理，2012 (6).

iPhone6 与 iPhone6 Plus 发布

2014 年 8 月 29 日凌晨，苹果公司向外界发出邀请函，太平洋时间 2014 年 9 月 9 日上午 10 点（北京时间 9 月 10 日凌晨 1 点），将在美国库伯提诺市弗林特剧院（Flint Center）举行发布会。本次发布会的主角是 iPhone6 及 Apple Watch 智能手表。

一、iPhone6 及 iPhone6 Plus

2014 年 9 月 1 日晚，中国移动率先上线了 iPhone6 预约页面，根据预约规则，参加这一次预约登记的客户，可以享有中国移动 4G 版新机的优先购买权。在预约登记成功之后，会在 iPhone 到货后根据预约的先后顺序跟用户联系。

2014 年 9 月 4 日，中国电信也开启了 iPhone6 的预约，相比于中国移动简单的预约页面，中国电信的预约页面不仅提供了 iPhone6 的外观图，还曝光了 iPhone6 的部分参数。从北京电信的预约页面，成功预约并最终购买的用户，还能获得 200 元的电信充值卡。

同一天，中国联通也推出了 iPhone6 的预约，并且在预约的口号中，打出了"双 4G、双百兆"的口号。

iPhone6 的大屏赚尽眼球，但国内为 iPhone6 摇旗呐喊最卖力的当属三大运营商。由于中国移动的不再缺席，iPhone6 销售的运营商之争更加激烈。

iPhone6 在高端用户群中有极高的占有率，当年联通就是凭着 W-CDMA网 iPhone 的优势抢下了移动不少高端用户，因此，这面旗帜是运营商必争的焦点。

IDC 2014 年 Q4、Q3 以及 2013 年 Q4 中国各厂商智能手机出货量比较①

供应商	市场占有率（Q4 2014）	市场占有率（Q3 2014）	市场占有率（Q4 2013）	年度变化
小米	13.7% ▲	14.8%	6.50%	150% ▲
苹果	12.3% ▲	5.00%	7.40%	99.7% ▲
华为	11% ▲	9.10%	10.20%	28.3% ▲
联想	9.5% ▼	12.80%	13.20%	−14.3% ▼
三星	7.9% ▼	11.00%	18.80%	−49.9% ▼
其他	45.60%	47.20%	43.90%	23.50%
总计	100%	100%	100%	100%

　　市场调研机构 IDC 公布的数据显示，2014 年前 9 个月 iPhone 的市场份额约为 13%，三星的份额约为 26%。不过随着 iPhone6 和 iPhone6 Plus 将苹果代入大屏智能手机市场，三星等其他竞争对手的优势正在削弱。

　　IDC 预计，iPhone 的出货量将比 2013 年增长 16%，而三星智能手机出货量将同比下滑 8%。② 瑞士银行 Evidence Lab 实验室公布的数据也显示，当前有 30% 的三星手机用户考虑购买 iPhone6。

二、社会影响

　　最初人们并不看好 5.5 英寸的 iPhone6 Plus，因苹果一直以来都缺少在大屏手机制造上的经验。不过所幸的是，2014 年 9 月份到 10 月份苹果首款平板手机 iPhone6 Plus 获取了美国大屏手机市场的 41%。

　　调查结果显示，58% 的 iPhone6 Plus 用户选择这款手机就是因为其大尺寸的显示屏。坎塔尔（Kantar）表示 2014 年 8 月份到 10 月份平板手机销量占智能手机总销量的 10%，相较于去年同期的 2% 有了很大的上涨。

　　对于安卓手机而言，iPhone6 和 iPhone6 Plus 用户中，仅有 9% 的用户之前使用安卓手机，安卓厂商早就推出大尺寸手机，因此安卓用户对新款 iPhone 的大屏并不是特别感兴趣，不过原本大屏机市场多是属于三星、LG、HTC 和摩托罗拉等安卓厂商的，现在苹果 iPhone6 Plus 加入这场混战，

---

① 数据来源：国际数据研究公司 IDC。
② 阿德. 国产手机，赚了份额不赚钱. 今晚报，2014 – 08 – 15.

市场竞争会更加激烈。

iPhone 手机的定期更新给硬件市场带来了活力。iPhone 的核心部件主要由亚洲企业供应。在 iPhone 中，屏幕、镜头和处理器均由中国台湾、日本和韩国公司提供或生产。2013 年推出的 iPhone5s，它的摄像头分别由日本索尼、中国台湾大立光电和玉晶光电提供，外部的金属背壳来自台湾可成科技和鸿海，屏幕来自日本夏普、JDI 和韩国 LG，闪存和芯片由韩国三星提供或生产。最后，富士康与和硕的代工厂将所有组件组装成一部完整的 iPhone。

而 2014 年 iPhone6 的首批产量预计最高为 8 000 万部，比去年iPhone5s和 iPhone5c 的首批产量增加了约三分之一。按照瑞信分析师兰迪·艾布拉姆斯（Randy Abrams）的估算，每组装一台 iPhone 或 iPad，台湾供应商将从苹果手中获得约 100～150 美元，这包括一系列组件以及富士康与和硕等代工厂的组装费。2014 年 iPhone6 的投产预计会给台湾企业带来179 亿～269 亿美元的收入。①

与台湾企业相似，为 iPhone 提供组件的日本企业同样在苹果的订单中获益良多。索尼在 2014 年 7 月 23 日表示，公司即将斥资 3.45 亿美元用于扩大相机传感器的产能。韩国分析师 Tom Kang 评论道，索尼在 iPhone 镜头供应商中的比例已经有所提高，新举措或许是为了满足 iPhone 不断增长的镜头需求量。

为 iPhone 提供屏幕的 JDI，它在去年 4—6 月的季度利润为 63 亿日元，增长了近 3 倍。JDI 预测称，在明年 3 月结束的新财年中，屏幕面板销量将增长 20%。

根据一位日本政府官员的预测，新 iPhone 可以让日本电子产品出口的季度需求提高 5%。

三、学界与业界的评价

美国著名消费者行为研究学者迈克尔·R. 所罗门："那些争相去购买的人群，我认为他们只是对新的东西有一种需求：一方面，苹果很好地为这些人提供了新品，而且也引导人们去相信他们确实需要一些新东西；另一方面，人们只是想成为一种新奇现象的一部分。对于很多人来讲，这是

---

① 新 iPhone 预计将影响亚洲经济. 2014 - 07 - 24. 腾讯科技. http://tech.qq.com/a/20140724/060243.html.

确定他们身份的一重要指标。"①

苹果的分析师约翰·格鲁伯:"iPhone6 的手机体验是独一无二的。但苹果的历代产品更新换代中,都提到了'独特',不同的是产品更新的速度越来越快。苹果电脑第一代产生于 1977 年,其第二代 Mac 电脑在 1997 年才推出。从 2001 年开始到 2005 年,苹果公司每年只推出一款产品。从 2005 年,苹果产品开始加速更新,更新速度一直保持在平均间隔 0.16 年以上。

而如此巨量的手机,在几年后将全部流向电子垃圾处理厂。CNET 网络媒体公司 Jay Greene 便于 2014 年忧虑地撰写文章指出,电子垃圾已经成为令包括中国在内的许多发展中国家头疼的问题。"②

Gartner 的分析师西蒙叶(Simon Ye)表示,在中国的个人电脑市场上苹果份额更小,仅占 0.7%。苹果只代表很小的一个细分市场,该公司的笔记本产品对于中国普通消费者来说非常贵,很多中国的消费者习惯于使用免费的软件,只有很小的一部分用户有购买力。③

四、新媒体之"新"

由于苹果 iOS 操作系统的封闭体系,除了苹果自行发布的 iPhone,并没有第二家手机企业可以提供基于 iOS 操作系统的智能手机,因此苹果几乎不需要任何营销费用就可以不断为下一代 iPhone 积累大量潜在用户。

距离 iPhone4s 发布已经有三年多的时间了,但目前为止依旧有不少的用户在使用。2015 年年初,国外市场研究公司 Consumer Intelligence Research Partners 对美国市场 iPhone 进行研究,发现 iPhone4s 的市场占有率依旧很乐观。④

---

① 美消费学大师:苹果是个不怎么听取消费者意见的公司. 2014 – 09 – 19. 凤凰财经. http://finance. ifeng. com/a/20140919/13130021_ 0. shtml.

② 李晓莉,李伟浩. 更新换代太快:苹果成全球最大"电子垃圾"生产商. 羊城晚报,2013 – 08 – 31.

③ 分析师:苹果加快在中国推出产品吸引消费者. 2013 – 08 – 02. 商友圈. http://club. 1688. com/article/32507490. html.

④ iphone 4s 市场占有率依旧不少,经典中的经典. 2014 – 05 – 05. 智能手机网. http://www. dospy. com/news/trade/isp/2014 – 05 – 05/31060. html.

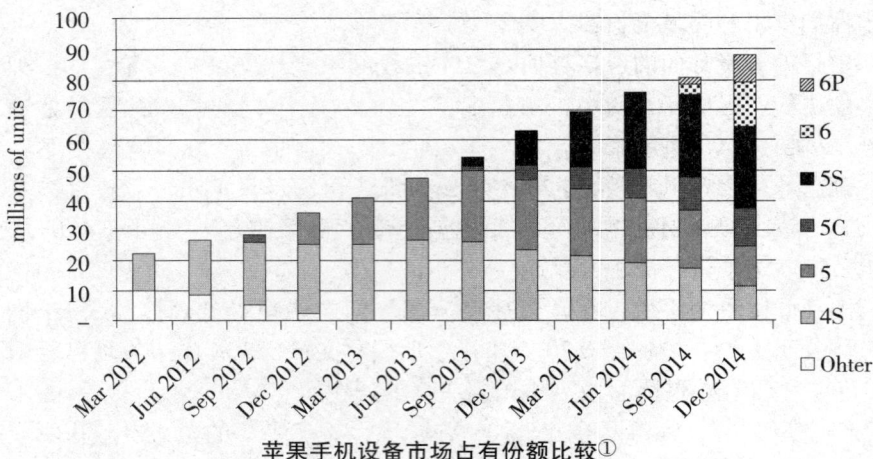

苹果手机设备市场占有份额比较①

iPhone5s 以上的设备占据了绝对的主流，但 iPhone4s 和 iPhone5s 的占有率依然不可小觑。令人吃惊的是，在这 9 400 万用户中，仍有 800 万用户还在使用 iPhone4s，这个比例不算小。

而这些用户在习惯了苹果系统以后，在手机需要更新换代时，也是 iPhone6 广泛的潜在消费者。iPhone6 的设计及新功能并没有太多亮点，但是这些供应商依然凭借 iPhone 换机潮获得了火爆销量。

苹果 iPhone 手机由中国工厂制造，制造链的利润低。以 iPhone 利润分配为例，韩国、美国等供应商分别占据了 4.7%、2.4% 的利润，中国大陆劳工成本只占了 1.8%，而苹果公司却占有 58.5% 的利润。在苹果全球近千家的供应商中，中国大陆地区的供应商占了近半数，但是，这些供应商大部分都是以组装加工为主，真正有技术含量的配件供应往往分发给了日韩企业。

游离在核心技术之外的中国手机厂商，尽管目前出货量还气势如虹，但是国产巨头"中华酷联"赚的都是辛苦钱，仅苹果一家的利润就占到全球智能手机行业的 93%，可见目前安卓手机利润薄如刀片。

产品的更新换代和技术的创新永远是关键。现在距离智能手机革命性产品苹果第一代 iPhone 手机的诞生已经过去 8 年，这 8 年来智能手机硬件技术上鲜有颠覆性的变化，从手机芯片到显示屏幕基本都是在原有技术基础上进行版本升级，比如更快的 CPU、更大的内存、更宽的屏幕。无论是从手机电池、触摸屏，还是从手机芯片及显示技术方面，智能手机的技术升级瓶颈越来越明显。

硬件与软件方面的迭代到了一个高度，接下来相关的外设，比如可穿戴设备，更贴近生活的人工智能将会与手机做连接，这会是未来发展的趋势。

全球科技创新风起云涌，欧美日韩的手机巨头已经在石墨烯电池、全息投影手机、智能眼镜、人工智能等前瞻性创新技术领域屡屡取得阶段性成果，中国的手机厂商也应该抓住机遇，提高自主创新能力，提升行业的利润占有率。

五、国内外对比

在美国，iPhone6 的销量约为 iPhone6 Plus 的三倍。这个数据与国内 iPhone6 Plus 大卖远超预期甚至广受果粉尤其是国内用户青睐的情况显得出入很大。

原因很多，比如 Plus 的生产难度较大，现货的量比 iPhone6 要少很多，加之 iPhone6 Plus 全球缺货，有分析称果粉在不得已的情况下选了 iPhone6。而且 iPhone6 Plus 变大之后，除单手操作不便之外，另一个问题是口袋装不下。对于不少男性用户而言，并不习惯随身携带背包，这些关于携带体验上的细节往往也会影响到用户的选择。

文化层面与生活习惯层面的因素影响也不可忽视。因为欧美用户对于智能机握持感、单手操作、美观度、便捷性更为注重，iPhone6 更适合欧美地区的用户习惯，而在亚洲国家地区，包括中日韩，对于手机的依赖性远超欧美。

一个无须论证的事实是，手机等电子消费品正在潜移默化地成为亚洲国家地区市民的身份与面子的象征，而 iPhone6 Plus 在社交聚会场所的视觉冲击效果更强。另外，iPhone6 Plus 在亚洲颇受青睐但在欧美并不受欢迎的主要原因在于生活方式与城市发展的区别。

虽然说 iPhone6 Plus 抄底了三星在高端市场的唯一优势，但是反向来看，在大屏手机市场，整个 Android 阵营中大屏手机的选择会更多，而且在 iPhone6 Plus 推出后，Android 阵营中的高端大屏旗舰大多跌入了中端价位，性价比更高，当然这也会反过来影响到 iPhone6 Plus 的销量。目前从 2014 年的销量来看，缺货或许是当前影响 iPhone6 Plus 销量比较直观的原因。

六、总结与反思

苹果手机以其 iOS 手机操作系统、强大的 APP Store 封闭生态系统，软硬一体化模式，技术实力与产业链话语权优势，成为智能手机领域的佼佼者，苹果声明不会做 Apple TV，同时高调发布 Apple Watch，这一系列举动可以看出，苹果的产业布局将会向智能家居领域蔓延。苹果要赢得更多的品牌溢价，单纯依靠时尚科技的元素固然不行，索尼的连续亏损就是最好的证明。技术创新、设计人性永远是用户最主要的诉求。

智能硬件领域的大战刚刚打响，Apple Watch 配合 iPhone 的系统，能够满足日益增长的电子产品用户对于户外健身、便携式信息处理的需求。三星的圆形盘面智能手表也紧随其步伐，加入了智能可穿戴设备大战。这场以手机为核心的对我们生活方式的全面颠覆，正在悄然进行。

谷歌眼镜北美开售

谷歌眼镜——这款被人们看作是"神器"的新玩意，自诞生起就一直受到大众的追捧。谷歌眼镜拥有智能手机的功能，但是真正有幸尝试这款产品的人却寥寥无几。直到 2014 年 5 月 16 日谷歌宣布在美国全境范围内发售 Google Glass，消费者不需要任何邀请码就能以 1 500 美元的价格买到这款眼镜，谷歌眼镜开始走进普通人群。本文将介绍谷歌眼镜的功能和影响。

一、总体概况与发展态势

谷歌眼镜（Google Project Glass）是由谷歌公司于 2012 年 4 月发布的一款"拓展现实"眼镜，它具有和智能手机一样的功能，可以通过声音控制拍照、视频通话和辨明方向，以及上网冲浪、处理文字信息和电子邮件等。

谷歌眼镜的基本特点：

（1）小而强大。谷歌眼镜包含了很多高科技，包括蓝牙，WiFi，扬声器，照相机，麦克风，触摸盘和帮助探测倾斜度的陀螺仪。还有更重要的是它和你那手指大小类似的屏幕，能够帮助展示需要的信息。所有的设计都非常贴近实用，尽量不影响人们的日常生活。

（2）本地服务。如果出国的话，谷歌眼镜可以帮助用户很好地转化货币等。

（3）可以发布命令。谷歌眼镜配备了音控输入设备，使用者可以方便地通过麦克风来启动谷歌眼镜。而且还可以通过口令来启动视频或者照相，最重要的是还可以使用侧面的触摸垫来选择菜单。

（4）永远待命。使用 Google 眼镜用户可以随时连接到互联网，拍摄视频或者照相，出去参加会议依旧可以处理相关的工作而不需要待在桌子旁边。强大的音频输入允许你快速处理文字信息，添加视频和图片，并且通过移动连接发送，而不必拿出手机。

（5）导航功能。谷歌眼镜拥有导航功能，不单单是行车，甚至也可以帮助用户行走导航。

（6）时尚装饰品。谷歌眼镜的设计是一流水准，其拥有 5 款不同的颜色，由一些前卫的眼镜公司设计，可以将它作为一个时尚的装饰品。

（7）实时采集。这是谷歌眼镜最强大的地方，实时的信息采集，如果需要搭乘飞机，Google Now 将帮助安排行程，提醒相关的路况信息，甚至是酒店、出租安排，非常贴心。

二、社会影响

1. 谷歌眼镜的积极社会影响

谷歌眼镜的出现，可能会给从好莱坞到航空业等众多行业带来影响：

（1）改变 GPS。传统的 GPS 本质上已经在渐渐走向末路，几乎大部分智能手机和少部分功能手机都内置了 GPS，因为许多国家规定开车的时候禁止使用电话，所以谷歌眼镜将是一个很好的替代品。

（2）改变好莱坞。谷歌眼镜可拍摄出更多具有创造性的影像作品。使用谷歌眼镜就可以从一个全新的第一人称的视角去录制视频。

（3）改变航空业。JetBlue 在 Google + 中写道：如果 JetBlue 和谷歌合作，他将帮助世界航空业带来一个新的变化。例如：实时通知旅客的航班状态，登记区域的网点地图。

（4）建筑行业的维修行业。管道工可以通过谷歌眼镜把信息显示在眼前，而不再需要纸质的说明或者图纸了。同时，一个没有经验的人可以通过 Google + 的视频聊天功能和一个专业人士进行沟通，然后接受信息，一步一步地完成工作。

（5）旅游业。未来的谷歌眼镜可以作为私人导游，提供所在位置的信息，可以指导游客找到博物馆等景点。

2. 谷歌眼镜的消极影响

在 Google Glass 面前没有隐私可言。19 世纪相机出现的时候，人们就宣布了个人隐私的结束。Google Glass 是完美的监控设备。而如果有人想偷偷监视，还有很多更好的相机可以选择，他们不需要戴一个眼镜框在脸上，并且不会因为语音指令亮一下通知灯，甚至不需要按下一个按钮。

三、学界与业界的评价

中国移动互联网产业联盟秘书长李易评论说："谷歌花大价钱去研发

制造谷歌眼镜并不指望挣钱，真正目的在于布局生态系统，扩大声誉，为智能可穿戴设备的创新制造树立标杆。

　　未来国际智能设备的发展也会面临'几雄争霸'的局面。目前国内对智能手环、手表的设计生产取得了一些成绩。如果研发生产像谷歌眼镜这样的产品，国内企业面临销路和销量的难题。现在国内购买谷歌眼镜的是一些搞科研、IT 界的人士，普通老百姓少，所以说这个市场在国内是小众的。"①

　　小米联合创始人林斌评论："外观和第一代差不多，但软件体验还是提升不少，包括语音指令识别更迅速准确、照相和录像效果更好、硬件细节更精致。不过戴着眼镜还是不太舒服。"②

　　美国科技博主罗伯特·斯科布（Robert Scoble）评论："我认为，它是自 iPhone 发布以来最有趣的新产品。当然，谷歌眼镜的相机在低光照条件下拍摄效果不佳。我也能说它并不足够实用。它外形笨拙，甚至让一些人望而却步。我并不介意，它已经改变了我的生活，我已经离不开它了。"③

四、新媒体之"新"

　　谷歌眼镜是谷歌公司经历多年研究推出的高科技产品，其技术突破是谷歌眼镜面对市场的最大亮点。

　　谷歌眼镜是集成化与微型化的奇迹。它的摄像机能拍摄 5 百万像素（2 528 × 1 856）照片和高清（720p）视频。它拥有一个双核 OMAP4430 处理器。正是这种较慢、较古老的处理器，加上低能耗的显示器，使得谷歌眼镜能够使用较小的电池提供 5 ~ 8 小时的不间断使用时间。这样谷歌眼镜总重量只有 42 克，由钛制头带将总重量分布到整个头骨，使架在鼻子上的重量只相当于 14 克重的超轻无边眼镜。

　　谷歌眼镜内置的处理器足够强大，因为大多数的信息处理并不在用户面前，而是在云系统里。谷歌眼镜通过其内置的 WiFi 发射器或者通过蓝牙共享手机的数据连接上网，这一过程被称为"共用上网"（tethering）。

　　用户界面以声音驱动的菜单和带有计算机辅助可靠性数据系统

---

①　谷歌眼镜入华被指功能缩水　国内用户：很多功能用不了 . 2014 – 12 – 11. 阿里云资讯 . http：//www. aliyun. com/zixun/content/2_ 6_ 330360. html.
②　刘佳，黄远 . 谷歌眼镜或难以在中国大规模推广 . 第一财经日报，2014 – 04 – 29.
③　谷歌眼镜两周试用感受：200 美元售价最合适 . 2013 – 04 – 28. 搜狐科技 . http：//it. sohu. com/20130428/n374357012. shtml.

（Cards）的时间轴为基础。这个数据系统与谷歌的适用于安卓系统（Android）和 iOS 系统的谷歌即时（Google Now）应用程序类似。

通过手指划过触摸板来操纵时间轴。拍摄的每张照片都被锁定在时间轴上，还包括《纽约时报》的头条、Google + 的状态更新、电邮以及其他"谷歌眼镜系列"应用的通知等，还带有一个网络浏览器。

五、国内外对比

Baidu Eye 是由百度公司自主开发设计的穿戴式产品，产品由百度研究院深度学习实验室主导，从 2014 年 3 月开始立项，5 月到 8 月三个月的紧密开发，于 2014 年 9 月 3 日，第一次亮相百度世界大会。

Baidu Eye 彻底摆脱了传统眼镜的框架结构，与 2013 年 4 月首次曝光时的造型相比差异较大。而从概念、技术路线、产品功能以及应用场景来看，Baidu Eye 和谷歌眼镜完全不同，开启了一种全新的智能穿戴设备的技术方向。

Baidu Eye 内置的电池是比 Google Glass 容量（570mAh）更大，连续使用时间也明显更长。Baidu Eye 并不准备扩大电池容量，甚至不排除随着传感器功耗的降低减少电池容量，目前的用续能力已经不错。Google Glass 产品中现有成像技术使得呈现信息相当有限，反而遮挡正常的视线，从而大大降低了它们的商业应用方面的价值。而在这一点上 Baidu Eye 有所不同。

Google Glass 售价是 1 500 美元，Baidu Eye 成本比 Google Glass 低很多。Baidu Eye 使用场景目前只有两个，一个是商场，另外一个是博物馆。在目前的条件下，让用户长期在头上佩戴设备是不现实的，只能严格限制使用场景，只有士兵和矿工不介意在脑袋上戴上这些东西，对他们来说，这些设备的价值是明确的。

Baidu Eye 的最大价值是打通了线上和线下，让线下商超像电商一样可以不断产生数据并为消费者和商家都提供更优化的决策。除了可以根据用户的要求识别商品并推荐搭配和同款，对于百度公司而言，Baidu Eye 不是试水产品，而是具有前瞻性的产品，承担着百度开发可穿戴设备市场的希望。

六、总结与反思

Google Glass 自诞生之初，就备受业界瞩目。不能否认，科技界对

Google Glass 有着很高的预期，无论是谢尔盖·布林（Sergey Brin）在 Google I/O 大会上和戴着 Google Glass 的跳伞运动员视频连线，还是在 TED 上发表主题演讲推广 Google Glass 的理念，甚至是戴着 Google Glass 出现在纽约地铁，Google Glass 在推广传播上始终给人以很高的曝光度和期望值。

　　然而，与 Google Glass 有合作关系的意大利眼镜巨头 Luxottica，其被认为是 Google Glass 最重要的合作伙伴之一，但是该公司 CEO 在接受《纽约时报》采访时表示，他自己永远都不会戴 Google Glass。

　　出于安全考虑的需要，西雅图地方议员已经开始筹备提出关于开车时禁止佩戴谷歌眼镜的议案。同样是在西雅图，一家潜水酒吧老板此前在自己的 Facebook 上明确表示为了保护顾客的隐私，拒绝佩戴谷歌眼镜者进店，否则就免不了挨揍。

　　而在西南偏南大会上，一名男子在 Q&A 环节站突然站起来反驳蒂莫西·乔丹，"我不想要频繁的应用程序推送"，此举赢得了阵阵掌声。可见现在很多人依然还戴着有色眼镜，无法接受谷歌眼镜这样的新概念产品。

　　对于谷歌眼镜来说，让普通大众更多地接受是一个漫长的过程。而在此之前，谷歌眼镜必须解决它所面临的缺陷和困境。因为设备侵犯隐私的嫌疑，谷歌眼镜已经在多个公共场合被禁止使用，比如某些酒吧和餐厅，而在公共场合使用谷歌眼镜的用户甚至得到了"眼镜混蛋"（Glassholes）的不雅称呼。

　　谷歌眼镜存在明显的设计漏洞，黑客能够通过谷歌眼镜来盗取智能手机的密码，再进入手机中获得更多的用户资料。经测试，黑客可以透过谷歌眼镜或是 Galaxy Gear 等有摄像功能的穿戴设备，拍到其他人的手机、平板设备上的四位数密码，在 3 米外准确率可达到83%。

　　弗雷斯特研究公司研究可穿戴设备市场的研究员古尔德认为，现在为作为消费产品的谷歌眼镜敲丧钟为时尚早，当然如果谷歌希望消费者接受这款不熟悉的产品，谷歌还面临更艰巨的工作。

　　但是他认为谷歌眼镜以及其他类似的穿戴设备在未来潜力巨大，从外科医生到石油工程师都会发现这种设备在具体工作中有不可思议的用处。谷歌眼镜的未来究竟如何，一切仍都是未知数。

数字阅读、移动阅读与数字出版

随着科技的进步以及应用水平的不断提升，我国的数字化阅读率正呈现快速增长的势头，网络在线阅读、手机阅读、电子阅读器阅读等阅读方式正在悄然而低调地改变着人们的阅读习惯。

在数字阅读迅猛发展的时代，对优质版权和大牌作者的争夺已经进入白热化。数字阅读在迅猛发展的移动互联网时代，已然形成产业链，电商、互联网巨头、硬件商、运营商、服务商、技术商等都被卷入其中。由此可见，如今的数字化阅读成为大众阅读的重要方式之一，成为出版业产值的重要增长点，阅读的数字化有望在接下来的时期内成为推动全民阅读至关重要的力量。

一、总体概况与发展态势

数字阅读日益受到世界各地的人们，尤其是年轻人的追捧。数字阅读指"数字化阅读"，指的是人类利用数字技术，以数字代码方式，将文字、图形、声音、影像等内容编辑加工后，存储在物理介质上，通过数字设备读取信息的活动。与传统的纸质出版物相比，数字化电子出版物具有存储量大、检索便捷、便于保存、成本低廉等优点。

数字阅读主要有两层含义：一是阅读内容的数字化，也就是文字是以数字化的方式呈现的，如电子书、网络小说、电子地图、数码照片、博客、网页等；二是阅读方式的数字化，就是阅读的载体、终端不是平面的纸张，而是带屏幕显示的电子仪器，如 PC 电脑、MP3、MP4、笔记本电脑、手机、阅读器等。①

日前中国新闻出版研究院公布的《2012—2013 中国数字出版产业年度报告》显示：截至 2012 年，我国数字出版产业累积用户规模达到 11.82 亿人次，其中电子图书的用户规模从 2006 年至 2012 年平稳增长。中国数字

---

① 数字阅读.2016 – 10 – 28.搜狗百科.http：//baike.sogou.com/v63342109.html.

阅读产业自 2010 年以来进入了快速发展时期，并且互联网数字阅读平台竞相发展。

大数据、云计算等新技术的革新为数字阅读产业发展提供了支持与保障。在数字化产业急速发展的背景下，传统阅读加速数字化融合，泛娱乐产业链也逐渐形成。

《2014 年度数字阅读白皮书》指出："数字阅读成为移动互联网的重要组成部分，目前有超过半数的用户选择通过手机来进行阅读，且进行数字阅读的男性远多于女性。在用户群体不断扩大的背景下，数字阅读用户年龄结构趋向成熟化。从地域上看，华东地区数字阅读普及率较高，全国数字阅读整体呈现高增长态势。"

对于数字阅读这盘菜，各大互联网网站有着自己的打算。从最初的盛大云中书城，到现在的当当网电子书、QQ 读书等。百度文库也相应推出百度文库书店，淘宝网也在 2010 年推出淘花网，经营包括电子书、音乐、教育视频等数字内容的产品。

付费电子书成为豆瓣阅读、亚马逊等数字阅读平台的新方向。《知乎日报》《知乎周刊》等原生电子阅读也日益占据了人们阅读的主要视线。同时移动阅读 APP 数量众多并且越来越流行，如 QQ 阅读、读书巴士、多看阅读、安卓读书等。

二、社会影响

随着新兴媒体技术不断创新、移动互联网不断发展和智能手机等终端设备的不断普及，数字阅读已经成为大众获取信息和文化消费的重要方式。数字阅读带来的影响主要是数字化的阅读方式冲击传统阅读市场，同时移动阅读应用带来的碎片化发展迅速。

根据速途研究院分析师的报告："2011 年 6 月我国手机网民规模是 3.18 亿人，截至 2014 年 6 月，规模已经增长到 5.27 亿人，相较于 2011 年 6 月增长了 65.7%，在全部网民中的占比也增长到了 83.4%。"

面对如此规模庞大的手机网民，一款能够被广为接受的 APP 对任何商家都将带来巨大的利润。数字阅读的形式结合了文字、图片、图像、声音、动画等一切可以运用的符号形式，使得人们在数字阅读中可以获得前所未有的审美通感。

由此，人们的阅读目的开始由学习实用信息、沉积思想转化为休闲娱乐。调查数据显示："尽管数字化阅读有信息来源广、资源丰富、信息量大、方便获取等优点，但是它也存在容易阅读疲劳，不适合精读，没有古色古香的实体触摸感等缺点，同时，其信息量的过杂过多也需要读者有较强的选取和判断能力。"①

移动终端具有易操作、易携带等特点，满足用户随时随地进行数字阅读的需求，填补碎片化时间。尤其是手机，作为人们日常生活必不可少的智能设备，承担着越来越重要的作用。

网易云阅读发布《2014 年移动阅读报告》称：中国人 2014 年电子书总阅读量已经超过 14 亿册。而在此前，CNNIC 也曾发布过中国移动互联网调查报告，透露了当前移动阅读的用户规模已达到 2.42 亿的数据。从各大类移动阅读报告中，我们不难发现：在移动互联网的快速发展中，移动阅读市场已经开始爆发。

三、学界与业界的评价

周海仓在《南方周末》中的《数字阅读会有多大作为》中说："互联网企业面对人们众口难调的阅读需求能否交出一份满意的答卷？我的观点是可以，但很难。原因有二。

一是尽管当下阅读载体发生了变化，阅读内容也日益多元，但总体而言，读者仍爱读文学类小说、随笔等，这和传统阅读几近相似。而大多数互联网企业在这些内容的储备上有先天劣势。

从索尼和 kindle 的发展对比来看，内容还是数字阅读产业的核心资源，没有内容资源上的强大储备，强大的索尼也是后继无力。

二是目前来看，互联网企业进军数字领域的盈利模式还在不断摸索过程中，而'没有看得清的模式，就没有看得见的盈利'的观念影响下，出版社对与互联网企业的合作并无多高热情。群雄逐鹿的数字阅读领域，参与各方如果没有在内容、支付、渠道上有过人之处，很难在大洗牌中独领风骚。

一种适合企业特点、能充分发挥企业优势的商业模式，可以有效带动各内容提供伙伴的加盟，让内容不再成为数字阅读的鸿沟，从而打造自身的阅读内容优势。"②

中国新闻出版研究院院长郝振省表示，数字化阅读的兴起，不可避免

---

① 上海调查：新媒体阅读方式强烈冲击传统阅读方式. 2011 – 08 – 11. 中国广播网. http：// news. cnr. cn/gnxw/201108/t20110811_ 508356591. shtml.

② 周海仓. 数字阅读会有多大作为. 南方周末，2011 – 09 – 30.

地会对传统纸质出版物的阅读造成影响，纸质报纸和期刊阅读率的下降在一定程度上是这一影响的外在表现。

事实上，国际上已有知名报社实现从纸媒向数媒转型的先例。但从数字出版产业在中国出版业中的收益来看，数字出版还有很长的路要走。同时，纸质出版物在受众群大、阅读舒适性强等优势的前提下，仍有强大的群众基础。因此，在相当长的时期内，数字出版和传统纸质出版将共同发展，而这种局面无疑扩大了人们的阅读选择范围，更有利于国民阅读率的提升。[①]

华东师范大学教授刘擎："'数字阅读'时代，人们大多拥有'两面性'：一方面，面对海量信息的巨大'诱惑'，人们迫切需要通过移动终端获取最新资讯，快速浏览、再快速抛弃；另一方面，人们内心深处又有一种'忠贞不渝'的东西，认为唯有读纸质书才是'正经事'。这其实是现代人普遍存在的一种'阅读焦虑'。"[②]

四、新媒体之"新"

1. 人们阅读习惯之"新"

在互联网的冲击下，人们的传统阅读时间已经被现代生活的快节奏打散，使得阅读的时间越来越"碎片化"。数字阅读恰好可以充分覆盖传统阅读无法利用的碎片时间，如工作之余、上班路上、排队等候等，使人们的时间得以有效利用。

同时，人们获取信息的方式也更为多元化，互联网繁荣让数字阅读正悄然改变着传统的阅读习惯，不同形态的移动阅读终端，充分满足人们深度阅读和浅度阅读的不同需求。

"手机阅读：主要适用于利用碎片时间的浅度阅读。手机阅读因受其随身、便捷、私密的终端特征影响，以及受终端屏幕较小、电力有限等因素的制约，一般不适合阅读较正式题材的读物，而快餐化的小故事、情感类、趣味性的题材则更有市场。

有关统计显示，读者通过手机进行稳定阅读的时间大概是 10 分钟左右，具有碎片阅读的典型特征，因此手机阅读往往具有字数略少、内容精

---

① 数字阅读发展迅猛　专家称传统阅读仍有成长空间. 2012 - 04 - 20. 中国新闻网. http://www.chinanews.com/cul/2012/4 - 20/3833066.shtml.

② "数字阅读"，一个怎样的时代？. 2014 - 08 - 18. 新华网. http://news.xinhuanet.com/culture/2014 - 08/18/c_ 126882567.html.

彩、连载性强等要求。

移动电子书阅读：适用于浅度阅读和深度阅读。这类阅读主要借助于新兴的电子书阅读器或者平板电脑等专用终端。

相对于手机阅读，电子书阅读器或平板电脑通过 E-ink 等技术达到贴近传统纸的阅读效果，具有环保节能、海量存储、便携性等优势，但相对而言，此类阅读终端价格较高、色彩展现和互动的能力有限，终端产品仍处于不断发展演化的阶段。因此，此类应用往往更为适合深度阅读。"①

2. 阅读运营市场之"新"

"对于数字阅读的商业模式，一直存在两种观点：一是前向收费模式，一种是后向收费，目前大部分公司采用的是前向收费的模式，这种模式运作相对成功的是运营商主导的数字阅读平台，如移动手机阅读平台、电信天翼阅读平台、联通沃书城等。

据调查，目前手机是各阅读终端中普及度最高的载体，其次是网络在线阅读、电子阅读器阅读、利用 PDA/MP4/电子词典等数字化阅读等方式。手机正是电信运营商的'自留地'，动辄亿计的用户规模也让电信运营商无论是在渠道建设上还是内容引入上都可以底气十足。

以百度文库为代表的后向收费模式在最近发展迅猛，百度文库的广告分成模式允许读者免费阅读整部作品，但百度文库会在确保用户的优质阅读体验的前提下，在作品阅读页面适当位置开发和放置相应广告内容，使作者或版权方获取相应收入。这也意味着作品的吸引力和关注度将会与版权方的收益成正比，作品的浏览量越高，版权方所获得的回报也就越多。"②

五、国内外对比

1. Flipboard

Flipboard 是一款移动阅读器，对 Facebook 和 Twitter 等社会化媒体上的内容进行整理，再整合成杂志的阅读形式，相当于一个"社会化杂志"。

Flipboard 有九个内容模块，其中前两个是 Facebook 和 Twitter 的导入内容，其余内容可以从列表中自己选择和添加模块。点开模块是自动排版的杂志内页，把 Facebook 和 Twitter 的精华内容集合做成文字、照片、视频等

---

① 田沈艳. 移动阅读正在改变着人们的阅读方式和习惯. 2015 – 07 – 16. http://labs.chinamobile.com/mblog/668567_74325.

② 周海仓. 数字阅读会有多大作为. 南方周末，2011 – 09 – 30.

多种形式，并且附上了原本内容的地址链接和视频。

这种实时的、自动生成内容的社会媒体极具个性化，与传统的将报纸杂志内容电子化的方式截然不同。Flipboard 所取得的成功，除了其社交属性，还有为人称道的设计性。Flipboard 还有"封面故事"的功能，这个功能是将用户在社交网络上分享的最有趣的故事、图片、视频等挑选出来，作为单独的封面呈现。

2. KDDI

日本最大的两家运营商之一 KDDI 于 2003 年开通了电子书服务，提供在线阅读功能，主要内容为在日本市场最受欢迎的漫画。同时与出版社合作，提供部分内容阅读。

KDDI 的电子书业务以提供内容和服务为核心，对终端和内容产业链的进行了逐步整合。2009 年，KDDI 将电子书业务规划到"LISMO！"品牌下，整合了音乐、视频与手机阅读业务。

同年，KDDI 推出用于手机阅读的 iida 品牌定制终端和"biblio"，该终端的特色功能就是电子图书阅读。机身预装了 19 种类别的图书词典，同时提供了丰富的阅读方式，用户可以像查看幻灯片一样观看图书，使阅读更加方便生动。

3. Safari Books Online

其拥有一个网站，还拥有 iOS 和 Android 版应用，这家公司已经与 100 多家图书出版商达成合作关系，以订阅模式向读者提供科技类电子书。到目前为止，Safari Books Online 已经拥有 3 万多本 IT 类电子书。

4. CourseSmart. com

它是 2007 年出现的一项数字服务，这项服务已经与 100 所大学和学院达成了合作关系。德克萨斯南方大学和加利福尼亚州已经在通过 CourseSmart. com 出租电子书版本的教科书，其价格较印刷版教科书最多低 60%。

六、总结与反思

互动性。数字阅读已经是大势所趋，我们可以看到用户选择某种数字阅读方式的原因是多种多样的。但影响用户选择的主要因素莫过于其他用户的评分、朋友推荐以及相关书评。由此可见，数字阅读的发展，除了其便捷性之外，也是读者之间互动的结果。

数据化。数字阅读的发展方向是立体化、数据化。对于正确地迎合用户的口味，给用户做出相应的推荐则是大数据作用下智能推荐的应用。因此，做好读者的互动和读者阅读偏好的信息收集，利用大数据和智能推送实现立体化、定制化，提高用户自主编辑的功能，真正实现立体式阅读，才是数字阅读的发展之道。

在数字阅读这条道路上，解决技术问题不是难题，满足用户需求才是关键。内容投送平台的发展应由"量"向"质"转变，出版商要有更多精力和投入放在高效传播优质精品内容上来，放在提高阅读质量和丰富阅读体验上来。

图书资源的丰富程度是读者选择数字阅读的基础，而现在数字阅读面临的最大问题就是用户对图书内容的强大需求和企业能获取的有限版权之间的冲突。实现全部书籍在不损失各方利益前提下的完全共享，需要各方共同的配合与努力。

产业发展与规制

净网行动

在利益驱动下，制黄传黄活动趋于多变、隐蔽，网络淫秽色情现象仍然较为严重。针对这一现象，全国"扫黄打非"工作小组办公室、国家互联网信息办公室、工业和信息化部、公安部决定，自 2014 年 4 月中旬至11 月，在全国范围内统一开展打击网上淫秽色情信息"扫黄打非·净网2014"专项行动。活动开展到 7 月，根据实际进展状况，网信办制定了新的净网方向，深入开展了整治利用 APP 传播淫秽色情信息的相关工作。

一、总体概况与发展态势

净网行动是全国"扫黄打非"工作小组办公室、国家互联网信息办公室、工业和信息化部、公安部为依法严厉打击利用互联网制作传播淫秽色情信息行为的一次特别行动。

2014 年 4 月中旬至 11 月的专项行动中，具体通知要求，集中清理文学网站、游戏网站、视听节目网站以及移动智能终端应用程序平台、在线视频播放软件、网络资源下载工具、网络游戏推广广告中含有淫秽色情内容的各种信息。

集中清理论坛、贴吧、博客、微博客、社交网站、搜索引擎、网络硬盘、即时通信群组中的淫秽色情信息，以及利用网络电视棒、网络存储器、手机存储卡等设备预装、复制、传播淫秽色情信息的电脑及手机销售商、维修店。

同时，还将清理网络延伸覆盖至网下相关领域，大力清缴淫秽色情书刊、光盘等，特别是以未成年人为题材和传播对象的淫秽色情出版物。

"净网行动"主要的查处方式包括收缴非法报刊，取缔、关闭非法设立的报刊社、编辑部、记者站、工作站、广播电台、电视台以及新闻类网站、网站频道、视听节目网站，查处非法从事新闻采编活动的机构和人员，打击以记者或网站新闻采编人员名义招摇撞骗、敲诈勒索的不法分子和幕后策划以及内外勾连的新闻媒体及其从业人员。

活动主要以保护数字版权、规范网络转载、收缴各类非法报刊与打击新闻敲诈为主要目的，全面加强对互联网的内容监管。

活动进展到 7 月，工信部正式发布《关于深入开展整治移动智能终端应用传播淫秽色情信息工作的通知》（以下简称《通知》）①，并依法打击利用移动互联网传播淫秽色情信息的不法行为，将深入开展整治利用 APP 传播淫秽色情信息的相关工作。

自此，净网行动正式迈向移动互联网领域，开始全面清理手机上的淫秽色情信息传播。

继严厉打击利用互联网制作传播淫秽色情信息行为后，此次的通知要求深入开展整治利用 APP 传播淫秽色情信息的相关工作，《通知》涉及了企业主体、移动智能终端、应用商店等多个产业链的构成部分。

这次延伸至手机 APP 的净网行动，是工信部联合各通信管理局、电信研究院、中国互联网协会等单位共同开展的相关工作，目的在于建立长效工作机制，打造相对干净的网络空间。

二、社会影响

"净网行动"从 2014 年 4 月中旬到 11 月，在全国范围内统一开展，并且开始从移动应用端尝试根治色情 APP 的传播。这一举动效果明显。

早在 2011 年年底，工信部就曾开展过打击移动互联网恶意程序专项行动，要求各地区管理部门对具有手机窃听、隐私窃取、恶意扣费、诱骗欺诈等功能的恶意程序进行查处，并通知应用商店予以下架。

2014 年净网行动开始后，国信办已依法查处淫秽色情网站 110 家，关闭相关频道、栏目 250 个，关闭微博客、博客、微信、论坛等各类账号 3 300多个，关停广告链接 7 000 多个，删除涉黄信息 20 余万条。

根据工信部的统计数据，截至 2014 年 5 月底，中国的移动互联网用户数突破 8.5 亿。手机和网络的迅速普及，为移动互联网带来巨大机遇，而 APP 模式显然也成为各家内容的必争宝地。用户在各种移动终端主要是以下载 APP 来满足移动办公、娱乐和咨询的需求。因此，此次的整治活动将

---

① 吴晶，刘奕湛．"扫黄打非·净网 2014"专项行动本月起展开．2014 - 04 - 23. http：//news. xinhuanet. com/video/2014 - 04/14/c_ 126500947. html.

有效地整治互联网恶意色情信息传播。①

此次的色情 APP 整治活动，会在一定程度上影响到 APP 应用商店的下载流量，但对于正规应用业务的发展则影响不大。整顿力度在整个活动阶段一直呈现稳定态势，未来的法律规范制度会更完善，会建立起长效机制，管控 APP 的发布与传播。

三、学界与业界的评价

《深圳特区报》的特约评论员雁君认为："以法治的方式和标准，开展网络净化与管理，既是网络净化得以常态化的根本保障，亦是形成网络净化与管理最大合力的根本之路。

在法治的框架之下，哪些能传播，哪些突破了边界，才有了稳定和明晰的标准。给信息传播划上红线，便可避免'钻空子''打擦边球'等不法之为。在清晰的法律规则之下，也能激发每个网民对于净网行动的自我参与意识与责任意识。这无论对主动监督，还是对自觉杜绝传播涉黄信息，都大有裨益。

尤须注意的是，网上的黄色之弊，根源还是网下行为的失范。除了牟利之外，一些网站传播的黄色信息往往还包含了诈骗等犯罪因素。以此而言，净网，不能只盯着网上，更要线上、线下两端发力，尤其是对一些利用黄色信息、网站进行犯罪的行为，必须保持高压态势，方能达致良效。"②

芜湖文明网刊文评论道，从根本上说，只有健康的网络环境才更有利于整个互联网产业长远的发展，所以净网行动实际上是对网络环境的净化，保护的是网站的利益。③

中国政法大学知识产权中心特约研究员、中国互联网协会信用评价中心法律顾问赵占领认为，"对于确实滥用色情营销和色情信息的手机应用软件，可以采用相应的法律手段，比如依据《互联网信息服务管理办法》进行行政处罚。不过，如果是打法律的擦边球涉及色情营销和色情信息的，则处理起来相对麻烦，其法律责任不太好认定"④。

---

① 谢睿. 棒喝 APP：工信部建黑名单. 南方都市报，2014 - 07 - 23.

② 雁君. 净网行动，重在法治化和常态化. 深圳特区报，2014 - 04 - 24.

③ "净网行动"没有休止符. 2015 - 04 - 13. 中国文明网. http：//www. wenming. cn/wmpl_ pd/yczl/201504/t20150413_ 2554397. shtml.

④ 手机软件色情换利润盛行　碎一地节操引系列犯罪. 2014 - 03 - 27. 法制日报. http：//news. xinhuanet. com/legal/2014 - 03/27/c_ 126323239. html.

四、新媒体之"新"

和以往的打击网络淫秽色情信息不同，此次最大的区别在于自 2014 年开始，网信办根据实际网络发展状况开展了打击移动互联网的举措。

互联网的快速发展给我们的生活带来便利，其开放性、传播快的特点也给有害不良信息、恶意 APP 软件以可乘之机。根据《2014 年我国网民数量和上网时间统计数据分析》，截至 2014 年 6 月，我国网民规模达 6.32 亿，半年共计新增网民 1 442 万人。互联网的普及率为 46.9%。

与此同时，20 岁以下的网民规模占比增长 0.6 个百分点，学生为中国网民的最大群体，占比 25.1%。2014 年上半年，中国网民的人均周上网时长达 25.9 小时，相比 2013 年下半年增加 0.9 小时。

根据爱立信 2014 年 11 月发布的移动评估报告称，全球超过 90% 的六岁以上儿童都将会拥有移动手机，这将是未来不可避免的发展趋势。手机，已经成为日常生活里重要的一环。因此，如何保证孩子的上网氛围，为他们营造良好健康的成长环境，打击手机 APP 淫秽色情信息是必然的选择。

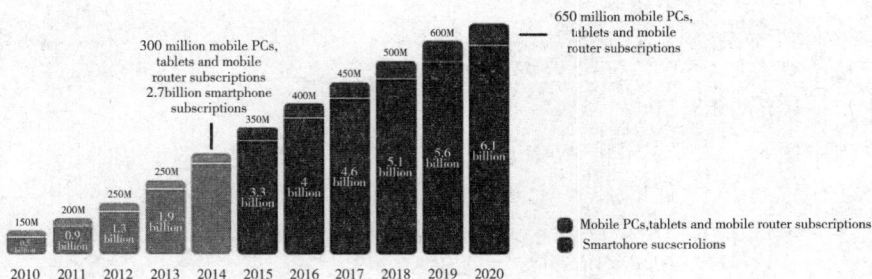

爱立信 2014 年 Q3 全球移动趋势评估报告①

当前，手机的 APP 内容审核主要由开发者、应用商店两个方面组成，

---

① 爱立信. 爱立信 2014 年第三季度全球移动趋势评估报告. 报告显示到 2020 年全球超过 90% 的六岁以上儿童都将会拥有移动手机，全球智能手机用户数量将会超过 61 亿台。

而一个 APP 从开发完成到上线，会提交给几十家应用商店进行审核。以 APP store 为例，一般从提交审核到完成大约需要一周的时间，但实际上测试员大概平均只用 8 个小时来审核。

而安卓系统的应用商店从提交审核到完成只需要 1 ~ 2 天，但测试员只需十几分钟就会完成测试。不论何种方式，应用商店采用的都是事前审核，而不是实时监控，因为 APP 太多。因此，当 APP 上线后，再进行的"小手脚""小动作"通常难以被发觉。

同时，业界对于"淫秽色情"并没有统一的标准规范，多由开发者设定，而 APP 的自行审核难度，就在于难以有足够的人力物力跟进，需要强大的后备支持力量。

以"陌陌"为例，它对应用内容采用了国内最高标准的"封停设备"。陌陌有一套完善的信息检测机制，首先确保每个手机号码只能注册一个陌陌账号，并且精确地匹配到用户对应的手机设备上，当对色情信息进行清理时，除了停用发布色情信息的账号，也会封堵对应的手机号码与手机设备，杜绝了其继续使用陌陌软件的可能性。

其次，在后期的信息监测中，一方面是采用技术挖掘手段，建立一个异常信息特征库；另一方面公司员工 400 余人，与审核相关的社区管理团队约 150 人，有专门的 24 小时后台审核团队，对违法信息及用户第一时间进行账号封禁等操作。

在绝大多数 APP 深陷亏损泥潭的情况下，能够做到陌陌那样的并不多，大多数 APP 内容鱼龙混杂，有的公然打着色情幌子。

苹果应用商店就曾被曝光存在大量色情出版物，在图书类下载应用中，在排行榜前十名中有半数涉及色情内容。此次工信部对整治 APP 传播色情信息，对应用商店带来的影响可能将会影响到 APP 应用商店的一些流量，但毕竟这些非法的东西相对来说是一个比较小众或是一些灰色地带，正规的大型应用商店是靠正规的应用来发展业务以及获取流量和收入的。所以，对于正规商店来说影响不会很大，只是让这个行业更加健康和正规化、标准化。对于色情淫秽等 APP 的存在，工信部会加大力度进行整顿，法律监管内容也会更加完善，资讯和监管会更加严格。

五、国内外对比

打击网络色情是每个国家的互联网监管者都需要考虑的问题。在国外，也有与我国相类似的"净网行动"。

韩国：网络的普及使青少年在日常生活中经常接触互联网，韩国政府从管理、立法、监督和教育等几方面多管齐下，加强网络监管，以保护青少年。韩国国家警察部门成立了专门机构，负责调查和打击网络犯罪。韩国还实行了网络实名制。登录网站的用户在输入个人身份证号码等信息并得到验证后，方可发帖。如果网站违反实名的做法，将会收到信息通信部长的改正命令。如果不遵守命令，将被处以 3 000 万韩元（约合 18 万元人民币）以下罚款。①

美国：美国的《儿童互联网保护法》把在网上向未满 18 岁的青少年传播色情内容视为犯罪。② 早在 2001 年，美国司法部就摧毁了全美最大的亵童网站，逮捕了 100 多名涉案人员，其中两名责任人分别被判处终身监禁和 14 年有期徒刑。美国一家名为"提倡保护儿童网站协会"的非政府机构，通过与许多网站及热心人士合作，举报和查证各种色情网站。他们对被举报的色情网站的服务器、收费方式、IP 地址、拥有者等进行分析，一旦发现有关儿童色情的内容，就会向联邦调查局、全国失踪和受虐儿童中心等政府机构报告。

白俄罗斯：白俄罗斯立法部门规范互联网管理的法律，在 2010 年正式生效。白俄罗斯政府称，制定此法的目的，是根除互联网的无政府主义。这项法律规定，网络媒体应进行登记，所有互联网用户应实名注册身份，包括访问网络聊天室。互联网服务商应搜集和保存用户的身份信息，并要求其对在网上发布的信息内容负责。③

新加坡：为防止暴力和色情信息在网上流传，早在 1996 年，新加坡就出台了《互联网操作规则》，对网站"禁止内容"提供了明确而具体的判断标准。新加坡《广播法》明确规定，新加坡三大电信服务供应商负有屏蔽特定网站的义务。政府有权要求供应商删除网站中宣扬色情内容的言论。若供应商不能履行义务，将会被罚款或被暂时吊销营业执照。据悉，新加坡媒体发展管理局迄今已屏蔽了 100 多个包含色情等不良内容的网站。

与国外相比，国内的净网行动还停留在被动监测的层面，在防止不良信息的信息源头方面还有很大的差距，在法律法规的制定上，还需要进一步完善。

---

① 金名. 韩国的网络实名制. 百姓，2009（6）.
② 王静静. 从美国政府的互联网管理看其对中国的借鉴. 武汉：华中科技大学，2006.
③ Lanecat. 白俄罗斯执行新网络监控管理规定. 2011 - 02 - 01. http：// www. lanecat. cn/ news/ 120201. asp.

六、总结与反思

净网行动不仅是对全网环境的肃清，更是对这种不良风气的遏制，要想有长久干净的网络环境，需要正本清源，一方面制定相关的法律规范，另一方面，在技术上加强对内容的审核。

移动端的色情 APP 除了本身涉嫌传播淫秽色情内容外，很多手机病毒和恶意软件都会利用淫秽色情 APP 进行传播，进而威胁用户的信息安全，这已经成为淫秽色情 APP 牟取利益的捷径之一。传播淫秽色情内容并非最终目的，只是一个吸引用户"上钩"的手段。

感染病毒的色情应用一旦被安装，手机病毒也自动安装并激活，然后诱导用户获取 Root 权限。一旦获取 Root 权限，即会破坏手机系统，并可收集用户隐私信息；有些病毒还会私自发送短信，恶意扣费；还有病毒会在私自发送短信的同时，拦截指定短信，从而导致用户手机支付验证短信被窃。此外，还有大量淫秽色情 APP "成本低廉""以量取胜"。

淫秽色情信息的发展也随着净网的随时推出，出现了相应的对策，例如"阅后即焚"，收到信息不留痕迹，同时以此方式传播也使得公安机关在对相关信息进行记录、取证时带来许多困难。

因此，治理淫秽色情 APP，不是一朝一夕，也不是一个单独的监管部门的责任，而需要全行业的努力，包括工具/手机厂商内置商店、各类具备推送内容到用户手机的 APP 等各个环节都按照统一的标准配合政府工作，才能给移动应用行业的持续健康发展带来积极影响。

管网新局：网络新闻管理新规出台

2014 年 11 月 2 日下午，国家网信办召开移动互联网业界代表座谈会。会上，国家网信办副主任彭波表示，将出台修订后的《互联网新闻信息服务管理规定》，"这将是近期内互联网领域最新、最全、最重要的一个法律法规"[1]。

这是国家网信办成立以来首次召开移动互联网业界代表座谈会。来自中央新闻单位、中央新闻网站、新闻客户端、微博客网站、即时通信工具企业、应用商店企业、移动搜索企业、政务类公众账号和微信公众账号的相关负责人参会发言。

一、总体概况与发展态势

自 2012 年 6 月以来，手机已经超越 PC 端成为我国网民上网的第一终端。截至 2014 年 6 月底，我国的网民共有 6.32 亿，其中，手机网民达到 5.27 亿。庞大的网民数量使我国成为世界上最大的移动互联网市场，也使得移动互联网成为一个巨大的舆论场。

移动互联网发展越快，越需要依法予以规范。为将依法治网落实、落细，我国已制订"互联网立法规划"，同时，有关部门将加快推进网络立法，不久将会修订出台《互联网新闻信息服务管理规定》。网络安全法、电子商务法、个人信息保护法、未成年人网络保护条例等互联网立法也在进一步研究酝酿中。

目前的界定中，互联网上八大类非法行为分别是：假冒公共机构、媒体发布信息；发布、传播淫秽信息；发布暴恐信息；发布虚假广告；发布谣言；发布破坏民族团结言论；诽谤他人；侵犯他人隐私。

除了加强危险物品信息的发布，2014 年 10 月 29 日，国家互联网信息办公室和国家新闻出版广电总局联合下发《关于在新闻网站核发新闻记者

---

[1]　蔡雄山．互联网：从监管到治理的思维之变．2014 - 08 - 17. http：//www.eeo.com.cn/2014/0817/265089. shtml.

证的通知》（以下简称《通知》），要求在全国新闻网站正式推行新闻记者
证制度，全国范围内的一类资质新闻网站采编人员由此正式纳入统一
管理。

从 2015 年 1 月开始，中央、地方的重点新闻网站以及全国性行业新闻
网站的采编人员将分批获得新闻记者证。商业门户网站不在发放范围之
列，商业门户网站没有采访权，属于二类资质网站，只可转载，不可进行
采访。

全国新闻网站正式推行新闻记者证制度将严格按照《互联网信息服务
管理办法》《新闻记者证管理办法》等相关规定执行。

此次新闻网站记者证发放将本着"周密实施、分期分批、稳妥有序、
可管可控"的原则，首批实施范围是经国家互联网信息办公室批准的，且
取得互联网新闻信息服务许可一类资质并符合条件的新闻网站；申领人员
应为新闻网站编制内或者正式聘用的专职从事新闻采编工作，且具有一年
以上新闻采编工作经验的人员。国家互联网信息办公室负责新闻网站编辑
记者培训和资格审核把关，国家新闻出版广电总局负责核发记者证。

此次在全国新闻网站发放的新闻记者证与对传统媒体发放的新闻记者
证一致，以确保传统媒体与网络媒体统一标准、统一管理。新闻网站必须
依照核发范围、申领条件、申领程序等相关规定，认真审核申领人资格条
件，严格控制记者证的发放范围。

同时，《通知》还要求新闻网站主办或主管部门须认真履行审核职责，
严格审核新闻网站提交的申报材料，指导新闻网站按时完成新闻记者证的
核发工作，并不断加强对新闻网站新闻记者的监督管理。

国家互联网信息办公室联合国家新闻出版广电总局依法有序在新闻网
站推行新闻记者证制度，既是主动适应网络媒体发展趋势，进一步规范互
联网新闻信息服务业的内在必然，也是提高网络编辑记者队伍整体素质、
清朗网络空间的现实要求。

将新闻网站记者纳入记者证管理范畴，填补了记者证管理办法中对于
网络类别的采访、编辑人员新闻实践上的法律空白，为新闻网站记者从事
新闻采编工作提供了法律依据和法律保障，充分体现了依法治网的精神。

对互联网新闻行业的规训与监管已经在逐步完善，通过行政与法律手
段，互联网的舆论环境不会无序粗放，而是在规则下健康发展。互联网信
息管理办法一直迟迟不退出，这次发布会释放的信息将有力地推动互联网
新闻监管办法的制定进程。

二、社会影响

互联网新闻行业对传统的新闻业带来的不仅仅是冲击，更是在一定程度上颠覆了传统的阅读习惯，冲击了传统的新闻人职业道德，网络监管更是给新闻监管带来了极大困难。这次国家互联网信息办公室联合国家新闻出版广电总局的发布会，将对以下几方面产生较重大的影响：

第一，能够有效遏制网络谣言的散布。互联网是"假新闻"的主要散发地，各种猎奇新闻不经考证以讹传讹的现象在网络空间中表现明显，如果推进网络信息管理，能够有效净化环境，推动互联网信息环境的有序、健康发展。

第二，能够积极维护社会的稳定。网络媒体是把双刃剑，有强大的信息放大效应和社会动员力量，一般人难以驾驭，使用不当会加剧社会矛盾，引发社会恐慌。例如大规模群体突发事件，如果没有合理管控，事态发展容易向难以控制的方向发展。资深记者巴德拉维曾表示，一个国家只有安全和稳定，经济才能发展，才能谈及其他方面的权利和自由，这方面网络媒体应承担重要责任。

第三，与互联网相关的用户隐私问题将得到重视。对网络进行监管的同时对网络隐私的保护也同样重要。互联网新闻监管，不仅是加强对行业的规范监管，更是对网络基础服务的监管，是对不良行为的约束，也是对更好服务的督促。

第四，坚持公平、公正的标准。监管问题常常引发是否过度监督、是否越权、是否独裁的争议，实际上这些情况也确实存在。对互联网新闻监管，不能实行双标，维护网络安全与进行新闻监督之间的界限要把握好。

三、学界与业界的评价

面对互联网新闻监管，各方说法不一，但都无一例外地认为这样会规范互联网的内容生产。

国家互联网信息办公室发言人姜军："将新闻网站记者纳入合法管理会使互联网新闻的内容更加繁荣，因为新闻事实会更加准确，采编更加规范。互联网新闻内容的生产和其他产品一样，需要专业的培训和素养，新闻只会越做越好看。"①

　　暨南大学新闻与传播学院副教授麦尚文："在现有的媒体格局下，赋予新兴媒体和传统媒体采编人员'相同的身份'，短期内或将新兴媒体与传统媒体的'距离'拉大，但这正是传统媒体向新兴媒体融合过程中的重要步骤。新闻网站或将迎来快速发展，将对传统媒体形成'倒逼'，促使媒体融合脚步的加快。"②

　　人民网刊文：网络具有极强的互动性特点，每个接受者都可以扮演传播者的角色，我国的新闻传播事业处在转型发展期，改善行业作风，加强行业自律以提高网络媒体社会影响力十分重要。③

　　总而言之，对互联网的网络新闻生产进行监管，是国家对网络生态管理的重要一步，不仅可以对网络舆情进行把控与引导，同时也可以让新闻生态朝着更健康的方向发展。

四、新媒体之"新"

　　互联网新闻监管是网络舆论生态建设的重要一步。新媒体的出现，使得原本以 BBS、博客为主要内容的互联网出现了复杂的网络舆论环境。原先单纯以控制为主的言论环境被网络撕开了口子，微博、微信等公共言论平台的兴起，使得"人人都有麦克风"，进入了一个 UGC 新闻时代。最引人关注的，主要还是关于监督和监管之间的力量博弈。

　　网络与媒介的结合造就了大众传播，而大众传播的环境监测功能能够有效地制约公权力的滥用。互联网新闻监管最重要的就是和舆论监督区隔开来，在这个网络无处不在的时代，每个公民都有可能成为被侵害的对象。最高法院出台《互联网新闻信息服务管理规定》的目的，就是要净化网络环境，明确网络言论边界，惩治网络侵权，保护公民合法权益。

　　《互联网新闻信息服务管理规定》与相关法律法规共同构筑了网络秩序监管体系。尽管规范网络秩序的相关法律法规之前已有不少，例如《中华人民共和国互联网管理条例》《互联网新闻信息服务管理规定》《互联网信息服务管理办法》《互联网上网服务营业场所管理条例》等。2012 年全国人大常委会又通过了《关于加强网络信息保护的决定》，但仍有很多疑

---

　　①　李丹丹. 全国重点新闻网站将发记者证. 新京报，2014 - 10 - 30.
　　②　王剑强，胥柏波. 新闻网站将推行记者证制度. 南方日报，2014 - 10 - 30.
　　③　防范网络新闻"标题党"的 601 - 对策. 2014 - 08 - 14. 视听界. http://media. people. com. cn/n/2014/0814/c38725466132. html.

难问题没有界定清楚，这就需要司法解释来进一步完善。

此外，《互联网新闻信息服务管理规定》的发布实际上大大推进了法律进程。虽然之前的民法通则和民法通则的司法解释，以及关于名誉侵权、精神损害赔偿以及人身损害赔偿的司法解释，都从不同角度对侵犯人身权益的行为及责任做出了规定。不过，这些法律规定更适用于传统手段的侵权。随着网络技术不断发展，微博、微信等新的网络工具不断出现，利用信息网络侵权的花样不断翻新，这就需要与网络发展速度相适应的法律规定。[①]

五、国内外对比

随着网络的日益普及和对人们日常生活的不断深入，网络管理的问题也日益凸显。网络给人们带来了无数的便利和好处，但同时，利用网络来传播有害信息、进行各种犯罪的活动屡见不鲜。如何规范网络行为，趋利避害，已经成为世界上许多国家共同面临的紧迫问题。

对此，美国的策略主要是"软硬兼施"的多元化控制。美国是互联网发展较早的国家，在互联网舆论的管理理念与实践方面有很多值得称道的地方，法律法规的制定相对完善，市场运行机制也较为成熟，总体说来，美国的互联网监管措施体现了"软硬兼施"的特点：

（1）社会主流意识引导。

通过社会的力量和主流价值观的舆论影响，迫使网站进行自律。2000年 2 月，反诽谤联盟（ADL）称雅虎在"白人傲慢与种族歧视俱乐部"的目录之下收录了 69 个种族主义团体站点的做法违反了该网站的服务宗旨。对此，雅虎于当地时间 25 日向反诽谤联盟正式道歉，并经过一天的调整，将这类站点下降为 23 个，第二天继续减少为 3 个。[②]

（2）行业协会搭建管理平台。

对于违规者，行业协会代表整个行业向其施加压力，迫使其改正行为，行业协会甚至采取严厉措施使违规者失去发展机会。

美国计算机伦理协会为计算机伦理学所制定的"摩西十诫"中有"网民不应用计算机去伤害别人、不应盗用别人的智力成果"等规定。

计算机协会提出的网络伦理八项要求中有希望其成员支持一般的伦理

① 张海英. 惩治网络侵权不影响网络监督. 2014 – 10 – 16. http：//news. xinhuanet. com/comments/2014 – 10/16/c_ 1112851113. html.

② 蔡玉霞. 发达国家政府提升网络舆论引导能力的经验及其实施. 行政与法，2012（5）.

道德和职业行为规范，包括避免伤害他人、要公正并且不采取歧视性行为、尊重知识产权等内容。

南加利福尼亚大学网络伦理声明指出了六种不道德网络行为的类型，其中包括在公共用户场合做出引起混乱或造成破坏的行为、伪造电子函件信息等内容。

（3）民间组织自建管理机制。

自律性组织是推动网络信息自律机制的重要力量。民间组织率先提出建立自律模式，通过自觉的研究、摸索、试验和示范来引导和推动互联网的健康发展。纽约的媒体道德联盟主张建立网上道德标准，在名为www. moralityinmedia. org 的网站上，他们提供了反色情邮件指南，建议网民如何应对，如何与 ISP 联系，判断对方是否触犯法律等方法。

（4）网站对其网上论坛实施分级分地管理。

美国各大网站在实践中已初步形成一套管理办法。主要有制定张贴规则、供张贴者自律、接受网民针对违规信息的举报、及时制止违规行为等。网民可以通过电子邮件或其他形式向提供服务的网站举报他人的违规行为，这是一条普遍接受的原则。例如 NBC 网站在全美国招募志愿者，对其网上论坛实施分级分地管理，不允许出现违法和有害的信息。

前面我们提到的"摩西十诫"和"网络伦理八项要求"就是对网络礼仪和网络行为的明确规定。美国人 Virginia Shea 的著作《网络礼仪》全面阐述了网络礼仪问题，研制出网民 10 个网络礼仪的核心规则，讨论电子邮件、讨论组、信息检索的不良行为和相应的行为准则。

（5）技术手段控制。

目前网络舆论控制最常见的技术手段是对内容进行分级与过滤。麻省理工学院所属的 W3C（Worldwide web Consortium）推动了 PICS（Platform for Internet Content Selection）技术标准协议，它设立网络分级制度标准，完整定义了网络分级所采用的检索方式。

以 PICS 为发展核心的 RSAC 研发例如 RSACI（RSA Conthe Internet）分级系统，主要以网页呈现内容中的性（Sex）、暴力（Violence）、不雅言论（Indecent Speech）或裸体（Nudity）表现程度四个项目作为依据进行分级。Safe Surf 是美国一个著名的分级服务商，建设让孩童及网络使用者免受成人与色情等网络内容伤害的自我分级（self‐rating）系统。

Cyber Patrol 是美国过滤软件的代表，分为家庭版和教育版。对 Cyber LISTS 进行更新，用户可以对自己的名单进行添加或删除。对不良信息的过滤，政府通常制定一个封堵用户访问的"互联网网址清单"，对网络信息进行过滤和筛选。

对隐私权的保护也有专门的软件，在消费者进入网站之前，保护隐私的技术软件会自动提醒消费者哪些信息将要被收集，然后由消费者决定是否继续浏览该网站，或者让消费者在软件中先行设定只允许收集的特定信息，之外的信息则不能收集。

（6）制定法律法规。

美国最基本的有关媒体内容和运营的法律是《第一修正案》。《1934年通讯法》和修订后的《1996 年联邦电信法》是指导美国传媒产业发展的基本法律规范。

美国的网络立法现状大致可以从联邦和州两个层次来看：从联邦的层次来看，美国最高法院、联邦审判法院和申诉法院组成了美国的联邦司法体系，他们可对电信管理机构进行监督，在表达自由权和其他紧迫重大的社会利益之间进行取舍。法院所要决定的重大问题之一，是许可政府应该在什么情况下对表达自由的权利进行限制。从州的层次来看，各州拥有各自的立法。通过各种不同管理机构之间一定程度上的合作，来顺应当地的发展。

此外，英国的主要做法是立法保障和行业自律，并辅之以政府指导，侧重成立专门组织，管理和严打并举，重在保护青少年。

韩国是世界上互联网最普及的国家之一，上网人口占总人口的近70%，其主要管理方式是网络实名制、法制保障、民间自律和监督。

日本网民多数习惯以虚拟身份穿梭于博客、留言板等网络空间。日本政府目前虽然没有实行网络实名制，但对于网上各种有害信息并没有放任不管，在 2002 年就开始实施《提供商责任限制法》，并在 2004 年 10 月修订了这一部法律，如果因特网上传播的信息造成重大人权侵害，法务省相关机构有权要求网络服务提供商删除这些信息。

法国的监管重点是帮未成年人"防毒"，免费提供"防毒"软件，可屏蔽 90% 以上不良网站。新加坡的网民要为自己上传的内容引起的后果负责，与国家安全有关的、破坏种族与宗教和谐的以及破坏社会道德标准的内容都是被明令禁止的。在新加坡大选期间，还会禁止利用互联网煽动选民情绪。

六、总结与反思

互联网新闻监管的主要目的是构建健康、安全、高效的网络环境，减少和限制有害信息的流动。随着互联网的迅猛发展，网络民粹化现象严重，媒体在网络新闻的内容生产上缺乏职业道德与规范，同时各类信息通过互联网传播的同时，有的还附带了各种诈骗犯罪，手段多样且隐蔽，公民合法权益受到侵害程度之深，令人触目惊心。从国家层面惩治网络违法犯罪、保护公民合法权益已是当务之急。

互联网的出现毫无疑问是一场信息革命，网络对于信息准确、及时、迅速地传播起到了革命性的贡献；同时，这也是一场权利革命，通过及时快捷地传播信息，网络对于扩大公众的知情权和监督权，起到了不可磨灭的贡献。

但是，任何工具都是中性的，是一把双刃剑，因此，工具在不同的人手中，就可能产生不同的作用。互联网同样如此，作为人们工作、生活的工具，在方便人们进行信息传播，扩大公众知情权的同时，也泥沙俱下。一些不法分子利用互联网肆无忌惮地窃取公民的个人信息和隐私，或是散发黄、赌、毒信息，危害社会，或是利用网络手段进行诈骗等犯罪活动。

加强网络新闻监管上的立法，赋予执法机关在保障网络信息安全与新闻的政治正确上更多的责任，其主旨是国家推进网络依法规范有序运行，因而是对信息流动的促进而不是限制，是对公民权利的保障而不是剥夺。

一方面，只有有效地遏制了那些有害、违法信息在互联网上的传播，公民不会再受到互联网上有害信息之毒，才会更放心地使用互联网这个工具；另一方面，新闻信息得到有效监管，这有利于行业职业道德标准的形成与遵守。从而形成良性互动环境，使得互联网的信息传播更加快捷、安全、有保障。

电视盒子的 "治与乱"

2014 年 4 月，优酷土豆集团宣布与华为合作，推出新款智能机顶盒——悦盒。这是继 2013 年年底优酷土豆集团首次对外披露智能电视战略，宣布将在业内联合多家牌照持有方及多家终端硬件提供商，进一步落实智能电视的动作。

本次盒子的牌照商是 CIBN。对于这次合作，在内容方面，优酷土豆秉承一贯优势，用户通过盒子可看到优酷站内的视频内容，并可享会员权益，用户只要在 PC 付费，在登陆的状态下，PC 端、移动端和 TV 端的数据即可同步，同时，电视端也可使用站内会员特权。

而在通信方面，华为是一家生产销售通信设备的民营通信科技公司，其产品涉及通信网络中的交换网络、传输网络、无线及有线固定接入网络和数据通信网络及无线终端产品，优酷土豆集团与华为的合作也将带来行业内部的整合变动。

一、基本概况与发展态势

继与长虹、海尔、康佳、同洲电子、数码视讯等行业巨头共同布局智能电视产业之后，此次优酷土豆与华为的合作，意味着优酷土豆在 OTT 盒子终端又迈出了一步。在视频网站抢占客厅的比赛中，如何找到合适的同伴也许是最重要的。

电视盒子是一个小型的计算终端设备，只要简单地通过 HDMI 或色差线等技术将其与传统电视连接，就能在传统电视上实现网页浏览、网络视频播放、应用程序安装，甚至能将用户手机、平板中的照片和视频投射到家中的大屏幕电视当中。

电视盒子可以将互联网内容通过其在电视机上进行播放，此前在互联网领域被称之为网络高清播放机，后被广电总局定义为互联网电视机顶盒。它与可接入互联网的智能电视一起，统称为 "互联网电视"。

我们通常说的 OTT 盒子，指的是 "Over The Top" 的缩写，是指基于开放互联网的视频服务，终端可以是电视机、电脑、机顶盒、PAD、智能手机等。可在网络之上提供服务，强调服务与物理网络的无关性。

通过互联网传输的视频节目，如把 PPS、UUSEE 等平台的内容传输到显示屏幕（包括电视）上。从消费者的角度出发，OTT TV 就是互联网电视，满足消费者的需求，集成互动电视功能的全功能的互联网电视。

而 IPTV 即交互式网络电视，是一种利用宽带网，集互联网、多媒体、通信等技术于一体，向家庭用户提供包括数字电视在内的多种交互式服务的技术。IPTV 电视内容的传播基于电信运营商搭建的专用网络，前期投资较大，其显示终端通常是电视机。

对于互联网盒子，从 2014 年起广电对其进行了严苛的管制。在 7 月约谈了"中央三大台"（央视、国广、央广）以及广东、浙江、湖南、上海四大台及地方局。对目前互联网电视市场存在的问题进行了严厉批评。主要对存在的以下几个问题提出了意见：①

（1）与商业网站合作不规范。

商业网站以节目服务平台形式与牌照商进行服务专区合作是总局坚决不允许的合作模式。对于大量未取得播映资格的境外影视剧、微电影、网络剧进入电视机的现象要予以坚决查处。要求各大牌照播控方在一周内全部下线，等待总局核查。

（2）EPG 管理失控。

现在集成播控方的 EPG（Electronic Program Guide，即电子节目菜单）页面与台里总局验收完全不一样，根据政策要求，EPG 页面更新需要向总局报备，不能随意推出新 EPG，目前牌照商均存在 EPG 更新未及时报备的现象。未曾报批的，要立即停止。

（3）互联网电视终端产品发放未报批。

根据 181 号文，互联网电视终端产品必须向广电总局提交客户端号码申请，广电总局将按照统一分配、批量授权、一机一号等现行的互联网电视客户端编号规则进行。但目前市场上大多数的终端产品均未得到总局批准。未经过总局批准发放的盒子都是违规产品。后续牌照商未经批准不得擅自推出互联网电视机顶盒。

（4）与电信运营商违规合作。

181 号文中规定，不得与传输网络运营商合作进行互联网电视业务的用户管理、计费认证工作。但目前牌照商均有违规，包括在部分地区参与

---

① 孙冰. 互联网盒子遭广电总局监管 部分厂家打擦边球 .2014 - 07 - 29. http：// news. qq. com/a/20140729/022486. html.

电信运营商互联网电视招标，变相开展 IPTV 业务，变相开展直播服务。因此，目前这个阶段，总局要求立即停止与运营商的不符合要求的合作（变相开展直播）服务。

（5）销售渠道混乱。

总局不允许终端在网上销售。但目前盒子都在网上卖，有的甚至刷过机再卖，完全不受监管。

（6）与严重违规互联网企业合作问题。

要求牌照方对于总局正在查处的企业，一定不要与之合作。监管方的态度异常严厉，要求互联网电视首先要管好 7 大牌照商。同时将互联网电视的管理上升到了国家根本利益的高度。绿色、安全、环保将是未来互联网电视发展的高压线。

二、社会影响

（1）视频网站的对策。181 号文公布后，民营视频网站为了获得全新的互联网电视和机顶盒终端，纷纷开始寻求与 7 家牌照商合作，仅仅在杭州华数的平台上，就有淘宝、盛大游戏、盛大阅读、百度、PPTV、乐视等多家互联网企业加入其中。

与此类似，上海文广百视通也与淘宝、土豆等建立了内容合作关系。181 号文还要求内容版权必须是电视播出权，这也使得大多数视频网站难以使用其原有的 PC 内容积累。

由此可见，181 号文试图给广电争取更大的业务空间，但也由于这些限制，OTT 离宽松环境渐行渐远，未来产业大发展还是会受到一些影响。

（2）电信运营商发力。对于电信运营商来讲，IPTV 实行两级平台，上游趋于垄断，而互联网电视的 7 个牌照为其打开了另一扇大门。

（3）2012 年 6 月，中国电信在山西、山东、贵州和辽宁四省开展终端为机顶盒的互联网电视业务试点，吸引了包括央广传媒、华数传媒、百视通和南方传媒在内的多家牌照方，共同参与互联网电视业务对接测试。① 联通制定了企业内互联网一体机规范，与牌照商签署合作协议，可能会以 OTT TV 之名走 IPTV 的商业模式。

（4）内网与外网之争。目前，国内 OTT 发展的一大争论焦点在于，内容分发体系的承载网络选择有线运营商的电缆（cable），还是电信运营商

---

① 张君漫. 广电求变阻击 IPTV：打造 "DVB + OTT" 联盟. 2012 – 06 – 16. http：// www. cww. net. cn/news/html/2012/6/16/20126161051224171_ 2. html.

的 IP 互联网，两者都不愿在互联网电视的发展中被旁路，也都有其优劣势。

对于有线运营商来说，其拥有近两亿有线电视用户和直播电视传输权。在技术方面，有线网最大的优势是带宽，最大理论值达到了 4.5G，但有线网面临的最大劣势是双向传输、地址选择功能，以及 IDC 运营管理经验上的不足，这恰恰是电信网的最大优势。

目前电信 IP 网已经达到了全国性的互联互通，而有线网还处于省网整合的范畴，IP 网络目前亟待解决的问题就是提高带宽。

（5）盒子的盛宴。目前 OTT TV 发展进程中，唯一赚到真金白银的业务可能就只有各类盒子了，国内各大厂商全部开始做盒子：奇艺、同洲、华为以及数不清的山寨厂商；盒子的类型也多种多样，主导的是各类 OTT 盒子，还包括 DVB + OTT 盒子、IPTV + OTT 盒子、IPTV 盒子、各类 dongle 产品、Mini 盒子、家庭网关、监控盒子、可以插银行卡的盒子等。

虽然盒子越来越小，并且已经有一体机出现，但是今后不同的应用场合还是应该有独立盒子的生存空间，并且最近几年 OTT 机顶盒首次购买的市场就很大，所以哪家厂商也不敢忽视这个市场，OTT 热最终成就了一场"盒子的盛宴"。

三、学界与业界的评价

智能电视机顶盒在 2005—2006 年兴起之初，以快速增长的方式满足了大众消费者的客厅市场需求，但市场份额的快速增长，各生产商标准不统一，法律法规并不健全，相互竞争激烈但市场布局混乱，因此互联网的电视盒子还处在野蛮生长的阶段。

中国电子商会副秘书长陆刃波曾在微博上指出，随着各种新技术与数字技术的融合发展，电视机顶盒也进入了快车道，智能机顶盒的功能会更加丰富完善，但未来能否逐鹿群雄，取决于消费者的认可和买单。电视盒子的用处并不大。长期看，会被整合到电视机中去，因为机顶盒没有技术含量，只是一个工具。

但对工具的整合也是行业未来的发展方向之一，有业内人士表示，广电下发此函是在"净网行动"下，对互联网机顶盒内容的进一步政策约束，此次是从体制内（百视通、华数）管控，然后再慢慢向外延延伸。

对互联网机顶盒的整顿将是一场面积更广、更持久的行动。另外，广电总局的最新政策对一些正牌军起到了威慑的作用，但一大批山寨机顶盒却可能缺乏监管。①

智能机顶盒不同于大型家电，要求复杂的工艺流程和科技含量，事实上，智能机顶盒的技术要求并不高，而且由于市场巨大，因而许多企业纷纷来分一杯羹。

无组织的混战带来的就是创新得不到保护，同质化严重，山寨产品扎堆，版权未能得到有效的保护。同质化同样还会带来价格战，本来就低技术门槛，再加上恶性竞争的价格战，足以使正常健康的行业被摧毁。如果不加管控，进入恶性竞争，则行业前景堪忧。

新疆广电网络战略规划经理熊飞认为，视频网站推出自己的盒子是互联网电视盒子的一个乱象：在国内互联网电视盒子的制作方和内容提供方分工模糊，而在西方市场，盒子的制造商与内容提供商之间分工明确，内容提供商依托内容形成了消费品牌。

四、新媒体之"新"

1. 市场需求大

纵观智能市场，智能终端从手机转移到了客厅电视，再加上近年来"抢占客厅"话题的不断升温，搭载智能系统的电视及其周边设备应运而生——它能够解决人们对客厅智能终端的需求，并且改变着人们观影的模式，大受消费者青睐，特别是年轻一代，而深度定制的 UI 方便易用，大人小孩都能轻松驾驭，智能电视盒子无疑具有广阔的市场前景。

据公开数据显示：中国智能电视用户数发展速度将全球领先，有望在 2016 年突破 1 亿，中国智能电视市场的营收容量也将从 2010 年的 5 000 万美元增长到 2016 年的 13.8 亿美元。这一庞大的数据正好把消费者对智能终端的需求很好地量化表现出来，同时也给厂商一个很好的提示：下一个爆发点——客厅智能电视。②

各大厂商都看上这一智能电视机顶盒市场，并且由于门槛低，新增厂商如雨后春笋不断萌芽，加入了智能机顶盒的行列之中，一些传统的互联网行业如乐视、小米等也加入了战场，还有一些电视企业 TCL、创维等也进入了该领域一起分食，各自纷纷推出了自己的盒子。

---

① 范蓉. 广电总局整治互联网机顶盒背后：话语权之争. 2014 - 06 - 25. http：// tech. qq. com/a/20140625/015215. html.

② 盛大. 互联网盒子掀起客厅争夺战. 科学之友，2014（7）.

2. 智能电视机顶盒将和电视一道成为客厅的主角

智能电视机顶盒以其小巧、智能化、网络化、独立性等特征把"抢占客厅"发挥得淋漓尽致，不仅因为它有得天独厚的群众资源，还因为其易用性而占据优势。

智能电视机顶盒作为电视的一个附属产品，是独立的个体，对于消费者而言，并不需要花大笔的钱去置换电视；对于电视生产商，也没有产生更多的冲击行为去影响固有的行业分工；对于智能电视机顶盒生产商，从低廉的零售价可以看出，并不需要投入像电视行业一样的资金就能轻松地在原有的基础上更新换代。

因此，不仅使用时间长，更换成本也较低，能够满足大部分家庭的需求，例如电视直播、电视轮播，以及视频点播功能，并且可以方便地安装第三方的视频扩展应用，方便观看各大类视频。这种内容的提供大大改变了一直以来线性的电视观看顺序，也将本来被平板与电脑夺走光芒的电视重新成为家庭客厅的主角。

五、国内外对比

在国外，互联网电视已成为有线电视运营商、电信运营商、互联网等产业融合发展的助推器。它将人们从电脑前又重新拉回到客厅，逐渐成为家庭通信娱乐中心。

据研究机构 Research and Markets 称："截至 2013 年年底，全球共有1.582 亿户家庭在互联网电视上观看网络视听节目；2013 年，约有 7 600万户家庭定期持续观看互联网电视，预计到 2017 年，持续收看的用户规模将会增长到 3.731 亿户家庭，约 11.89 亿观众。"[①]

提到互联网电视，不得不提全球数字网络技术最发达、互联网电视发展最快的国家——美国。

在美国，互联网电视市场主体是多元化的，无论是视频内容供应商、内容集成商、网络运营商，还是终端制造商、软件开发商、电子商务零售商、媒体出版社等，只要具备资本、内容等运营能力，就可以从事这项业务。目前，市场的主要参与者为内容生产集成商、网络运营商以及终端制造商。

内容生产集成商：以 YouTube、Hulu、Netflix、Vevo 为典型代表的在

---

① 马继华. 有线电视拆机大潮即将到来. 2014 - 06 - 06. http：//majihua. baijia. baidu. com/article/17974.

线视频网站，是美国互联网电视市场最早进入的主体，也是迄今为止互联网电视业务最大的受益者，它能为用户提供海量、便捷的视听服务。

据有关统计数据显示，2013 年，YouTube 作为全球最大的视频网站，月度活跃用户数量突破 10 亿；Hulu 视频服务用户总数也已达到 500 万人，并有 50% 的访问来自于互联网电视机顶盒等；Netflix 更是凭借独播自制剧《纸牌屋》创下收视及注册用户纪录，成功进入原创内容市场，对美国付费电视产业格局造成巨大冲击。

网络运营商：包括有线电视网络及电信网络运营商，是受到冲击较大的传统产业。据《纽约时报》2013 年公布的一项面向 4 000 多名美国互联网用户的调研结果表明，34% 的美国 80 后、90 后基本上都观看在线视频，或者完全不看传统的广播电视节目。

为应对视听新媒体所带来的不利影响，网络运营商以各种商业模式加速转型，积极投入互联网电视的业务中。Comcast 和时代华纳等有线电视运营商于 2009 年联合推出 TV Everywhere 战略，使有线电视付费用户还可以使用电脑、手机等终端，通过互联网或移动互联网观看所提供的视频内容。

2013 年 9 月，迪士尼、时代华纳分别与苹果公司、微软公司达成直播协议，有线电视用户可以通过 APP Letv、Xbox 360 等互联网电视观看电视直播。另据爱立信消费者研究室发布的研究结果显示，2014 年 8 月，全球已有近 60% 的付费电视运营商（包括 IPTV、有线电视和卫星电视）提供 TV Everywhere 服务。

终端制造商：各类终端厂商、软件开发商等纷纷研发、制造互联网电视终端、机顶盒、一体机、电视棒、游戏机等，可谓是形态各异、五花八门。

2013 年 5 月，微软继 Xbox 360 后，发布全新游戏主机 Xbox One，支持电视、通话、上网、游戏、语音和体感控制等功能。2013 年 7 月，谷歌发布电视棒——Chromecast，将其插在电视 HDMI 接口上，在同一 WiFi 环境下，可使手机或平板上播放的 YouTube 视频推送到电视上。2014 年 2 月，戴尔推出一款电视棒 Wyse Cloud Connect，可使电视变成 Android 平板电脑，还可用蓝牙或 Mini – US 连接键盘鼠标。2014 年 4 月，亚马逊正式发布流媒体机顶盒——Fire TV，可从 YouTube、Hulu、Netflix 等大量视频网站下载和播放节目。

与美国不同，欧洲采用的是有限兼容和管理。目前欧洲有超过 4 000 万部在用的智能电视机，智能电视机有望于 2016 年之前成为欧洲家庭的主流配置。

相对于美国开放式、自由化的模式，欧洲互联网电视主要适用 HbbTV 模式，即一种广播和互联网混合技术，采用与 DVB 兼容的统一内容发布平台，具备基本的 DVB – T 广播、VOD、在线购物等多个功能。这种模式更倾向于在保护传统广电业务的基础上开展其他网络增值业务。

在英国，2010 年 9 月，BBC、Channel 4、BT 和 TalkTalk 等主流媒体和电信公司合作成立互联网电视服务 YouView。2012 年伦敦奥运会期间，BBC 通过 24 个高清互联网电视频道完成了长达 2 500 小时的赛事直播报道。到 2013 年 3 月，该平台的用户已达到 40 万。

在德国，目前已有 80% 以上的广播电视运营商采用了 HbbTV 技术，互联网连接的终端设备数量在 2015 年前将平均以 29% 的速度增长，预计到 2015 年将有 3 500 万台混合装置在家庭中使用（包括电视、机顶盒、电视接收器和游戏机）。

在法国，HbbTV 相关产品更具特色，它由公共电视台连同家电厂商主导，同时得到政府财政预算的支持。此外，荷兰以及北欧的一些国家也采用 HbbTV 模式，积极推进互联网电视的发展。

而在亚洲，互联网电视业务发展迅猛，服务提供商成分众多、业务多样，终端制造商也异常活跃，如日韩大牌厂商索尼、三星、LG 相继与谷歌的 Google – TV 联盟，分别推出电视机、机顶盒等互联网电视终端。

早在 2010 年，韩国有线电视运营商 CJHelloVision 公司推出名为 "Ty-ing" 网络电视服务，使观众可以在任何地方收看 53 个直播频道，并可进行视频点播。

在日本，广播电视机构也推出 "广播 + OTT" 的新型社交电视服务，具备视频点播、用户间相互视频推荐、面向多屏等功能。2014 年年初，NHK 电视台成功试验 8K 超高清地面数字电视，并拟于 2020 年前实现 8K 信号覆盖。

欧文咨询公司在《2014 年亚太 OTT TV 市场发展与趋势》的报告中指出："在亚洲 4 053 人的调研中，约 85% 的人通过第二屏收看互联网电视与视频。37% 的人已拥有智能电视，51% 的人准备在 2014 年购买。"[①]

在互联网电视强劲发展的同时，也存在内容良莠不齐、泥沙俱下的情况，使得 "成人节目随便看、侵权盗版很泛滥" 等问题日益严重。为此，许多国家加强对互联网电视的监管势在必行，并通过完善法律、政策支持、行业自律等方面，进行健康引导和规范管理。

---

① 金玮. 2014 年亚洲 OTT TV 发展趋势报告？. 2013 – 11 – 19. http：//www. icntv. tv/archives/8635.

以欧盟为例，除了加强立法指导保护，于 2014 年还成立了专门的监管机构——视听媒体服务监管机构。另外，2014 年 4 月，欧盟议会投票支持维持"网络中立性"原则，即限制网络运营商以提供更快网络访问速度为由，向内容供应商等收取费用，营造良好的发展环境。

六、总结与反思

智能电视机顶盒继续发展下去，无非存在两个结果：

第一，成为在智能电视全面普及之前的试水产品，一直在做减法计算，随着智能电视一体机（智能电视机顶盒成为板载内置在电视里）的不断推进，会慢慢变成过渡产品淡出市场。这只是时间问题，需要经历几个消费者更换电视的周期。

第二，以消费者为导向，作为一个功能更加完善的独立产品，灵活地凌驾于智能电视之上。这就要求多方面的配合：行业标准的快速出台，杜绝市场上质量参差不齐产品出现，有效地抑制山寨厂商扰乱行业行为；广电总局政策的放宽，在符合可控可管的前提下，尽可能地放宽智能电视机顶盒有关牌照问题；企业本身应该加大技术研发、创新力度，设计出具有鲜明特色的产品，争取做到百花齐放、百家争鸣，消费者能够具有更多的选择权。

无论结果如何，总的趋势还是不会变的，那就是——终端的多元化、内容与创新的绝对主导。未来的互联网电视，跨媒体、跨区域、跨行业的合作运营将成为趋势，多屏融合创新业务的发展将不断加速。客厅的新媒体时代，就在不远的未来等着我们。

土豆侵权：版权的自卫

央视首播后人气剧增的纪录片《舌尖上的中国》、获得票房口碑双丰收的香港电影《寒战》等大量影视作品被网友上传至视频网站进行分享，由此引发了侵权纠纷。2014 年 2 月 13 日，上海市第一中级人民法院先后对央视国际网络公司、安乐影片公司就前述两部影视作品上诉上海全土豆公司的两起侵害作品信息网络传播权纠纷作出判决，土豆网需为自己的侵权行为"埋单"，赔偿央视国际 24.8 万元、安乐影片公司 12.5 万元。

一、总体概况与发展态势

事例：《寒战》最初于 2012 年 10 月 4 日作为韩国釜山电影节的开幕影片全球首映，同年 11 月 8 日在中国大陆和香港同时上映。在电影上映前，安乐影片公司已经给各大公司发函声明过版权问题，但 2012 年 11 月 8 日上映后，在 11 月 22 日，土豆网上已经出现了相关视频。

事实上，全土豆公司此前只获得了 2013 年 2 月 12 日至 2015 年 2 月 11 日期间《寒战》影片的信息网络传播权。为此，安乐影片公司诉称土豆网侵害了自己此前的信息网络传播权，要求判令全土豆公司赔偿经济损失及合理费用 52 万元。[①]

上海一中院在审理中判定，《寒战》一片的票房成绩及此后获得香港金像奖 9 项大奖，具有较高的市场价值和知名度，被控侵权视频播放前及播放过程中均存在广告投播，全土豆公司借此获得了收益，2014 年 1 月 17 日二审判其赔偿经济损失 12 万元，加上合理费用共计赔偿 12.5 万元。

纪录片《舌尖上的中国》共 7 集，央视国际网络有限公司享有《舌尖上的中国》的信息网络传播权。然而央视热播一周左右，已能够在土豆网上搜索到播放链接。

央视国际于 2012 年 8 月以全土豆公司为被告诉诸法律维权，要求判令

---

① 敖颖婕，周凯. 视频分享不是免费午餐　土豆网因《舌尖上的中国》《寒战》等被指侵权判赔. 中国青年报，2014 – 02 – 13.

后者赔偿其经济损失及合理费用 85 万元。一审判决全土豆公司赔偿央视国际公司经济损失及合理费用 24.8 万元，全土豆公司不服上诉。上海一中院审理后于 2013 年 12 月 23 日作出维持原判的终审判决。

上海市一中院经审理认为，涉案作品是我国著作权法规定的类似于用电影摄制方法创作的作品，应受《著作权法》的保护。全土豆公司未经授权于作品热播期内在其经营的网站上提供涉案作品的在线点播服务，是典型的侵犯作品信息网络传播权的行为，应该承担相应的侵权责任。

全土豆公司认为，自身只提供存储空间服务，涉案作品系网友上传，但未能提供证据证明；且有关实际上传者的信息属于其自行掌控和管理范围之内，理应由其举证，其自行删除原始数据导致该事实无法查明，应对此承担不利后果。据此判决全土豆公司赔偿央视网络公司经济损失 24 万元，合理费用 8 000 元。

二、社会影响

在这次的土豆网侵权事件中，土豆网称，它只是提供存储空间服务，涉案作品系网友上传，但最后法院判定时，还是认为属于侵权行为。由此来看，视频上传者的信息实际上是属于网站的掌控和管理范围内的。

2014 年 4 月 22 日，上海官方公布"知识产权十大典型案例"，点评中批评了土豆网。上海大学知识产权学院副院长许春明教授在接受《每日经济新闻》采访时指出，网络侵权目前是版权侵权的重灾区，但视频网站正版化是必然趋势，这既是法律的要求，也是商业模式的需要。

"作为内容分享服务网站，即网络存储服务提供商，一般不会构成直接侵权，但当明知或应知用户上传的作品是盗版而不采取相应的措施，即构成间接侵权，应该承担侵权责任。在认定是否为主观过错上，比较通行的规则是避风港规则，即通知删除规则，权利人向网络服务商发出符合法定条件的通知，网络服务提供商应当在合理的时间内进行删除或者断开链接，否则就会被认定主观上已经是明知而承担侵权责任。"①

然而，现实中往往存在滥用避风港规则，出现消极应对、明知故犯的情况，即不通知就不删除，这种方式不利于维护权利人的利益。于是就出现了另外一个规则，即红旗标准规则，如果内容分享服务网站上提供的作品是明显侵权的，如档期内的电影，这些视频网站没有及时采取必要措施

---

① 戴榆. 上海公布知识产权十大典型案例. 每日经济新闻，2014-04-23.

将可能被判侵权。

据统计，上海一中院自 2011 年至 2013 年间审结的 317 件著作权纠纷案件中，信息网络传播权纠纷为 124 件，其中涉及视频分享网站的有 102 件，占信息网络传播权纠纷案件总数的八成以上。

经分析，这类案件频发主要有以下四个方面的原因：一是业内激烈的内容竞争使得视频网站甘愿冒险"以身试法"；二是直接侵权人查找困难致使维权者将矛头对准视频分享网站；三是部分视频分享网站因误读"避风港原则"存在侥幸心理；四是判赔数额较低导致视频网站侵权行为屡禁不止。

从 2014 年的案件情况看，适当地提高赔偿数额，以确保弥补对版权方的损害，同时引导视频网站走向内容规范的道路。

版权保护对整个行业的发展有巨大的意义，现在视频网站都走正版化道路，不少视频网站都跟相关版权人签订了版权许可协议，这既是法律的推动，也是商业模式的需要，如果再不正版化，必然被市场所淘汰。

三、学界与业界的评价

在确定赔偿金额时，法院需要综合考虑涉案作品的类型、社会知名度、侵权行为的性质及侵权网站的经营规模、经营模式、影响力等因素。判决 24.8 万元的赔偿金额，有利于弥补权利人的经济损失，促使各互联网视频提供者加强自律和行业管理，也理顺了依法加强互联网知识产权保护的趋势，对日益多发的互联网视频侵权案件有警示作用。

西北政法大学新闻与传播学院杨芬霞副教授认为，在网络环境中，中国著作权法的模糊性和法院解释的不可预测性，给互联网行业发展带来风险和忧惧。中国急需完善法律，营造一个既有利于技术发展，又不能侵犯他人权益的法律环境。为了更好地实现这个目标，中国著作权法需要修改直接侵权责任和过失侵权责任，规定更高要求的主观要件的间接责任理论。[①]

北京泰和泰律师事务所律师吴飞则认为，未来法律可能成为互联网商战的重要形式，每个企业都需要学会用法律手段维权，在很多网络视频侵权案件的处理过程中，都几乎会遇到侵权事实成立但判罚相对很轻的情况，版权方受损利益很难得到补偿。对于此类情况，吴飞指出，希望司法

---

① 杨芬霞. 网络著作权侵权规定的法律规范——以首例视频侵权案"土豆侵权案"为例分析. 今传媒, 2010（1）.

机关在侵权惩罚数额上与行政机关一样，有更多的突破。①

网络视频行业健康的发展趋势一定是越来越重视版权保护，司法机关、行政部门不断加大对侵权的打击力度，有益于推进视频行业的良性竞争。

上海市知识产权联席会议办公室负责人表示，土豆网作为影响力较大的专业网络服务提供者，在《舌尖上的中国》热播期内就擅自传播涉案作品，而且侵权行为持续的时间较长，给权利人造成了较大的经济损失。本案促使各互联网视频提供者加强自律和行业管理，对日益多发的互联网视频侵权案件有警示作用。②

四、新媒体之"新"

近年来，视频网站的侵权案件呈现高发态势。北京海淀区是许多著名网站的所在地。近年来，海淀区审理的知识产权案件量以每年 30% 左右的速度递增，视频类侵权案件是其中增长较快的案件类型。专业视频网站最易引发著作权纠纷，很重要的一个原因是这些网站用户生成内容占比很高，网站经营者对内容控制力度有限。而门户视频网站去除法院管辖权的因素，鲜有充当被告的案件，主要以权利人的身份出现。与此同时，专业视频网站的败诉率极高，占比 90% 以上。他们往往都以"避风港原则"作为其抗辩理由。但在现有的经营模式下，视频网站网页人工编辑痕迹明显，不能满足免责条件。

就目前的状况看，视频类案件仍将占据知识产权案件的主要部分，互联网对视频内容的需求相当可观，根据 CNNIC 最新发布的第 34 次《中国互联网发展状况统计报告》，"上网用户对网络视频使用率达到 70%，由此带来的因网络视频而引发的诉讼纠纷，仍将在相当一段时间内呈高发态势"③。

视频案件的侵权主体一度仅为各类视频网站，随着三网融合基础环境逐步完善，与视频提供相关的软件、硬件、平台服务商等都频繁出现在视频案件中。典型的如互联网电视机、机顶盒生产商被诉侵权。网络视频服

---

① 王新宇. 网络视频侵权屡禁不止探因：违法成本低. 2014 – 07 – 10. http：//www. newhua. com/2014/0710/268047. shtml.

② 人民网推出网上版权侵权十大舆情热点. 2014 – 11 – 28. 人民网. http：//yuqing. people. com. cn/n/2014/1128/c209043 –26115049. html.

③ 第34次中国互联网络发展状况统计报告. 2014 – 07 – 22. CNNIC. http：//www. cnnic. net. cn/hlwfzyj/hlwxzbg/hlwtjbg/201407/t20140721_ 47437. html.

务模式的复杂细化导致多主体承担连带侵权责任的案件增加。

五、国内外对比

YouTube 是世界上最大的视频网站，早期公司总部位于加利福尼亚州的圣布鲁诺。在比萨店和日本餐馆，让用户下载、观看及分享影片或短片。公司于 2005 年 2 月 15 日注册，由华裔（台湾）美籍华人陈士骏等人创立。2006 年 11 月，Google 公司以 16.5 亿美元收购了 YouTube，并把其当作一间子公司来经营。

从 2005 年上线运行到现在，在短短 4 年的时间里，YouTube 发展为全球最大的视频网站，每天吸引的浏览量超过 1 亿人次，两年时间拥有多达 4 000 万段视频。

2006 年被搜索巨头 Google 收购时，YouTube 身价已经飙升到 16.5 亿美元，2007 年在全球共推出了 9 种不同的语言分站，2008 年 2 月美国本土访问量超过 33 亿人次，2009 年 1 月最热门视频的播放次数超过 1 亿次，市场占有率一直超过美国所有视频网站的总和，如此惊人的发展速度简直是个神话。如此庞大的使用人群也势必带来内容版权的问题纷争。

YouTube 自成立以来，其短片曾被不少机构和公司批评为侵犯版权，如《周末夜现场》节目、NBC 环球、《居家男人》影片版权持有者、TURNER MEDIA、日升动画等公司机构。

YouTube 本身并不会在用户上传影片前事先进行审核，而是被指为侵权的短片在版权持有人要求下，YouTube 会将之删除。虽然用户在上传影片时，YouTube 会显示消息指出"请勿上传任何电视节目、音乐视频、音乐会，或其他未经批准的广告，除非他们的所有内容皆是由你自己所创建"。尽管已有这般建议，但在 YouTube 上仍有许多未经授权且具有版权内容的影片片断。

在网站初创阶段，其主要采取的态度是"不问，不说"的宽容态度——他们不会费劲去检验用户上传的内容是原始内容或者是合理使用（Fair Use）。受版权保护的内容会一直留存在 YouTube 上，除非内容所有人投诉，到那时，也只有到那时候，这些内容才会从 YouTube 被删除。

随着互联网络的发展，版权问题日益凸显，YouTube 对待版权问题采用了完全不同的方式，其负责人在一次 TED 的演讲中阐述了他们对待版权问题的技术方法：

"我们将用户上传的每一个视频跟我们数据库里的所有参考文件进行

对比。当用户上传一个文件时,一个参考文件会实时用于与用户生成的内容进行比对。系统会把一个文件的每个时间点跟另一个文件比较,以发现两者之间存在的匹配。这也意味着,即使用户只是从原始文件里抽取了一部分,或者以慢动作播放,甚至损失了音频或视频的质量,我们照样能匹配出来。

如果在用户上传的内容和参考库里的资料之间发现有匹配,由版权所有人指定的'使用政策'就会生效。这个'使用政策'会告诉系统如何处置用户的视频。所谓'匹配',可能只发生在用户所上传文件的音频部分,或者只是视频部分,或者两者兼有。

目前有 3 种'使用政策',分别是'禁止''跟踪'和'货币化'。

如果版权所有人指定了'禁止'政策,用户上传的视频在 YouTube 网站上就不会被别人看到。

如果版权所有人指定了'跟踪'政策,用户上传的视频会出现在 You-Tube 上,但版权所有人会收到关于这个视频的统计信息,比如这个视频被浏览了多少次。

如果是'货币化'政策,用户上传的视频也会出现在 YouTube 上,只不过视频播放时会插入广告。这些政策是可以根据地理区域设定的,因此版权所有人可以控制某些内容在一个国家可见,而让其他国家的用户看不到。"[①]

从当前业界的实践和案件纠纷的胶着状态看,开放后台数据库,通过指纹系统和判别系统来加强视频网站的版权问题检测,是目前行业规范下最好的一种方式,这不仅一定程度上可以通过技术加密保护用户隐私,同时也能在客观上起到自我过滤和把关的效果,一举两得。

六、总结与反思

从目前的情况来看,如果不对版权加以保护,任由官司纠纷不断,只会让整个行业陷入泥潭,视频网站的生存压力和版权风险之间已经难以保持平衡,需要一种双方都认可的合作方式。

视频网站和门户网站不同,和许多网盘站点也不同。视频网站的呈现方式决定了其不可能单纯依靠"避风港"原则去承受一切用户的乱序行为,在版权意识日益滋长的今天,视频网站要想存活下去,除了依靠自制

---

① Happydeer. YouTube 上的版权保护. 2013 - 03 - 08. http://blog.csdn.net/happydeer/article/details/9819251.

节目与社交网站链接，更重要的是通过对版权的购买与技术上的保护，与版权所有方相互合作，共存共赢。

搜狐董事局主席兼 CEO 张朝阳说过，"只有打击盗版才能促使网络视频业公平竞争。网络游戏产业是因为打击私服外挂的力度非常大，在短短几年的时间拥有了几十亿美元的销售规模，所以网络视频行业也应加大打击盗版的力度"[①]。

这种类比虽然不一定准确，但也指出了发展的必经之路。

在自律与法律的双重约束下，也迫使视频网站加强技术鉴别，YouTube 的方式很值得学习，通过技术监测实时监控用户的数据上传，同时让版权方掌握内容的情况，与网站协商内容处理方法。删除并不是上上之策，情况不同可能策略变动，可以删除内容，但也可以投放广告一起分成，这将是当下网络视频版权混战的最好出路。

---

① 张朝阳. 应当严厉打击盗版网络视频 . 2009 – 04 – 09. http：//it. sohu. com/20090409/n263287553. shtml.

网络文学收购大战

经过"传闻—否定传闻—再次传闻"的欲遮还羞，盛大文学终于落入腾讯彀中。早前有"盛大文学将被出售"的传闻，腾讯、百度和三家基金公司曾接洽盛大文学。2014 年 11 月有传闻称腾讯将收购盛大文学，随后盛大文学否认传闻，称公司引入的新的投资者并非上市公司，并未透露投资者及投资金额。

2014 年 12 月，盛大文学的注册公司"上海宏文网络科技有限公司"法人由盛大 COO、陈天桥的弟弟陈大年变更为李慧敏。同月，腾讯文学发给旗下作者的邮件显示，盛大文学旗下起点中文网以第三方渠道的身份接入腾讯文学，从侧面印证了收购传闻。

2013 年吴文辉带领原起点中文网团队出走腾讯，成立创世中文网。同年 12 月百度收购纵横中文网。此后，中国网络文学市场被认为形成盛大、腾讯、百度三家巨头争霸的格局。腾讯收购盛大文学后，三巨头争霸局面将会被打破。

一、总体概况与发展态势

从 2013 年底百度公司花费 1.91 亿元人民币收购完美旗下纵横中文网，到 2014 年腾讯文学收购盛大文学，短短一年左右的时间里网络文学格局大变，硝烟四起，产业巨头真正垄断的格局开始成型。

至此百度在网络文学业务的布局逐渐浮出水面——通过纵横中文网、91 熊猫读书、多酷书城、百度文库等产品多点开花，覆盖 PC、平板和手机所有终端，以"狼群战术"来拓展网络文学版图。百度收购完美文学的尘埃落定，也标志着网络文学市场初步形成百度、盛大、腾讯三巨头并存的格局。

而腾讯收购盛大文学，百度、盛大和腾讯这三巨头并存格局将被打破。

2014 年 11 月 6 日，多方消息表明，腾讯已确定收购盛大文学。腾讯将全盘接手盛大文学，整体收购价格在 40 亿~50 亿人民币。

2014 年 12 月 5 日，在腾讯文学发给文学作者的一封邮件中显示，盛大文学旗下的起点中文网正式以第三方渠道的身份接入腾讯文学。腾讯文学在邮件中称，即日起，在腾讯文学旗下的创世中文网、云起书院连载更新的作品，将分期逐批接入起点中文网渠道。在稿酬结算方面，扣除第三方收取的渠道费用后，结余收入网站将与作者以 5∶5 的比例结算稿费。

如果说百度是以自身为主走进网络文学领域的话，那么腾讯的进入则是直接向霸主盛大文学出招了。2013 年 5 月，创世中文网正式上线并同时宣布入驻腾讯文学开放平台，创世的负责人正是盛大一度举报的罗立。腾讯将刚刚从盛大出走的起点团队纳入麾下。

同年 9 月，酝酿已久的"腾讯文学"正式系统亮相，因竞业协议当时无法出山的吴文辉①随后在 2014 年 4 月份出任了腾讯文学 CEO。也就是说，腾讯将盛大出来的起点精英团队都收进了帐下。腾讯拥有精英团队加上 QQ 和微信的强大平台资源，以及充裕的资金，实力不可谓不强大。

易观智库最新数据显示，盛大文学系 6 家原创文学网站，约占网络文学 50% 的市场份额，腾讯系的创世中文网与百度系的纵横中文网市场份额分别在 12.8%、8.4%②。腾讯联手盛大文学后，网络文学市场中"腾讯系"将一家独大。

经过了 2013 年起点中文网团队出走腾讯，以及百度收购纵横中文网事件后，中国网络文学市场被认为形成百度、腾讯、盛大三家巨头争霸的格局，一向独立的小网络文学网站大都失去了竞争力。

在三家当中，百度被认为是 PC 端流量资源有优势、盛大文学则是内容端具备明显优势，而背靠腾讯游戏的腾讯文学则被认为整体实力最强。但缺乏渠道是盛大文学的问题，盛大文学 CEO 邱文友此前表示，盛大文学正积极引入战略投资，并考虑用战略投资塔读等移动阅读产品来对抗百度、腾讯。

但最终结果是盛大文学全盘打包给腾讯，至此，腾讯已经完成了影视、文学、动漫游戏三大内容行业的大布局。掌握内容行业中的"内容"——文学让腾讯能够在前端直接获取优质 IP 和内容。根据易观的数据，"腾讯+盛大"整合之后将会占据一半以上的市场份额。位列第四的

---

① 吴文辉 2002 年参与发起并创立起点中文网，领导起点中文网成为业界第一网站，历任起点中文网总经理、董事长和盛大文学总裁，2013 年辞职离开盛大，后加入腾讯文学。

② 网络文学的市场格局即将重新洗牌. 2015－01－27. 第一财经日报. http：//it. sohu. com/20150127/n408094563. shtml.

百度文学错过盛大文学之后只能独自上场。

二、社会影响

（1）有利于泛娱乐战略的继续探索。无论是游戏还是文学，腾讯互娱今天走的路线正是盛大"娱乐梦"的延续。

腾讯副总裁程武此前称，互动娱乐不是传统娱乐的延伸，而是一种颠覆。这种颠覆体现在互动娱乐产业，靠的是技术与内容的双核驱动。未来游戏、文学、漫画、电影等产品的版权将被全面打通，建立全面的 IP 商业经济。

过去一部大作品诞生后都是被动地等待影视公司"相中"拍片，做衍生品开发。但是现在只要作者新作发布的第一天，就可以主动出击从而开发影视剧、手游、动画片等周边产品，实现知识产权的全线增值。泛娱乐化仍是一个新的商业模式，需要较多的探索和尝试，好消息是付费用户的数字在不断增加。

（2）改变网络文学格局。网络文学市场风云突变，随着腾讯、百度两大互联网巨头的入局，盛大文学多年来苦心经营的垄断格局终于被打破。

盛大拥有业内最强大的作者资源和多年来积累的忠诚付费用户，起点的品牌影响力毋庸置疑，是网络作家们戏称的"证道必选之地"。百度则凭借纵横中文网和移动端的"熊猫看书"站稳脚跟，以强大的流量资源支撑着高速发展。而腾讯坐拥黏性最高的数亿 QQ 用户以及 2 亿以上的游戏用户，支撑着创办一年的创世中文网和移动端"QQ 书城"一举跃升至业内第二。

腾讯文学、盛大文学合体后，其在网络文学市场给人无懈可击的感觉，百度文学弱势明显，未来市场将走向一家独大。但是，因为一家独大将使作者失去议价能力，但这也许是网文市场在内容端重塑的契机。

三、学界与业界的评价

易观分析师姚海凤评论：虽然腾讯眼下在网络文学市场保持领先地位，但随着百度文学、阿里、小米等巨头的追赶，未来网络文学市场格局究竟如何，还是个未知数。[①]

---

① 腾讯"吞下"盛大文学后一家独 . 2015 - 03 - 19. 新华网 . http：//news. xinhuanet. com/tech/2015 - 03/19/c_ 127594906. html.

中国作协中国作家网副主编马季："当前网络文学存在大量跟风、雷同，乃至抄袭现象，都是商业化在作祟，值得警惕。然而，从大众传媒的角度来看，商业性需要一定的时间去缓释；从大众需求积极性的角度来看，网络文学存在的症结也基本上是广大读者所排斥的。"①

盛大集团高级总监诸葛辉评论："我们会继续对盛大文学业务保持信心，也相信他们（新投资人）一贯地保持盛大文学的成熟管理。并非简单地把盛大文学出售了，而是继续把优秀的人才队伍和管理经验留在里边。"②

腾讯文学CEO吴文辉评论："腾讯文学的发展方向为'全阅读生态'，包括了一个大渠道的原创聚合平台、一个2.0版的原创生态以及一个泛娱乐开发的完善的IP运作系统。"③

四、新媒体之"新"

网络文学近几年发展极为迅速，对产业经济和文化进程有着重要的影响。本文将从网络文学的盈利模式和文化价值两个方面来分析网络文学所具备的特点。

1. 盈利模式

网络文学在短短10余年光景中，已发展成一个规模如此巨大的产业。据统计，网络文学的读者已达2.74亿人、注册写手200多万人、市场年收入40多亿元。④ 部分"神作"甚至能够辐射影视、游戏、动漫等多个行业，实现全版权开发。用户付费阅读、广告、粉丝经济是目前网络文学的主要盈利模式。

近几年，以"道具打赏"为代表的粉丝经济成为网络文学新的盈利点。网络文学公司几乎均将打造"大神"作者当作企业的核心战略。所谓"大神"，是指写作能力强，拥有大量铁杆粉丝的资深网络作家。这一战略背后，正是这些"大神"的粉丝效应和由此带来的强大吸金能力。

---

① 刘琼，刘成友.2015年产值将破70亿元争议之下，网络文学怎么走.2015 – 10 – 26. http：//news. xinhuanet. com/zgjx/2015 – 10/26/c_ 134749044. html.

② 消息称腾讯文学将成立阅文集团与盛大文学整合.第一财经日报，2015 – 01 – 27. 站长网. http：//www. admin5. com/article/20150127/582699. shtml.

③ 吴文辉大仇已报：盛大文学正跟腾讯文学合体.2015 – 01 – 20. 凤凰财经.http：//finance. ifeng. com/a/20150120/13443028_ 0. shtml.

④ 网络文学已成"金矿"版权衍生价值潜力巨大.2014 – 02 – 21. 人民网.http：//culture. people. com. cn/n/204/0221/c87423 – 24423423. html.

网络文学的影响力也不再仅仅停留在网站上。近几年热播的电视剧中，《宫》《步步惊心》《小儿难养》《甄嬛传》均改编自网络小说。

中国社科院文学所研究员白烨认为，网络文学已经走向"全版权营销"，即优秀的网络文学作品不仅可以在线阅读和无线阅读，还可以出版实体纸质图书，改编成电影、电视剧或网络游戏、动漫作品等，以及开发相关的衍生产品。

在内容收费的旧模式外，网络文学的 IP（版权）价值被不断挖掘，多部热门网络小说改编为影视、动漫、手游作品，IP 成交价格也屡创新高。

现在网络文学价值是靠 IP（知识产权）来衡量的，比如网络小说可以向漫画、游戏、影视剧等方向改编。以前那种付费阅读的盈利模式已经不是主要的了。掌握版权资源，可以为游戏、影视等娱乐产业提供上游支持，撬动更大的产业发展商机。另外，庞大的用户规模也是让大鳄垂涎的原因之一。网络巨头们亟须为手头的视频网站寻找优质 IP，整合上游制作力量来做原创剧。

目前，互联网文化产业的产业流程为：创作、投资、制作、宣传和发放。在 BAT 这些巨头们看来，将相关企业纳入自己的势力范围，彼此整合，在文学、影视和游戏领域才能最终称雄。

2. 文化价值

网络文化打破了文化阶层对文化垄断的特权现象，使文化与亿万普通大众的精神文化生活发生直接的关系，成为他们的日常活动，文化精品从封闭的神秘存在中走出来。成为人人都可以欣赏到的东西，这便是文化发展史上的巨大历史进步。

网络文学只需轻轻点击，即可欣赏，而且任何一个人都可以成为创作与阅读的主体。它使文学不再仰之弥高。网络文学对人们的教化、塑造、娱乐作用都有所体现。当今，网络文学深刻地影响着人们的文化消费，并且在一定程度上影响着文化的发展方向。而今，网络文学以其独特的形式与内容，改变着人们的文化消费内容。

五、总结与反思

在网络文化完成整合后，未来将会立足于网络文学业务，利用自身拥有的内容储备、作家作品、跨终端产品等优势，与游戏、动漫、影视等跨行业的泛娱乐业务进行更多的 IP 合作与联动。

从盛大集团的角度来说，转型投资控股平台的大方向已经敲定，把两度 IPO 未果的盛大文学业务交给腾讯后，盛大集团已经开始关注互联网领域的投资和发展机会。用户、大神级作者、明星 IP（知识产权）被外界视作盛大文学的核心价值。

在腾讯内部，文学业务作为腾讯互动娱乐旗下的实体业务平台之一，同腾讯游戏、腾讯动漫和"腾讯电影"一起被称为腾讯集团布局泛娱乐战略的"四驾马车"。文学是整个泛娱乐产业链条中的上游，除了直接产生价值之外，其 IP 拥有多样化的版权衍生和二次价值变现。

腾讯文学通过 IP 运营，将线上文学作品衍生为线下产品，如电影、游戏等，从而形成一种 O2O① 式的营销模式。网络文学界如《盗墓笔记》等作品有线上同人创作和线下周边生产，庞大的粉丝群体和消费力体现出网络文学衍生品潜藏的巨大利润。

腾讯文学要做的就是把原本由同人创作、周边创作所分割的经济收益集中于腾讯文学网站本身，作为产品延伸链的一环，从而实现整合粉丝消费能力的目的。但是，目前来说，腾讯文学发行的官方周边产品并没有给原作品带来更多的读者，也没有带来较大的经济效益，更没有加强现有读者与作品的情感维系。

O2O 模式其实是有一些成功的案例可以借鉴的，如晋江定制印刷、古风音乐圈的官方周边产品售卖等都获得了良好的收益。这些案例都是基于一个或多个具有同人创作文化传统的社交网络和文化圈，以充分的线上免费同人创作为依托，在线下发售之前做好充分的线上宣传。这些成功的要素腾讯文学都不具备，这也是腾讯文学需要深思和借鉴的。

---

① O2O 电子商务模式：O2O，即 Online To Offline（在线到离线/线上到线下），是指将线下的商务机会与互联网结合，让互联网成为线下交易的前台，这个概念最早来源于美国。O2O 强调商家与客户的互动，商家通过免费网店展示产品信息，吸引消费者挑选购买，在线下消费。

央行规制支付宝和虚拟银行

在传统银行业眼里，货币（黄金）、纸币、定期存款、长期存款、货币基金是不同的金融产品（方式），他们对于经济流动性的影响是不同的，因此，银行业分门别类地对不同的金融产品进行管理。

进入互联网时代，随着银行业电子化的普及，所有的金融产品可以通过互联网来实现流通、交割，不同的金融产品在技术形式上是统一的，金融数字化消融了不同的金融产品也提供了统一的数字化支付方式。

在实际使用上，还不能说电子化、数字化之后，货币、纸币、存款等就是完全等价的，但随着网络购物的普及，无论是第三方支付还是银行支付，通过预付促销、货到付款、积分奖励等形式，个人资产不同种金融产品的保有形式上的区别正在缩小。

互联网金融，或者说虚拟银行产品正在抹平不同金融产品之间的鸿沟。说到条码支付和虚拟信用卡，网络购物的账单直接转移到支付页面要比扫二维码更加方便得多，二维码只有在实体商店才显得更加方便，而那里有更方便的扫码支付工具。虚拟信用卡相比于货到付款或者延时支付，广大用户对于后者的理解更加直接。

一、总体概况与发展态势

我国最早的第三方支付始于 2001 年，当时的模式是网关模式，并不深入做行业。到 2005 年新支付企业逐渐发展起来，呈现出一些新的模式，包括以在线支付为主，捆绑大型电子商务网站的互联网型支付模式（以支付宝、财付通为代表）和以侧重行业需求和开拓行业应用的金融型支付模式（以银联、快钱、汇付天下为代表）。目前，我国第三方支付公司多达 300 多家①。

但是支付宝和虚拟银行产品仍然存在较大的风险。为了防止风险出

---

① 数据来自：人民银行第三方支付管理部门资料统计。

现，央行一直在进行一定的规制。

2014 年 3 月 13 日，央行突然紧急下发《中国人民银行支付结算司关于暂停支付宝公司线下条码（二维码）支付等业务意见的函》，叫停支付宝、腾讯的虚拟信用卡产品，同时叫停的还有条码（二维码）支付等面对面支付服务。此外，管理办法中规定，个人支付账户的资金来源仅限于本人同名人民币央行借记账户。有支付机构人士解读，类似于支付宝的转账功能将会受到影响。

在此之前，3 月 11 日，腾讯和阿里巴巴分别宣布与中信银行展开网络信用卡业务。中信银行推出的"异度支付"产品，包含了二维码支付、NFC 支付、全网跨行收单等子产品。异度支付包含了手机充值、电影票和理财产品购买、交通罚款缴纳和特约商户优惠功能。二维码支付作为重点功能，使客户的转账支付实时到账，且零手续费。受此消息影响，3 月 14 日早盘中信银行股票暴跌 9%，腾讯控股大跌 4.8%。

央行在叫停虚拟信用卡以及二维码支付时，给出如下解释：线下条码（二维码）支付突破了传统受理终端的业务模式，其风险控制水平直接关系到客户的信息安全与资金安全。虚拟信用卡突破了现有信用卡业务模式，在落实客户身份识别义务、保障客户信息安全等方面尚待进一步研究。

2014 年 3 月 21 日，央行 79 号文已下发至各第三方支付机构。从 4 月 1 日起，包括汇付天下、易宝支付、随行付、盛付通、捷付瑞通在内的 8 家支付机构在全国范围内停止接入新商户。

此外，有两家第三方支付机构被要求自查，分别是广东嘉联和中国银联旗下的银联商务。另外，央行处罚 8 家第三方支付机构，源于年初浙江、福建等省部分持卡人通过向信用卡内存入大额溢缴款，利用预授权完成交易需在预授权金额 115% 范围内予以付款承兑的业务特性，与部分支持预授权类交易的特约商户勾结，合谋套取发卡银行的额外信用额度。

在发卡行中，工行和建行涉及的金额较多，而工行则是最早发现风险并向银联汇报的银行。根据工行此前的调查显示，工行 4 173 户涉及风险的持卡人中，绝大部分客户已联系上，已有 2 229 户开始还款，暂无因预授权交易造成的逾期账户。

二、社会影响

（1）支付宝的收益将受到严重影响。支付宝旗下的余额增值服务余额宝凭借其高收益率为支付宝吸引了不少用户。央行发布的新规定降低了支付宝新业务的热度，也将影响支付宝预定的经济收益。

（2）用户将无法享受第三方支付带来的便利。传统金融在时间和距离上是有一个限制，通过接近客户、网点，ATM、POS 机来实现运作，而互联网金融客户可以随时随地跟金融连接起来，这是与传统金融在场景上的较大差异。

在传统金融当中获得数据是非常昂贵的，需要通过人工去获得，而互联网金融是用系统自动获取数据，成本非常低，接近于 0。如果支付宝和虚拟银行被取消，用户将失去这些便利，重新回到传统金融的限制中。

（3）将会避免黑客利用二维码骗取财产、账户钱财被盗的情况发生，有利于保护用户的隐私安全。条码支付设备与 POS 专用设备相比，缺乏起码的交易信息技术保障，也未经过任何专业的安全认证，无法保障交易账户的安全性和交易的真实性，容易引发系统性风险，而且一旦风险发生，还无法追查。央行此次暂停这项业务，完全是从保障消费者的权益、防范支付风险出发和考虑的。

（4）确定银联在线下支付市场的市场地位，以避免 O2O 带来的冲击。银监会对第三方支付市场的严厉打击主要由于：支付市场乱象丛生，第三方支付机构频繁套码、切机影响银行利益，第三方支付机构与商业银行私接通道，同时第三方支付机构和银行的合作矛盾日益升级，这些都导致银联绝对清算的中心地位逐渐削弱，处于尴尬境地。

三、学界与业界的评价

中央财经大学互联网研究中心主任黄震指出，尽管互联网金融创新步子迈得大，但绝不可忽视潜在的风险。虚拟信用卡的优势在于无论申卡还是批卡都方便快捷，打破了原有的银行发卡渠道和审批的限制，但这也带来了诸多安全隐患。虚拟信用卡可实现无卡对接、扫码支付，这些技术消费者使用起来是很方便，但是被犯罪分子破解复制、盗刷的概率大大增加。而且一旦发生权益侵害，如何保留证据、维权都需要事先搞清楚。[①]

银率网分析师华明认为，传统的信用卡审批较慢，就是因为发卡银行需要根据申请人提交的材料作评测，评测涉及申请人的方方面面，除了传统的收入情况，甚至婚姻状况、学历情况等都会影响到信用卡的审批情

---

① 虚拟信用卡紧急被叫"暂停"关注风险共筑安全"防火墙". 2014 – 03 – 14. 新华网. http：// news. xinhuanet. com/fortune/2014 – 03/14/c_ 119779529. html.

况，批多少信用透支额度。①

中国银联风险专家王宇评论："支付宝条码支付的本质就是借助二维码技术将线下刷卡支付转换为线上交易，将低风险交易转变为高风险交易。条码支付设备与 POS 专用设备相比，缺乏起码的交易信息技术保障，也未经过任何专业的安全认证，无法保障交易账户的安全性和交易的真实性，容易引发系统性风险，而且一旦风险发生，还无法追查。央行此次暂停这项业务，完全是从保障消费者权益，防范支付风险出发和考虑的。"②

银联资深业务专家王建明评论："线下收单业务应严格遵守《收单业务管理办法》，但是通过线下条码的支付方式，将线下业务变造为线上交易，利用线上线下的价格差异实现监管套利，规避了国家对线下交易的监管要求，违反了异地收单的管理规定。这对包括汇付、富友、拉卡拉等其他 200 多家收单机构造成冲击，形成不正当竞争。迫使他们要么同样不守规矩变成支付市场的'坏孩子'，要么坐以待毙成为受害者，造成'老实人吃亏'和'劣币驱逐良币'的市场格局，这也是近年来市场秩序混乱的主要原因，早就应当规范。"③

随行付支付有限公司 CEO 申政评论："在支付上的创新是需要时间的沉淀和检验的，信用卡发展这么多年依然存在各种风险。创新业务在大规模推广前，央行有责任提出安全风险方面的要求。"④

四、新媒体之"新"

与传统的支付平台不同，第三方支付平台具有典型的双边市场特征，这是其最突出的特征。第三方支付平台两端连接着需求截然不同的两类用户，这两类用户对第三方支付平台提供的服务需求是相互依赖的联合需求，并且任何一方用户的效用都随着另一方用户数量的增加而增加，这就是双边市场特征之交叉网络外部性。

双边市场接口的设计策略是协调和繁荣双边需求，同时实现自身利润

---

① 拟信用卡紧急被叫"暂停"关注风险共筑安全"防火墙". 2014 – 03 – 14. 新华网. http：//news. xinhuanet. com/fortune/2014 –03/14/c_ 119779529. html.

② 中国银联明确否认干预央行决策. 2014 – 03 – 15. 新浪财经. http：//tech. sina. com. cn/i/2014 – 03 – 15/11339243875. shtml.

③ 央行多管齐下规范第三方支付　创新支付突遭监管"急刹车". 2014 – 03 – 17. 新华网. http：//news. xinhuanet. com/fortune/2014 –03/17/c_ 119792587. html.

④ 央行多管齐下规范第三方支付　创新支付突遭监管"急刹车". 2014 – 03 – 17. 新华网. http：//news. xinhuanet. com/fortune/ 2014 –03/17/c_ 119792587. html.

增长，体现了第三方支付平台企业不同于传统单边市场企业的发展策略特征：支付平台的行为更注重对商户和消费者产生足够的激励，促成双边市场的繁荣，并从中实现自身利润的增长。

第三方支付平台的双边市场特征不同于经典的中介和媒体等双边市场。首先，第三方支付产业的兴起细化了产业分工，第三方支付平台企业作为银行网关的延伸，与商业银行共同搭建起支付平台。

也就是说，第三方支付平台不是一个单独的支付平台，它背后连接有存管行，并且它两边的用户背后也有各自的商业银行。三者之间的资金往来都是通过银行以及网银系统进行，形成了一个包括银行、网银系统、商户、消费者和第三方支付平台的支付生态网络。

其次，第三方支付产业无论从产业组织、发展还是产业链管理，都具有一般性产业特征，但同时由于连接了银行和网银系统，涉及支付结算、消费者沉淀资金管理、反洗钱等，具有金融风险。因此对第三方支付产业的规制，除了一般性产业规制，还需要金融规制，需要将两者打通并纳入统一的规制框架。

再次，第三方支付市场具有多平台竞争性。第三方支付市场领域的个性化特征，导致了第三方支付市场的深入细分，从而催生了多种类（如网关型或中介型）、多数量的第三方支付平台企业。

同时，商户和消费者的多重归属性，进一步加剧了第三方支付平台之间的竞争。第三方支付平台之间的竞争虽然能总体上降低支付价格，提高商户和消费者的福利，但是在产业发展初期，过度的价格竞争将导致社会福利的总体损失，并不利于产业的发展。

最后，第三方支付关系包括封闭式与开放式两种。封闭式第三方支付平台也就是独立的第三方支付机构，不被其他支付平台接入与被接入，独立制定平台双边费率调节需求；而开放式第三方支付市场则是若干封闭式支付平台通过互联互通，依靠接入费和交换费间接影响费率结构。

五、国内外对比

通过对欧美国家和中国在第三方支付方面的规制对比，以期获得对中国以后规制规范的启示。

在第三方支付服务市场发展比较早的一些国家，其规制理念已经由倾向于"自律的、放任自流的"理念向"强制的、监督管理的"理念转变。如美国的《统一货币服务法案》、欧盟的《电子货币指令》和《内部市场支付服务指令》，均要求具有资质的机构有序、规范地从事支付服务。

对第三方支付机构的法律属性定位，美国认为其不属于从事银行业务的金融机构，因此，第三方支付机构的沉淀资金也不是存款，而是对用户的负债。美国联邦存款保险公司通过提供存款延伸保险实现对滞留资金的监管，第三方支付平台滞留的资金需要存放在其保险的商业银行的无息账户中，每个用户资金的保险上限为 10 万美元。

欧盟在对第三方支付机构监管上主要有四个方面的要求：

一是对资本金的要求：即电子支付机构必须具备 100 万欧元以上的初始资本金，并保证持续拥有足额的自有资金。

二是对投资活动的要求：由于第三方支付机构沉淀资金是负债性质，因此投资应以高流动性和低风险项目为主要领域，投资额也必须在一定范围和比例内。

三是对业务风险管理的要求：由于电子货币机构存在金融与非金融风险，因此内控必须稳健，管理必须审慎。

四是记录和报告制度：电子货币机构应将定期提交财务、审计报告，股权结构、组织形式变更等，以及临时报告业务范围的调整与模式的改变作为义务，同时在一定时间跨度内保留交易记录。①

可以看出，美国和欧盟对电子货币的监管有许多共同之处：一是需要经过相关机构审批获取营业执照或许可证明，二是实行审慎的监管防止经营风险，三是限制将客户资金进行投资以确保资金安全，四是要符合反洗钱等相关法律规定。

不同国家关于第三方支付产业的规制通常不同，这源于市场文化和法律基础。美国就很少有针对市场效率引入事前监管，但反垄断执法却异常活跃；澳大利亚则将所有平台企业纳入事前监管，使整个国家的金融规制集权化。

因此，通过与欧美国家对于第三方支付产业的规制比较，可以获得以下启示：第三方支付产业一方面是金融服务业务的延伸，同时又涉及一般产业，所以对它的规制，既要考虑到金融规制问题，也要包括一般性产业规制内容；既要对支付平台企业进行监管，又要思考整个第三方支付产业的监管政策。只有将金融服务业务和一般产业打通，才能建立第三方支付产业规制框架。

---

① 赵润静．欧美经验对完善我国第三方支付监管的启示．金融电子化，2008（11）．

六、总结与反思

中国的消费形态正在发生非常大的变化，所谓的模型排浪式的消费基本过去，个性化多样化消费成为主流，如何推动经济的增长成为一个非常重要的挑战。

以淘宝和天猫为例，过去几年中构建了一个国内线上的大市场，把东部沿海过剩的产能和内部 80 后、90 后的需求结合起来，把多样化、个性化的消费和小型化、智能化、专业化的生产结合起来，而互联网金融也是在这个背景之下为商业服务的。

互联网金融不会颠覆传统金融，但是利用渠道可更好地为长尾用户提供普惠金融的服务。它和传统金融的差异主要表现在两个方面，一个是客户的差异化，传统金融是大的服务，而互联网金融可能是一个相对的长尾用户；另外一个是角色的定位，互联网金融是二者的结合，但不是简单的"1 + 1 = 2"的关系，互联网的机构可能做互联网更强，传统的金融机构做传统的更强，也决定了他们的盈利模式会有很大的差异。

从社会变革发展的角度，互联网金融不是一种设计，而是一种必然结果。从工业社会进入信息社会，行业特征被消弭的同时，金融产品虚拟化已经是不可逆转的方向。控制虚拟银行产品，就像限制工业社会城市市民不能集中进工厂而必须分散回农村的田地间耕种一样，工业化就是集中而快节奏的，同理，信息化就是虚拟而统一的。但是从安全与面向未来的角度，需规制、引导虚拟银行业健康发展。

2014，中国众筹发展元年

众筹作为一种商业模式最早起源于美国。近几年，该模式在欧美国家迎来了黄金上升期，同时在欧美以外的国家和地区也迅速传播开来。互联网环境下众筹更是以惊人的速度在世界范围内蔓延开来。在中国也是如此。

2014 年 11 月 19 日，李克强总理在国务院常务会议上首次提出，"要建立资本市场小额再融资快速机制，开展股权众筹融资试点"。2014 年成为中国众筹业发展元年。

一、总体概况与发展态势

1. 2014 年我国众筹行业飞速发展

2011 年 7 月，国内第一家众筹网站"点名时间"上线，标志着中国众筹行业的起步。2011 年 9 月，国内第一家具有公益性质的众筹平台追梦网上线，同年 11 月第一家股权众筹平台"天使汇"上线。

在随后的两年时间里，数十家模式各异的众筹网站纷纷上线。2014 年，众筹行业发展高度集中，平台数量急剧攀升，众筹项目和融资金额飞速增长，2014 年堪称"中国众筹元年"。

零壹数据监测显示，截至 2014 年年底，国内已有 128 家众筹平台，覆盖 17 个省（含直辖市、自治区，不含港台澳地区，下同）。其中，股权众筹平台 32 家，商品众筹平台 78 家，纯公益众筹平台 4 家，另有 14 家是股权与商品性质的混合型平台。

2014 年度，15 家主要商品众筹平台成功完成筹资的项目总数为 3 014 个，成功筹款金额约为 2.7 亿，活跃支持人数在 70 万以上。股权众筹方面，可获取的数据显示成功项目有 261 个，筹资总额 5.8 亿；考虑到第一梯队的天使汇、创投圈、原始会等平台未公开具体项目数据，预计筹资总额在 15 亿元以上。① 我国的众筹行业处于飞速发展阶段。

---

① 零壹财经独家发布中国众筹行业 2014 年度简报. 2015 – 01 – 22. 零壹财经 . http：//www.01caijing.com/html/zc/1439_ 8230. html.

2. 平台数量走势

2014 年成立的众筹平台共有 84 家，平均每月 7 家。从图 1 可以看出，7—8 月份为新平台上线的高峰期，新增平台数量分别为 12 家和 15 家。

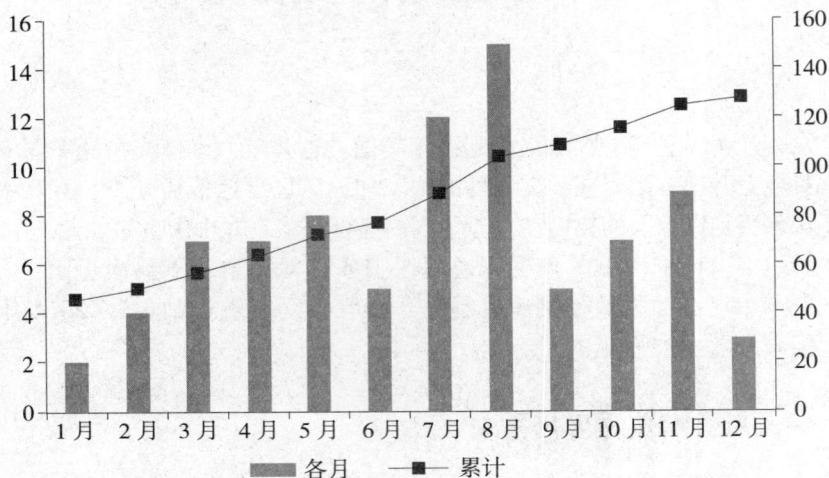

图 1 2014 年众筹平台数量走势

（来源：零壹数据）

3. 平台类型分布

128 家平台中，商品众筹有 78 家（2014 年，46 家），占了 60.9% 的比例；股权众筹 32 家（2014 年，24 家），占比 25.9%。股权和商品属性兼而有之的混合型众筹平台曾是一种趋势，仅在 8 月就上线 5 家，目前已有 14 家。

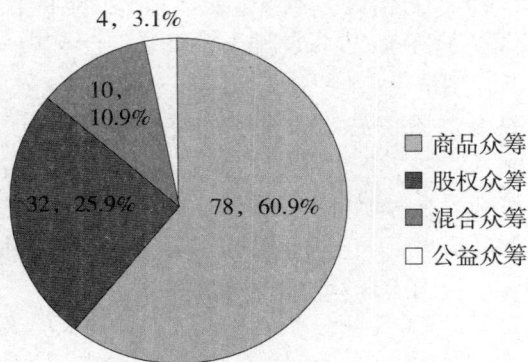

图 2 众筹平台的类型分布（数量，占比）

4．平台地域分布

线上众筹平台已经遍布国内 17 个省，其中北上广三地合计 84 家，约占总数的三分之二；其次为浙江和江苏两省，分别为 10 家和 9 家。值得注意的是，这五个地区已停运或倒闭的平台数量也相对较多，具体如图 3 所示。

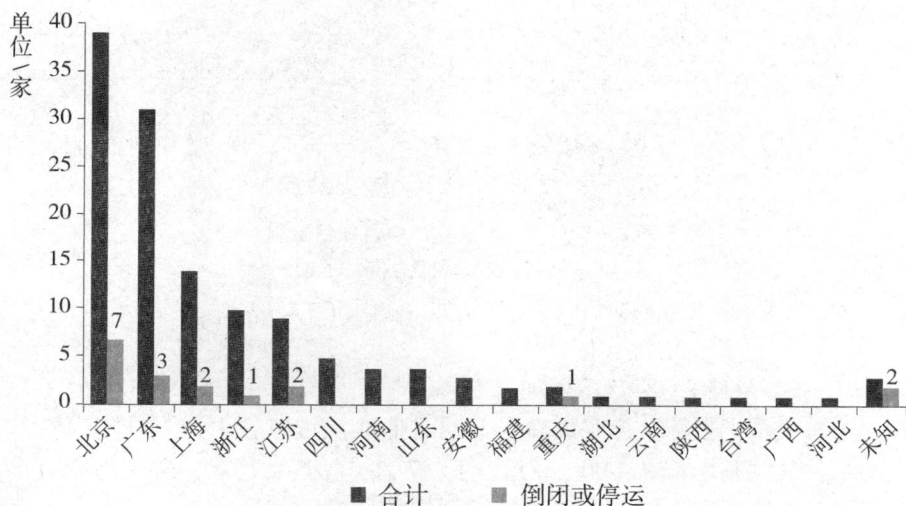

图3　众筹平台的地域分布

（来源：零壹数据）

5．项目个数

从图 4 可以看出，无论是上线项目还是成功项目的数量，均呈现明显的走高趋势，同时整体成功率有所下降。年初的一二月份，成功项目总数小于 100 个，7 月份后已经稳居在 300 个以上，月度平均增长率为 22.8%。

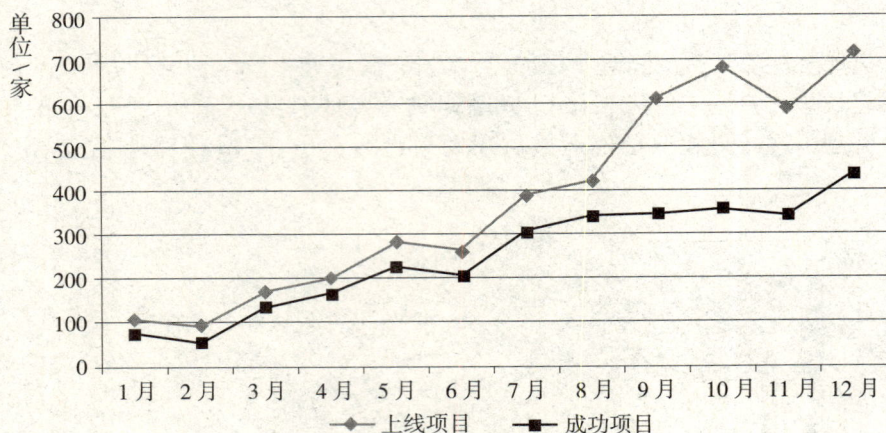

图 4　2014 年 15 家平台各月项目数量

（注：以项目结束时间为准，下同）

（来源：零壹数据）

6. 筹款金额

图 5 展示了目标金额和成功金额两条曲线。可以看出，上半年内各月成功筹款总额基本都在 1 000 万元以下，7 月开始迅猛增长。究其原因，京东众筹上线后陆续出现了一些目标金额较低但实际筹款额高达千万元的明星项目（图 4 显示，同期项目个数增长并不明显），从而抬高了"成功金额"的位置。

说明：点名时间上的项目都属于预售型，未设置目标金额，统计时默认筹款额不为零的项目均为视为成功，且按"目标金额＝实际筹款金额"处理。

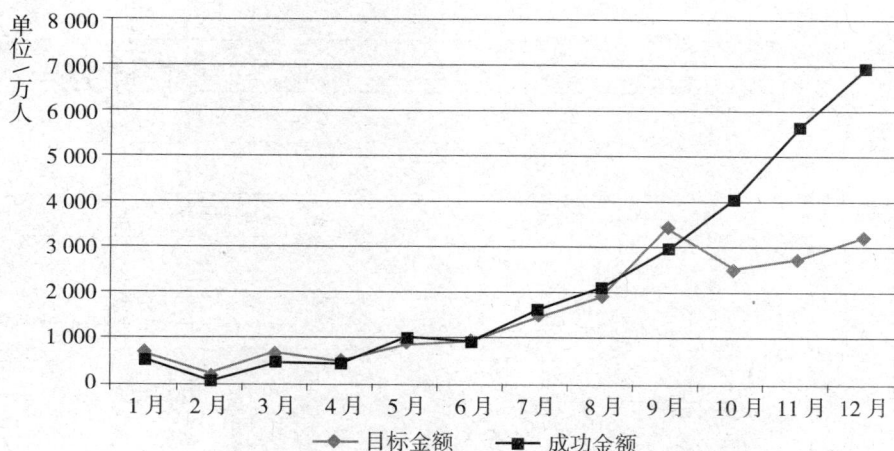

图 5　2014 年 15 家平台各月筹款金额

（来源：零壹数据）

7. 支持人数

10 月份之前，商品众筹行业活跃支持者的增长并不特别显著，月度平均增长率为 25.6%。受京东众筹的影响，该数据在 11 月份猛增到 26.75 万（房产众筹—凑份子项目支持人数在 18 万以上），年底又回落到 13.42 万。

说明：①不管项目成功与否，只要有过支持行为的都纳入统计，若同一用户在某个时间段内多次支持，按 1 人计算；②京东众筹、众筹网和青橘众筹隐藏了失败项目信息，其支持者数据比实际偏少；③众筹网未公布支持时间，统计时以项目结束时间为准，对数据有一定干扰。

南方传媒绿皮书
2014 年度新媒体

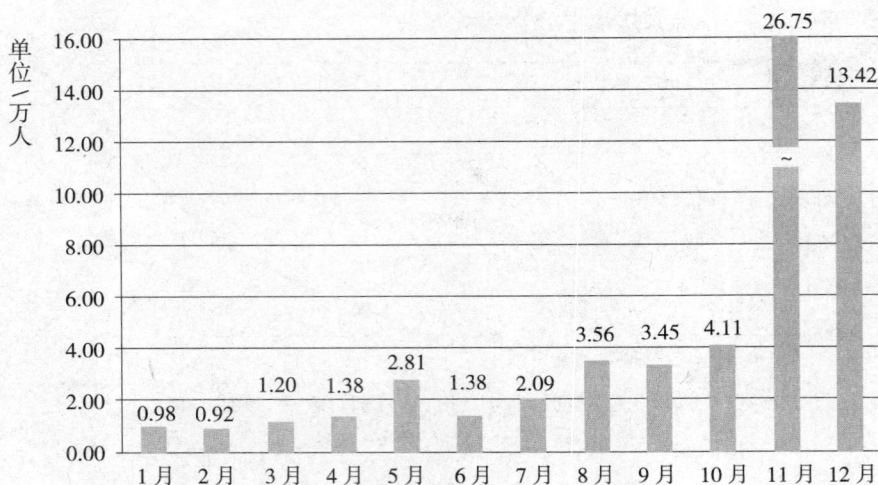

图6　2014 年 15 家平台各月活跃支持人数
（注：以实际支持时间为准，下同）

（来源：零壹数据）

8. 成功项目数量

从成功完成的项目数量上来看，众筹网遥遥领先，比其后的淘宝众筹
整整多出 1 000 个。排在后面的依次为点名时间、京东众筹、乐童音乐和
追梦网，这 6 家平台合计占到项目总数的 91. 66%。垂青于农业领域的有
机有利和大家种以及专注于游戏的摩点网，其项目数量均在 20 个以下，表
现惨淡。很明显，综合型众筹平台在项目数量上占据明显优势，2014 年持
续火热的智能硬件也占有一席之地，有着电商巨头背景的淘宝和京东亦不
容小觑。

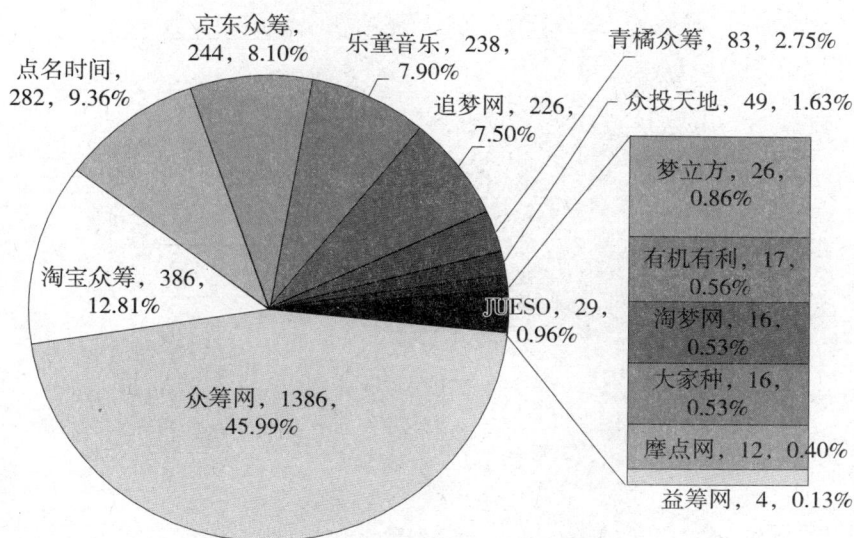

图7 2014 年 15 家平台成功项目数量分布（数量，占比）

（来源：零壹数据）

9. 成功筹款金额

从成功筹款金额方面来看，京东众筹一枝独秀，年度份额占到45.23%，实际上其上线时间不足半年，11—12 月份额均达到了 60% 上下。其次是众筹网、淘宝众筹和点名时间，三者份额也都在 12% ~ 20%。其余平台数据如图 8 所示。

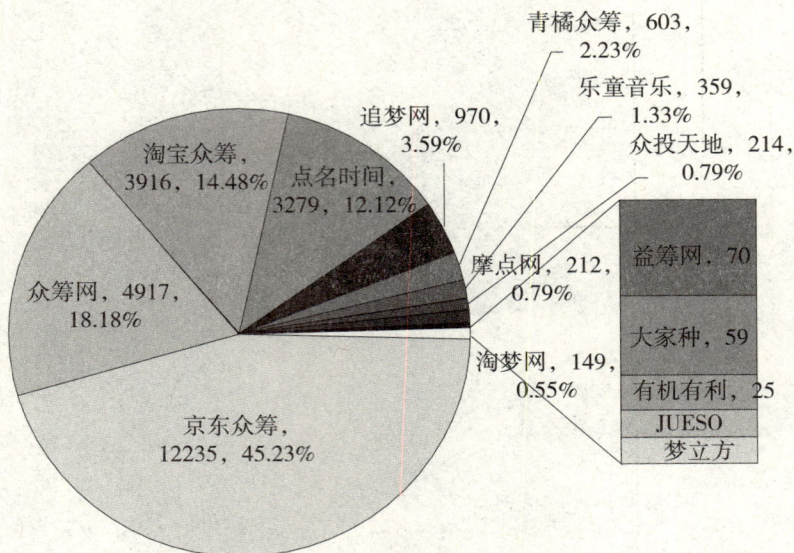

图 8　2014 年 15 家平台成功筹款金额分布（金额：万元，占比）
（来源：零壹数据）

10. 活跃支持人数

2014 年，15 家平台活跃支持者合计为 683 973 人，整个商品众筹行业人数在 70 万以上，但主要集中在少数几个平台上。从图 9 可以看出，电商巨头京东和阿里旗下的众筹平台占到 70% 以上的比例（淘宝众筹数据为保守估计），这很容易理解。其次是众筹网、点名时间和青橘众筹，三者比例均在 5% ~ 10%。[①]

---

① 零壹财经独家发布中国众筹行业 2014 年度简报 . 2015 - 01 - 22. 零壹财经 . http：//www.01caijing.com/html/zc/1439_ 8230. html.

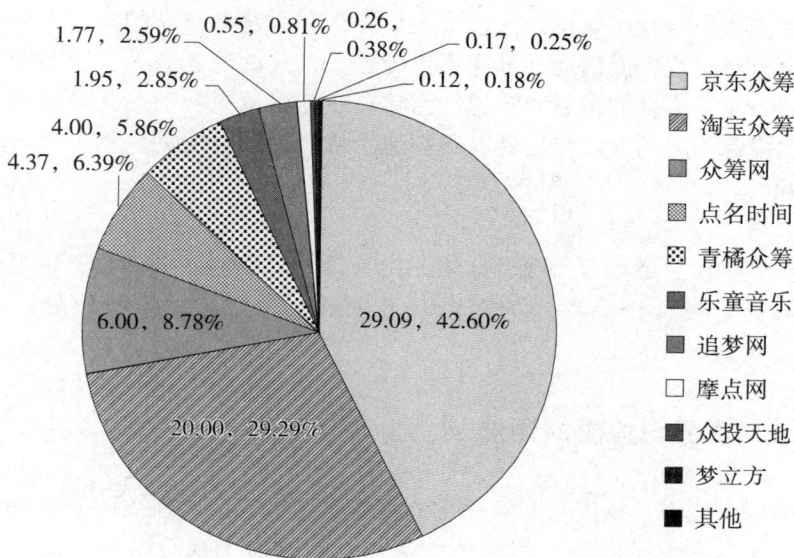

图9 2014 年 15 家平台活跃支持人数分布（单位：万人）

（来源：零壹数据）

二、社会影响

越来越多的创新性互联网金融商业模式引入中国，众筹作为其中重要的组成部分，备受大家的关注。2014 年中国众筹融资发展迅速，成功的项目数量和筹款金额均增幅较大。众筹融资发展迅速将会对我国的创业融资环境造成怎样的影响呢？本文将从金融体系的构建角度来进行分析。众筹对创业融资环境的影响主要体现在以下几方面：

1. 降低资本参与的门槛

在众筹融资过程中，互联网平台能够利用网络效应，吸引大量投资者，聚沙成塔以实现融资目标，这是传统金融中介难以企及的。相较于传统融资模式，其单个投资者的投资金额相对较少，大大降低了投资创业项目的门槛。

2. 降低融资成本

众筹的最大优势在于其很好地利用了社交网络以及其他 Web2.0 的传播方式，特别是病毒式的网络营销，令其可以在短时间内动员某些特定网络社区的大量用户，从而降低搜寻成本。

促进创新过程中知识与信息交换交互式和大量参与者的特点，使众筹项目在创新过程中天然地具备优于传统融资方式的创新条件。众多投资者为项目带来了丰富的信息和知识，而建立在互联网平台上的沟通方式，使得项目发起人可与众多投资者直接沟通，从而为项目决策建立了高效的信息库和智库。

3. 分散风险

众筹平台上融资项目数量众多，由于投资门槛的降低，投资者可以利用有限资金投资于感兴趣的多个众筹项目，这样可以有效地分散投资风险。

三、学界与业界的评价

中国人民银行重庆营业管理部刘姝姝："对于这一新兴的互联网金融业态，我国尚没有明确适用的监管规则，同时由于众筹融资模式'互联网+小额分散筹资'的特点，很容易跨越我国非法集资的'红线'，涉嫌违法甚至触犯刑律。为引导规范这一新兴融资模式的良性发展，更好地发挥其促进中小企业融资的积极作用，必须在国家层面尽早做出预见性的制度安排。"[1]

大家投 CEO 李群林："管'投资者适当性制度'在世界各国风险投资市场与金融逻辑理论发展历程中得到普遍认可，但基于互联网环境下的风险投资市场，这一制度受到各国投资者越来越多的质疑，美国的 JOBS 法案实施细则至今都没有出台，这与'投资者适当性制度安排'没有可操作性有很大关系。"[2]

天使汇 CEO 兰宁羽："因为股权平台对项目的融资会有推介的姿态，所以门槛设置得比较高。其实没有必要特别纠结于这个门槛，如果投资人不符合线上投资的规定，拿不出 100 万，完全可以线下投 20 万。"[3]

互联网金融搜索平台联合创始人兼 CEO 叶大清评论："可以预见，在庞大的市场资金需求面前，众筹作为互联网金融表现的重要形式，在将来必定会不断发展和完善，并逐渐成长为我国金融市场一种重要的、行之有

---

① 刘姝姝. 众筹融资模式的发展、监管趋势及对我国的启示. 金融与经济，2014（7）.

② 股权众筹合格投资人制度门槛过高恐难落地. 2012－12－20. 新浪科技. http：//tech. sina. com. cn/i/2014－12－20/08039896288. shtml.

③ 股权众筹合格投资人制度恐难落地. 2014－12－21. 中国新闻网. http：//finance. chinanews. com/stock/2014/12－21/6896694. shtml.

效的、形式多样的新型融资方式。"①

四、新媒体之"新"

众筹的突出特点是其获得投资的模式。本文将从以下三种模式来介绍众筹运作方式。

众筹模式中的核心是众筹平台,它连接了大众投资人和融资企业或个人。大众通过众筹平台了解筹资的信息和金额,并通过平台与筹资人进行沟通;当确定需要投资的项目时,会与众筹平台和筹资人签订协定,通过银行或者支付机构支付资金,银行或支付机构先保管投资人资金作为保证金。

如果企业筹资项目达到预期额度,再决定转移多少资金给被投资的筹资人,如果企业的筹资没有达到预期目标,则将资金退还给投资人。同时,在项目启动后保持监督。当期限到达后,融资企业会直接给投资的大众以相应的回报,并且把情况反馈给众筹平台。

众筹的商业模式依据其运行的复杂程度,以及涉及的利益相关者的数量和法律环境,可划分为三种模式:

模式一,捐赠与赞助模式。捐赠与赞助模式是无偿的投资模式,大众可以通过网站直接选择捐赠或者赞助小额的现金。一些公益机构的网站允许直接在网络上捐款,通过网络来扩大捐款的来源。公益机构的管理者或组织公益活动的个人也利用自身在网络社区和社交网站中的影响力,发起资金赞助。

模式二,预售。预售模式是得到普遍应用的模式,美国的 Kickstarter 网站以及中国的"点名时间"都使用该种模式。产品或服务在创造出来前,就已经发布在网站上吸引投资者,投资者选择投资后,会在规定期限内收到该产品或服务。

模式三,借贷、股权投资。该模式与预售模式有许多相同之处,根本上的不同是回报方式。由于报酬是现金或者公司股权,该模式更加适合中小企业融资。

---

① 2015 众筹行业:把握机遇迎接挑战 . 2015 – 01 – 26. 中国金融新闻网 . http://www. financi alnews. com. cn/if/201501/t20150126_ 69775. html.

五、国内外对比

本文将对中美众筹平台做以下分析:

(1)数据比较。经过几年的发展,美国众筹网站已经初具规模。众筹平台的数量,平台上项目的种类和项目发起的数量都已相当可观,项目发起后集资的成功率达 40% 以上。

这与国内政策环境、法律制度和人们对众筹的认知是相关的。国内各众筹平台应在借鉴国外成功模式的同时,积极做出改变以适应国内市场环境。政府应尽快完善与众筹相关的法律法规,使众筹有法可依。

(2)模式比较。美国于 2012 年颁布《JOBS 法案》,对"众筹"中股权融资模式的限制大大降低,股权众筹平台的发展步入正轨,为中小企业融资提供了新的渠道。

在债权模式下,美国的平台主要引入交易的第三方,避开了非法吸收存款和发放贷款的风险。而国内各众筹平台,从项目发起人的审核到后期的筹款、退款甚至支持者与发起人之间的协调仍需完善。现如今我国已出现股权众筹平台,但其运营模式能否适应国内投融资环境仍需时间来验证。

(3)法律与监管环境比较。针对众筹平台在几年的发展中所暴露出的各种问题和快速发展的态势,美国通过了《JOBS 法案》。该法案明确了众筹平台作为融资中介的合法性,并在放开股权众筹融资、保护投资者利益和完善筹资者备案等方面做出了相关规定,为解决中小企业融资难和美国当前所面临的失业问题提供了必要的法律保障。该法案旨在放松对中小企业和创业企业的监管,为他们融资和上市提供便利,从而创造更多的就业机会。

在国内,众筹融资与非法集资之间只有一线之隔,但众筹融资的目的并非吸收公众存款而是支持实体经济的发展。因此,建立明确的众筹融资法律体系,对促进我国众筹平台的进一步发展,解决中小企业融资难问题具有深远意义。

(4)市场环境比较。美国拥有全球最发达、最完善、运营效率最高的金融市场,华尔街的金融机构对资本运作已相当纯熟,完善的法律体系和监管制度对金融体系的发展提供了必要的法律保障,在以上三者的共同作用下建立了完备的信用环境和价值体系。

而我国金融市场的结构和功能都较为单一,在我国的金融体系中过分重视银行的作用，大量的非银行金融机构并没有发挥出金融机构应有的作用。在金融监管上，监管机制不够完善，过分抑制和规范缺失现象并存，人们对非银行金融机构的信任程度较差，没有形成完备的信用环境和价值体系。

美国股权众筹平台为中小企业提供了新的融资渠道。然而央行和监管机构为防止非法集资的产生，对民间资本的流向有诸多限制，民间资本缺少进入实体经济的渠道，导致民间资本多用于投机炒作，既浪费了巨大的资源，更扰乱了社会的经济秩序。

近几年我国经济发展缓慢，在中小企业融资难问题未得到有效解决的情况下，如何将民间资本正确引导入实体经济，促进经济发展，提升就业能力，是政府需要面对的现实问题。

六、总结与反思

作为一种全新的商业模式，众筹商业模式的出现降低了创业融资的难度，但对于公众投资者而言，由于他们不了解项目的详细信息，缺乏对投资风险的预估，导致其增加了投资风险。众筹商业模式在实践中存在的法律风险，需要我们认真研究与防范。

（1）提示风险和披露信息。众筹平台有义务在其网站上详细介绍项目的运作流程和标准，特别是在显著位置向公众（出资人）提示可能存在的法律风险，明确各方的法律责任和义务及可能发生争议时的处理办法。

（2）保障资金安全。资金安全、项目的有序管理既是众筹平台应尽的义务，也是防范其自身法律风险的重要手段。众筹平台对涉及资金的环节，如从公众手中筹款、扣除一定比例的服务费、向项目发起人拨款或退回公众的预付款等，要严格管理，加强自律，必要时可引入外部监督机制。

（3）积极与政府沟通，尽快完善法律监管。众筹商业模式是一种涉及成百上千人的投资活动，属于比较松散的合伙关系，发生纠纷的概率很高，而且通过网络构建的信任基础比较薄弱，一旦出现资金使用或利益分配等问题时，矛盾极易爆发。这要求众筹平台需要积极与政府主管部门沟通，取得相应的政策指导、法律监管或进行项目备案，化解在法律模糊地带摸索的法律风险。

第三部分　2014 年度新媒体大事记

1 月

2014.1.05	去哪儿与美团宣战　竞争酒店业务
2014.1.06	腾讯、百度、360 大战移动安全
2014.1.07	阿里巴巴联合新浪推出微博支付　双方互通二维码
2014.1.08	阿里巴巴推手游平台，打造共赢游戏生态链
2014.1.09	工信部表示虚拟运营商将对外资开放
2014.1.09	央视索福瑞与新浪微博打造微博收视指数
2014.1.10	携程网被疑泄露用户信用卡信息
2014.1.14	Facebook 收购社交对话平台 Branch
2014.1.15	腾讯将推出导航产品"路宝"
2014.1.16	微信理财通上线
2014.1.16	网易牵手盛大抢占无线 WiFi 资讯入口
2014.1.17	中国互联网信息中心称：2013 年微博用户规模下降 2 783 万人
2014.1.22	互联网出现访问故障　域名系统安全建设迫在眉睫
2014.1.22	中国电信启动 4G 终端招标　终端厂商与中国电信合作
2014.1.23	易信 2.0 上线　推出"免费通话"功能
2014.1.29	联想 29 亿美元收购摩托罗拉移动业务
2014.1.30	新年"火"起了微信红包

2 月

2014.2.02	苹果将发布 iOS 8　集可穿戴设备与移动健康监测于一体
2014.2.03	从视频收视率到音乐　Twitter 将继续深挖自身数据富矿
2014.2.05	微软迎来新任 CEO 纳德拉
2014.2.08	手游 Flappy Bird 火爆　日入 8 万美元
2014.2.10	阿里巴巴 11 亿美元现金收购高德地图
2014.2.13	阿里巴巴着手开发虚拟运营商产品　发布阿里通信"170 号段"
2014.2.13	支付宝屏蔽微信事件
2014.2.13	安乐影片公司诉土豆网侵权事件
2014.2.19	北京银行与小米公司签署移动互联网金融全面合作协议
2014.2.19	腾讯联姻大众点评　布局移动互联
2014.2.20	Facebook190 亿美元收购 WhatsAPP
2014.2.20	腾讯和国金证券推出首支互联网金融产品"佣金宝"

2014. 2. 27　微信被曝重大高危漏洞　个人隐私视频易泄露

2014. 2. 28　全球最大比特币交易网站 Mt. Gox 破产

2014. 2. 28　优酷土豆实现 8 年首季盈利

3 月

2014. 3. 01　即刻搜索和盘古搜索合并　中国搜索上线

2014. 3. 05　余额宝、理财通等金融产品收益下降

2014. 3. 07　傲游"马上看"浏览器引发视频网站封杀风波

2014. 3. 08　百度已申请中国民营银行牌照　或发展成有资质的金融服务机构

2014. 3. 08　当当网再陷盗号门：用户账户被篡改 盗款追不回

2014. 3. 12　新浪新闻客户端进驻两会现场

2014. 3. 12　阿里巴巴布局在线旅游　两千万美元投资佰程旅行网

2014. 3. 14　央行发力干预支付宝和虚拟银行

2014. 3. 18　光明网携手微软建立中国首个"媒体云"平台

2014. 3. 20　阿里 2. 15 亿美元投资视频聊天应用 Tango

2014. 3. 22　微信打通大众点评

2014. 3. 26　Facebook 以 20 亿美元收购虚拟现实厂商 Oculus

2014. 3. 31　腾讯投资京东，腾讯电商超 80% 员工完成与京东签约

4 月

2014. 4. 01　英特尔 7. 4 亿美元注入大数据初创公司

2014. 4. 02　英特尔与腾讯建立创新实验室　打造首款 3D 网游

2014. 4. 03　微软发布 WP 8. 1　推出语音助手 Cortana

2014. 4. 03　支付宝钱包打通一卡通

2014. 4. 05　Line 注册用户破 4 亿　不到半年新增 1 亿

2014. 4. 05　百度控股携程，欲与去哪儿整合在线旅游

2014. 4. 26　《生活大爆炸》等热门美剧下架

2014. 4. 27　小米路由首发成绩单：10 万台

2014. 4. 28　UC 推出"神马"移动搜索对抗百度

2014. 4. 29　携程入股同程、途牛

2014. 4. 29　国家基站公司将、成立

5 月

2014.5.01　阿里欲回购支付宝

2014.5.03　谷歌收购大数据公司 Rangespan 强化其电商业务

2014.5.03　索尼出售 Vaio PC 业务 95％ 股份　停止销售 PC

2014.5.06　饿了么高调宣布接受大众点评战略投资

2014.5.09　湖南卫视打造芒果 TV　实施"独播战略"

2014.5.12　湘鄂情拟以 6.00 元/股的价格发行股票

2014.5.16　聚美优品于纽交所上市

2014.5.17　嘀嘀、快的同时停止对乘客补贴

2014.5.19　旅游卫视与淘宝网签署战略合作协议　共同开拓"T2O"模式

2014.5.22　快播将被罚 2.6 亿　涉嫌多次严重盗版侵权

2014.5.22　京东正式登陆纳斯达克

2014.5.23　56 网推出 UGC 用户自媒体传播计划

2014.5.25　方舟子举报锤子手机涉嫌虚假宣传

2014.5.27　京东微信"购物"一级入口上线

2014.5.28　国网（中国广播电视网络有限公司）挂牌　有望成第四大运营商

2014.5.29　易信游戏平台正式上线 推出首款手游

2014.5.30　华数房产正式上线

6 月

2014.6.03　索尼宣布 PSP 时代谢幕

2014.6.03　端午假期，微软"小冰"火爆

2014.6.06　今日头条成争议头条

2014.6.09　搜狗上线微信搜索功能

2014.6.10　阿里正式发布"码上淘"战略

2014.6.10　东方卫视与阿里战略合作

2014.6.11　光线千万版权费引进"Rising Star"

2014.6.12　智联招聘在纽交所上市

2014.6.17　小米等手机存在诸多安全隐患

2014.6.19　中手游人事大变动　九高管被免职

2014.6.24　迅雷上市

2014.6.24　阿里巴巴控股文化中国

2014. 6. 24 搜狐起诉"今日头条"盗版侵权

2014. 6. 24 世界杯期间刷新竞彩销量纪录

2014. 6. 27 腾讯 7. 36 亿美元投资 58 同城

7 月

2014. 7. 03 乐视诉小米盒子盗播案胜诉

2014. 7. 03 携程收购艺龙 联手在线旅游

2014. 7. 07 Facebook 布局中国市场

2014. 7. 08 三星、英特尔和戴尔宣布成立新物联网联盟

2014. 7. 09 今日头条诉搜狐商业诋毁 要求停止侵权

2014. 7. 10 搜房入股世联行及合富辉煌

2014. 7. 10 中国电信新增 10 家虚拟运营商

2014. 7. 13 三明星联合成立 Star VC 公司

2014. 7. 17 打车软件正式纳入统一管理

2014. 7. 17 百度发布葡语版搜索引擎

2014. 7. 22 小米 4 发布

2014. 7. 22 "澎湃新闻"宣告全面上线 苹果版移动客户端上线

2014. 7. 22 净网行动延伸至移动互联网

2014. 7. 23 搜狗上线微信公众平台搜索

2014. 7. 23 乐视牵手重庆广电申请互联网电视牌照

2014. 7. 28 阿里巴巴资本收购 试足健康、娱乐领域

2014. 7. 30 中国电信撤出易信产品运营

2014. 7. 30 优酷土豆入股国广东方

2014. 7. 31 芒果 TV 收购 56 网

8 月

2014. 8. 03 点名时间转型为电商化的智能硬件限时抢购平台

2014. 8. 05 美报业巨头甘奈特购美国汽车销售和资讯网站 Cars. com

2014. 8. 06 支付宝"未来公交"业务 刷手机通行

2014. 8. 08 雅虎结盟阿里巴巴

2014. 8. 10 "冰桶挑战"在中国火热

2014. 8. 18 中央全面深改领导小组第四次会议上,习近平总书记强调,要加速推进传统媒体和新兴媒体融合

2014. 8. 20 乐视推概念手机 展"全息投影"功能

2014.8.21　百度极速智能搜索上线

2014.8.21　YY 进军 K12 在线教育领域　推开放平台

2014.8.22　欧洲 6 万人起诉 Facebook 隐私侵权

2014.8.27　万达百度腾讯将签约　成立新电子商务公司

2014.8.29　谷歌研发 Project Wing 无人机的快递系统

9 月

2014.9.03　百度推出了商家服务的新平台"直达号"

2014.9.03　SMG 将合并东方明珠与百视通　黎瑞刚欲打造传媒帝国

2014.9.04　谷歌推 Google Cultural Institute 在线欣赏馆藏艺术品

2014.9.10　21 世纪网涉嫌严重经济犯罪事件

2014.9.10　公众平台、开放平台申请微信支付功能，暂免收保证金

2014.9.16　中国银联与 360 公司签订安全战略合作协议

2014.9.17　国内首个安全 WiFi 联盟成立

2014.9.18　微信推出的首款企业级产品微信企业号

2014.9.18　广电总局令网站下架电视端 APP

2014.9.19　阿里上市

2014.9.24　Adobe 中国被关闭

2014.9.24　"界面"傲然亮相

2014.9.29　阿里入局民营银行

10 月

2014.10.02　微软发布 Windows 10

2014.10.02　《纽约时报》宣布将新闻编辑室员工裁减约 7.5% 等，共约百人

2014.10.03　Facebook 进军医疗领域　开发"疾病保健"应用

2014.10.03　De Correspondent 荷兰众筹新闻网站掀全球最成功的新闻众筹尝试

2014.10.09　最高法明确自媒体转载网络信息行为的过错认定

2014.10.11　微信推 7 秒微视频

2014.10.12　天猫锤子手机预购造假门　真实预约数被乘以 3

2014.10.15　魅族阿里合作

2014.10.15　河南广电旗下融媒体集团有限公司正式挂牌成立

2014.10.16　3Q 大战终落幕　驳回奇虎 360 的上诉

2014.10.17　苹果发布更薄 ipad　iMac 和最新的 iMac mini

2014.10.23　新浪总编辑陈彤通过个人微博宣布离职

2014.10.25　《光明日报》开辟"融媒体"版面，正式对外亮出"融媒体"

2014.10.26　SONY 将发布电子纸材质手表

2014.10.29　新闻网站将推行新闻记者证制度

2014.10.30　京东接到阿里律师函　放弃"双十一"促销

11 月

2014.11.03　国信办：年内出台互联网新闻管理新规

2014.11.04　陈彤加盟小米　出任副总裁

2014.11.05　网易微博将关闭　用户迁至轻博客 Lofter

2014.11.07　联通电信获发 FDD 试验网牌照

2014.11.08　陌陌计划在纳斯达克交易所挂牌上市，股票交易代码为 MOMO

2014.11.09　路透社关闭网站新闻评论功能

2014.11.11　腾讯"微信电话本"APP 上线

2014.11.12　广电总局管理网络视频内容

2014.11.12　雷军投资优酷土豆　在自制内容、出品和发行方面紧密合作

2014.11.14　奇虎 360 拟成立物联网投资基金

2014.11.14　"2014 中国视听传媒发展论坛"在苏州举办，"轻快APP"获"最具创新价值移动综合运营平台"大奖

2014.11.17　沃尔玛从 1 号店入手电商　打进生鲜市场

2014.11.18　张朝阳收购 56 网

2014.11.18　世界互联网大会落户乌镇

2014.11.21　亚马逊开设线下实体店

2014.11.22　百视通吸收合并东方明珠

2014.11.24　微信"封杀"快的红包　分享被屏蔽

2014.11.25　新浪微博禁止用户利用微博推广微信公众账号

2014.11.27　美国租车应用 Uber 即将完成新一轮融资

12 月

2014.12.01　全球移动宽带论坛　华为发布 5G 路线图

2014. 12. 01　人大正研究新闻传播立法　新闻法治化提上日程
2014. 12. 01　广州日报报业集团"中央编辑部"正式运营
2014. 12. 04　腾讯收购盛大文学
2014. 12. 07　网信办关停迅雷弹窗服务
2014. 12. 08　重庆日报报业集团举行了 2015 全媒体营销及活动招商推介会
2014. 12. 10　优酷土豆集团宣布成立云娱乐 BU
2014. 12. 12　陌陌纳斯达克上市
2014. 12. 14　小米科技入股美的集团
2014. 12. 16　第二届中国网络视听大会开幕　广电总局鼓励视频网站原创内容
2014. 12. 16　聚美优品再遭美律所起诉
2014. 12. 19　捷豹路虎研发透明汽车
2014. 12. 23　美国租车应用 Uber 在台湾无交通服务许可证　遭"台湾政府"封杀
2014. 12. 23　光线拟与 360 公司出资设立一家新合资公司，运营互联网视频业务
2014. 12. 24　索尼影业遭遇黑客袭击　数据破坏系统崩溃
2014. 12. 25　12306 再曝出现"漏洞"　大量用户信息泄露